未来欧洲
英国独角兽企业发展报告

孙万松　苏畅　高瑄　孙可如　张煜宁
主编

中国出版集团
中译出版社

图书在版编目（CIP）数据

未来欧洲：英国独角兽企业发展报告 / 孙万松等主编 . -- 北京：中译出版社, 2025.4. -- ISBN 978-7-5001-8196-5

Ⅰ . F279.561.3

中国国家版本馆 CIP 数据核字第 2025NQ1846 号

未来欧洲：英国独角兽企业发展报告
WEILAI OUZHOU: YINGGUO DUJIAOSHOU QIYE FAZHAN BAOGAO

主　　编：	孙万松　苏　畅　高　瑄　孙可如　张煜宁
策划编辑：	于　宇　李梦琳
责任编辑：	于　宇
文字编辑：	李梦琳　华楠楠
出版发行：	中译出版社
地　　址：	北京市西城区新街口外大街 28 号 102 号楼 4 层
电　　话：	（010）68002494（编辑部）
邮　　编：	100088
电子邮箱：	book@ctph.com.cn
网　　址：	http://www.ctph.com.cn
印　　刷：	固安华明印业有限公司
经　　销：	新华书店
规　　格：	710 mm×1000 mm　1/16
印　　张：	18.75
字　　数：	260 千字
版　　次：	2025 年 4 月第 1 版
印　　次：	2025 年 4 月第 1 次印刷

ISBN 978-7-5001-8196-5　　　　　定价：89.00 元

版权所有　侵权必究

中　译　出　版　社

本书编委会

顾问

乔纳森·麦奇（Jonathan Michie）	牛津大学常务副校长，凯洛格学院（Kellogg College）院长
大卫·约翰逊（David Johnson）	牛津大学比对教育中心主任 校领导委员会成员
连萧思（Lien SiaouSze）	新加坡南洋理工大学前校董（副校长）
李　悦	牛津创新教育中心主任
李馨雅	牛津大学圣安东尼学院学术行政主管
胡肖然	伦敦政治经济学院
陈东敏	北京大学
周成刚	新东方集团
菲得利斯·莱特·马加良斯（Magalhaes Fidelis Leite）	牛津大学

主编

孙万松	国际大学创新联盟
苏　畅	牛津大学
高　瑄	牛津大学
孙可如	北京外国语大学
张煜宁	新加坡国立大学

副主编

姚怡伊	华威大学
汪源琪	牛津大学
张嘉珅	悉尼大学
李怡蓓	伦敦大学学院
蒲睿妮	中国政法大学
于明玉	多伦多大学
侯　锦	北京外国语大学
王　颖	北京外国语大学
彭心怡	伦敦国王学院
李欢喜	曼彻斯特大学
张心悦	伦敦大学学院
孟津名	新南威尔士大学
郑栩盈	新南威尔士大学
柯铭泽	上海光华启迪学校
孟　燃	斯坦福美国国际学校
鲁川铭	南洋理工大学
董　昊	巴黎西岱大学
孙　鹏	国际大学创新联盟
付　尧	澳大利亚新南威尔士大学

支持机构

中国留学人才发展基金会
国际大学创新联盟（IUIA）
乐在东方（珠海横琴）国际教育科技有限公司
广州澳松智能科技有限公司
浙江瀚为科技有限公司

序　言

在这个由技术飞速进步和全球经济转型定义的时代，独角兽企业的崛起已成为创新驱动发展的鲜明标志。《未来欧洲：英国独角兽企业发展报告》的问世恰逢其时——当英国在指数级技术变革的浪潮中，重新确立其作为创业精神熔炉的角色时，这份报告不仅记录了不列颠的智慧光芒，更绘制了在渴求伦理与人文关怀式创新的世界中保持竞争力的路线图。

在与主编团队深入探讨后，我深刻感受到这本书的现实意义。英国创业精神的基因植根于三大独特优势：学术胆识、跨学科敏捷性和全球务实思维。我们的牛津、剑桥、帝国理工等顶尖学府，早已成为基础研究与商业雄心交汇的创新加速器。不同于硅谷"快速试错"的信条或中国规模驱动的模式，英国创业生态孕育于学术严谨与创造性实验的独特融合。从 DeepMind 的人工智能突破到 Revolut 的金融民主化实践，我们的独角兽企业既以解决问题为导向又敢于应对宏大挑战，既深谙商业逻辑又坚守科学精神。

人才生态是这一成功范式的核心。英国高校不仅培养技术专才，更塑造"T型人才"——在深耕专业领域的同时，具备跨域协作的能力。更值得称道的是，英国对全球人才的开放包容催生了"认知多样性"文化，来自孟买与蒙特利尔的思想在此碰撞激荡，催生突破性创新。

然而，真正的领导力不止于传统优势，更需要重塑创业教育。传统MBA模式专注于案例研究与估值指标，已难以适应气候危机与人工智能颠覆的新纪元。在牛津，我们开创了将商业实践与伦理课程结合的新范式，引导学生创建既能应对社会不公又能实现盈利的企业。本报告敏锐捕捉到这种教育转型，强调培养"使命驱动型创业者"的重要性——这类创业者将资本视为守护地球的工具，而非终极目标。

这本书对英、美、中创新生态的比较研究揭示了一个关键洞见：英国的优势不在于资金投入的较量，而在于协同效应的精妙调度。由高校、政府与产业构成的"金三角"（以艾伦·图灵研究所和牛津—阿斯利康疫苗合作为典范）证明，对基础科学的公共投入能够点燃私营部门的创新之火。但挑战依然存在：脱欧引发的监管碎片化、成长期资金不足、规避风险的投资文化等，都可能削弱英国的竞争力。

值得赞许的是，这本书以系统性视角揭示了英国创新生态的演进逻辑与核心挑战。

通过对剑桥生物科技集群、伦敦金融科技高地等典型案例的剖析，这本书既展现了技术研发驱动独角兽企业崛起的底层逻辑，又尖锐指出了深科技领域面临的长期资本缺口与全球化竞争压力。尤为关键的是，报告旗帜鲜明地提出"强化多元化融资渠道"与"增加研发投资"两大核心建议，直指深科技企业可持续发展的命脉——初创企业需规避对赌协议风险、成熟企业应通过研发投入巩固技术壁垒。

作为亲历牛津创业生态复兴的实践者，我视此书为明镜，亦为灯塔。它既映照出英国无与伦比的自我革新能力，又为规避短视增长陷阱照亮前路。在此，我恳请政策制定者重视其中的实证建议；教育家拥抱其全景式创业教育愿景；投资者认清英国真正的"独角兽"并非企业实体，而是塑造人类未来的智慧之光。

《未来欧洲：英国独角兽企业发展报告》不仅是一部学术论著，更是一声时代叩问。当英国面对地缘政治逆风与技术颠覆的双重考验时，让我们重拾点燃工业革命的精神火种：以探索之心锚定使命，用雄心丈量智慧，为人性福祉而创新。这正是我们的大学、创业者，尤其是年轻一代应当传承的文明精粹。

大卫·约翰逊（David Johnson）
牛津大学比对教育中心主任
校领导委员会成员

目　录
CONTENTS

第一章　绪言

第一节　本书研究背景和目的…………………………………………003

第二节　本书结构框架…………………………………………………017

第三节　本书研究方法和数据来源……………………………………027

第二章　英国基本国情与创新集群布局

第一节　英国的经济概况………………………………………………033

第二节　创新驱动的经济发展模式……………………………………044

第三节　创新集群的地理分布与产业特点……………………………054

第三章　英国独角兽企业成长的生态系统

第一节　创业环境与文化………………………………………………073

第二节　金融支持与投资………………………………………………078

第三节　人才与教育资源………………………………………………084

第四节　政府政策与法规支持…………………………………………090

第四章　英国独角兽企业的演进机制

第一节　成长路径和阶段分析…………………………………………097

第二节　商业模式创新…………………………………………………104

第三节 技术创新与研发投入……………………………………………110
第四节 市场扩展与国际化战略……………………………………………115

第五章 英国行业发展现状——以新能源行业为例
第一节 英国新能源产业概述……………………………………………123
第二节 新能源行业独角兽企业的定义与特征……………………………129

第六章 英国独角兽企业的政策保障
第一节 政府支持政策分析………………………………………………164
第二节 法律和监管框架…………………………………………………173
第三节 税收优惠和财政支持……………………………………………186
第四节 其他支持措施的影响……………………………………………194

第七章 英国独角兽企业与他国独角兽企业的对比
第一节 英国独角兽企业与美国、中国独角兽企业的对比分析…………207
第二节 各国政策和市场环境比较………………………………………217
第三节 对英国独角兽企业发展的启示…………………………………221

第八章 未来展望与发展建议
第一节 英国独角兽企业未来的发展趋势………………………………229
第二节 针对不同阶段企业的成长建议…………………………………237
第三节 政府和企业在促进独角兽企业成长中的角色……………………243

结　语·253
术语表·279

第一章

绪言

第一章 绪言

第一节 本书研究背景和目的

一、独角兽企业的定义和重要性

（一）独角兽企业的定义

独角兽企业，是指成立不到 10 年但估值达到 10 亿美元以上的未在股票市场上市的私有公司。这个词最初由风险创投专家艾琳·李（Aileen Lee）在 2013 年 TechCrunch 的一篇文章中提出。[①] 一般来说，能够成为独角兽意味着一个企业踩中了时代的风口，在商业模式或技术上有着很大的创新和颠覆性，因此才能够在短时间内实现爆发式的增长。大部分独角兽企业都是白手起家的新势力，也有少数独角兽是由大企业孵化出来的，例如阿里巴巴就孵化了蚂蚁集团等四家新独角兽企业。据数据统计显示，截至 2024 年 3 月，全球有超过 1 200 家独角兽企业，包括著名的字节跳动、太空探索技术公司（SpaceX）、OpenAI 等。[②] 目前全球价值最高的独角兽企业是字节跳动，估值截至 2024 年高达 1.56 万亿元人民币。SpaceX 和 OpenAI 紧随其后，以 1.28 万亿元人民币和 7 100 亿元人民币的市值成为世界第二大和第

---

① 参见：Lee, Aileen(2013). "Welcome To The Unicorn Club: Learning From Billion–Dollar Startups". TechCrunch. Retrieved 26 December 2015. 39 companies belong to what we call the "Unicorn Club" (by our definition, U.S.–based software companies started since 2003 and valued at over $1 billion by public or private market investors) ... about .07 percent of venture–backed consumer and enterprise software startups。

② 参见：https://www.cbinsights.com/research-unicorn-companies。

三大独角兽企业。①谷歌（Google）、脸书（Facebook，现改名为Meta）等都是具有代表性的前独角兽企业，而如今它们已经通过首次公开募股（IPO）上市，退出了独角兽企业的行列。虽然IPO被视为独角兽企业主要的"出海"途径，但近年来，并购重组、特殊目的收购公司（SPAC）等新型上市方式也为独角兽企业提供了新选择。对于一些发展已经相对成熟的独角兽企业来说，可以通过出售部分或全部股权给大型上市公司实现并购，这样有助于本公司与收购方进行资源整合，使得企业的业务能力实现飞跃。另一种门槛更低的方式是SPAC，SPAC本身是一个空壳上市公司，它先在交易所上市并募集一笔资金，然后寻找合适的目标企业（通常是独角兽）进行反向收购，使目标公司间接上市。这种方式的明显优势是上市的周期更短、难度较小。对于规模更大、资金充足的独角兽企业来说，直接上市也是一种选择。超级独角兽企业作为独角兽的变体，代指那些估值超过100亿美元且未上市的企业。截至2023年8月，全球共拥有1 219家超级独角兽企业，它们的总估值达到了38 230亿美元，这个数字的庞大可以媲美世界第三大经济体印度的国内生产总值（GDP）总量。②这意味着当前科技创新仍然活跃，投资者对新兴科技领域也有着巨大的投资热情和投资信心，独角兽企业深受资本市场的青睐。根据超级独角兽企业所在的领域可以判断出无论是人工智能、生物技术、新能源等新兴赛道，还是互联网、金融科技等传统热门领域，都正迸发出大量具有颠覆性的创新模式和技术。

独角兽企业因为本身属于私募股权投资公司，无法获得公共资本，但公司又不可能只凭借自身的内部增长就达到10亿美元的估值，于是独角兽企业主要的金融资本输入便是来自私人投资者。一般要经过数年

---

① 参见：https://hurun.net/zh-CN/Info/Detail?num=JDW1AWCKDVPA。

② 参见：https://en.wikipedia.org/wiki/List_of_unicorn_startup_companies。

的多轮融资来获得数亿甚至数十亿美元的新资本。这种方式通常被称为私人IPO（PIPOs）。IPO通过公开募股来实现大量资金的筹集，PIPO则指私募股权投资机构帮助其所投资的未公开上市公司在海外市场首次公开募股的方式，这种方式现在受欢迎程度大幅上升（Brown和Wiles，2020）。部分原因是，相比传统IPO，PIPO的过程涉及机构少、审批手续简单、成本低，而且，独角兽公司可以依靠PIPO来尽量延长上市的时间，从而在更长的时间内把握发展的自主权，可以不受公共股权投资者的控制。Wruck（2008）指出，私营公司的几个关键因素有助于它们超越其他可比的上市公司，包括由公司最大股东组成的规模更小、更活跃、更感兴趣的董事会，以及监督运营经理的董事会，这些董事会也受到大量股权的激励。因此，不难理解为何独角兽企业选择私募资金，私人投资者似乎比公共股权持有人有能力实施更好的治理结构，尤其是在减少代理和自由现金流等问题方面。图1—1展示了公司的融资过程，分为有私人资本融资和无私人资本融资两部分。我们可以明显发现，有私人资本融资的公司，公开募股的时间相较于没有私人资本融资的公司大大推迟。

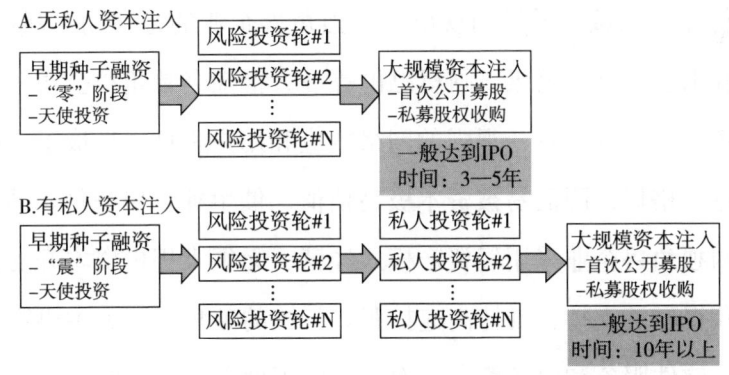

图1—1 公司融资进程：有无私人资本注入的差异①

---

① 参见：https://doi.org/10.1111/jacf.12418。

独角兽企业一般分布在具有良好的创业环境、丰富的风险投资资源、先进的科技基础设施和浓厚的创新文化的全球科技和创新中心。美国是近半数的独角兽企业的摇篮，硅谷、纽约、旧金山等地依托人才和技术资源优势孕育了一大批"独角兽"。2023年的统计报告表明，硅谷和旧金山的独角兽企业数量已经超过270家，旧金山的超级独角兽企业数量也达到了21家。[①] 中国和印度分别拥有世界第二多和第三多的独角兽企业。另外，欧洲、以色列、新加坡等国家和地区也孕育了不少新的独角兽公司。另外值得关注的是，近些年来一些独角兽公司开始在全球范围内设立研发中心或分支机构，呈现出了跨国分布的趋势。这有助于它们吸引全球优秀人才，也加强了与全球创新生态的联系。例如总部位于旧金山的人工智能独角兽Anthropic，除了在美国本土有多个办公室外，还在英国、加拿大、新加坡等国家和地区设有分支机构。这有助于它吸引全球顶尖人才，了解不同市场需求。作为超级独角兽的字节跳动也在欧洲、东南亚等地区斥巨资收购了多家本地科技公司，借此拓展了海外市场。独角兽企业分布的行业主要集中在人工智能、金融科技、电子商务、新能源行业等领域。最早涌现出一批独角兽企业的是移动互联网领域，孕育了脸书、谷歌、腾讯、阿里巴巴等一大批知名独角兽公司。互联网企业在各自细分领域具备很强的网络效应和用户黏性，形成了"赢者通吃"的竞争格局，因而易被资本极高估值，催生独角兽身价。同时，很多互联网独角兽企业采用轻资产模式经营，无须大规模资本开支，有利于持续获得融资支持，维持高速扩张。传统的独角兽三大主要赛道是金融科技、软件服务和电子商务，而今年电子商务被人工智能所取代，成

---

① 参见：http://www.zfida.org.cn/newsinfo/5577318.html。

为投资人眼中最有发展前景、最被看好的领域。胡润百富董事长兼首席调研官胡润表示："今年是 AI 之年。OpenAI 领涨，价值增长近 5 700 亿元人民币，达到 7 100 亿元人民币。在中国，成立一年总部在北京的月之暗面和成立两年多总部在上海的名之梦在类似 ChatGPT 的产品方面处于领先地位。其他公司包括总部位于亚特兰大的 OneTrust，该公司将 AI 用于数据安全；总部位于英国的 Graphcore，该公司加速了全球计算能力竞争；以及总部位于印度的 Glance，该公司展示了 AI 在改变移动平台内容消费方面的影响。"① OpenAI 成为 2024 年估值增长最快的独角兽企业，估值增长了近 5 700 亿元人民币，这足以证明市场对人工智能领域的看好。独角兽企业分布的领域因为地区原因也略有差异。美国拥有世界上近一半的已知独角兽企业，主要来自软件服务、金融科技和人工智能行业。中国拥有 1/4，主要来自人工智能、半导体和新能源。世界其他地区拥有另外 1/4，主要来自金融科技和电子商务。② 图 1-2 展示了独角兽企业的主要分布区域和分布产业。

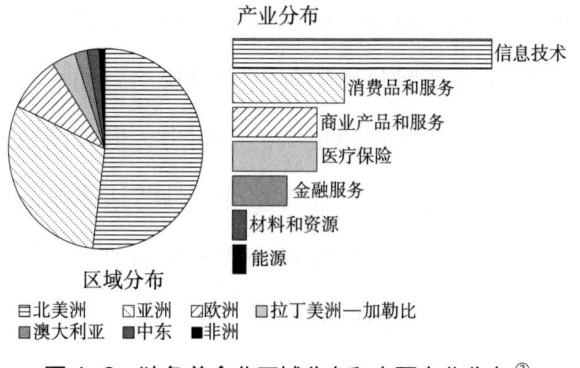

图 1-2 独角兽企业区域分布和主要产业分布③

---

① 参见：https://www.eeo.com.cn/2024/0410/651020.shtml。
② 参见：https://hurun.net/zh-CN/Info/Detail?num=JDW1AWCKDVPA。
③ 参见：https://pitchbook.com/news/articles/unicorn-startups-list-trends。

英国的独角兽企业数量位居世界第四，截至 2023 年底拥有 43 家独角兽企业，其中有 8 家企业通过上市退出了这个行列，这些独角兽企业的主要分布地有伦敦、剑桥、牛津等。在英国，独角兽公司分布的领域相对广泛，涵盖了清洁技术、电子健康、游戏、房地产技术、食品等领域。目前的主导领域仍然是金融科技，将近一半的英国独角兽企业属于该领域，包括处于领先地位的挑战者银行：OakNorth Bank、Revolut、Starling Bank 和 Monzo 等。近几年来大火的人工智能产业上升势头也相当猛烈，甚至超过了金融科技成为 2023 年最大的股权投资接受者，主要受到了剑桥大学的人才支持，初创企业如 Darktrace、Benevolent AI 等现已成为 AI 行业的独角兽。2024 年独角兽报告中列出的 9 家公司在其产品中采用了人工智能。[①] 诞生于牛津的 Vaccitech 和 Immunocore 独角兽公司在生物制药领域颇有建树。在其他的一些新兴领域，如空间科技、机器人、量子计算等，英国也具有发展潜力，未来可能涌现出一批该研究领域的独角兽。总而言之，英国拥有优秀的创新创业生态、顶尖大学，为行业源源不断提供人才资源，政府政策也鼓励支持投资和创业，因此英国独角兽企业的发展态势显示出强劲的增长动力和活力以及多样化的行业分布，未来几年有望展现出更大的影响力。但英国独角兽企业的发展也面临人才流失、融资紧缩、监管不确定性等诸多挑战。如何在后疫情时期维持增长动力，是英国独角兽企业未来需要思考的重大课题。图 1-3 是英国独角兽企业的分布地图。

---

① 参见：https://www.beauhurst.com/research/unicorn-companies/。

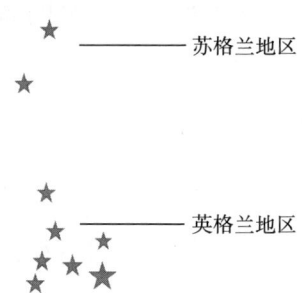

图 1-3 英国独角兽企业分布图①

(二)独角兽企业研究的重要性

独角兽企业被视为高增长经济体的领军人物。它们在短时间内能够迅速吸引高额投资并拥有巨大的经济体量,足以印证它们能够代表最前沿的技术和商业模式创新,并站稳了时代的风口。独角兽企业对社会、经济、技术等诸多领域都能够产生深远的影响,因此,研究独角兽企业不仅能使投资人获得宝贵启示,也能够为之后的创业者、求职者和科研人员提供决策参考。深入探讨独角兽企业的成长轨迹、演进机制和发展现状等,不仅有重要的理论意义,也能够帮助我们更好地把握行业发展趋势,制定适宜的发展战略。

对于投资者来说,独角兽企业意味着高回报。独角兽企业采用的新兴技术或商业模式给它们带来了爆发式的增长潜力,也很有可能担任着颠覆传统行业、主导未来发展趋势的使命。凭借对独角兽企业的投资,投资人可以获得丰厚的投资回报,分享创新红利,且独角兽企业一般拥

---

① 参见:https://www.beauhurst.com/research/unicorn-companies/。

有较高的估值溢价，因此在未来的上市或被并购中，投资人将获得相对更多的收益。除了投资独角兽企业带来的高额回报外，研究独角兽企业将有助于投资人把握投资机遇和未来强势发展方向，通过对它们发展现状、核心竞争力等的分析能够帮助投资者洞悉行业的发展趋势，从而抢占投资先机。同时，独角兽企业通常处于高速发展阶段，面临的不确定性风险因素较为复杂，需要投资者对潜在投资标的进行全面调查，深入评估其盈利模式的可持续性、核心团队的经营能力和技术实力、所处行业的竞争格局和进入壁垒等关键要素，从而科学评估风险收益比，规避潜在投资风险，做出明智决策。因此，投资人在投资独角兽企业时，需要对标的公司的核心竞争力、成长性、风险状况等进行全面评估，审慎把握风险收益平衡，同时控制好投资仓位，分散投资风险。对独角兽企业出现的规律和成功要素进行研究，将有助于投资人发掘行业的新起之秀。评估企业的发展路径和团队能力，找到新一代的具有同等水准的潜力团队，并对其进行精准布局和追踪，投资人有希望分享企业的未来发展成果。总之，对于投资人来说，独角兽企业研究昭示了新经济发展方向，有助于投资者精准把握投资时机，优化投资策略，规避投资风险，发现潜力投资标的，从而获取理想的投资回报。

对于创业者来说，独角兽企业研究也是意义重大的。因为独角兽企业一般能够代表行业的发展前沿方向、影响行业的未来发展趋势，创业者可以通过对这些企业成功要素和经验教训的分析，总结出一条未来发展态势乐观的路径，为自身的创业提供方向和借鉴，抓住创业机遇。独角兽企业在融资领域的表现也为众多创业公司树立了资本运作的典范，它们凭借精准谋划的融资策略，在较短时间内便成功吸纳了大笔风险投资，为业务发展注入了强劲动力。其他创业者能够从独角兽企业的融资路径规划、资本结构安排、上市并购决策等诸多关键环节得到启示，为精进自身融资策略提供了行之有效的范本。此外，独角兽企业研究得到的团队建设、风险管理、成长扩展策略等方面的经验也都对未来企业发展起到了重要的指导作用。

对于求职者来说，关注独角兽企业的发展态势有助于在其自身职业规划和技能提升等方面做出更明智的选择。关注独角兽企业有关动态对于求职者来说是一个了解当今市场对人才的具体技能需求的良好途径，从而使他们能有针对性地提升自己的技能和知识，确定自己需要学习和掌握的关键技能。关注独角兽企业的发展路径使求职者能够用更精准的眼光去选择有长期发展潜力和处于时代前沿的公司，评估公司未来的发展前途和稳定性，以此来降低自身职业风险、拓宽眼界格局、谋求更快捷的上升通道。总而言之，对于独角兽企业的了解和研究会帮助求职者在职业规划和求职过程中做出更明智的决策，提升职业成功的可能性。

综上所述，独角兽企业的研究对于各行各业都具有独特的价值。对于投资者而言，独角兽企业提供了高回报的投资机会和深刻的市场洞察；对于创业者，它们展示了创新商业模式和成功的市场策略，为新兴企业提供了宝贵的指导和启示；对于求职者而言，独角兽企业的研究揭示了热门行业的趋势、技能需求和职业发展路径，帮助其做出更明智的职业选择。此外，独角兽企业在团队建设、风险管理和成长扩展策略方面的经验，也为其他企业提供了重要的指导，促进了整体商业生态系统的繁荣和发展。

二、英国在全球创新和创业生态系统中的地位

根据世界领先的政策咨询和研究机构 Startup Genome 发布的《2023

年全球创业生态系统报告》（GSER 2023）显示，英国伦敦仅次于排名第一的硅谷，和美国纽约并列全球创新创业生态系统第二。① Dealroom 对英国创业生态系统进行估值，发现总价值目前已经超过了 1.1 万亿美元。图 1-4 展示了历年英国创业生态系统总值。2023 年，英国的风险投资额位居世界第三；2022 年，仅伦敦就收获了超过 200 亿美元的风投，有超过一半的投资来自欧洲以外的国家。目前英国的创业生态系统已经诞生了超 150 家独角兽企业，并预估拥有超 200 家未来的独角兽企业。② 谷歌、苹果和腾讯等科技巨头也纷纷在伦敦建立了全球总部，金融科技、智能制造和绿色科技等领域的企业也都在英国蓬勃发展。这主要得益于英国优越的创业环境、雄厚的创新实力和充足的人才支持。

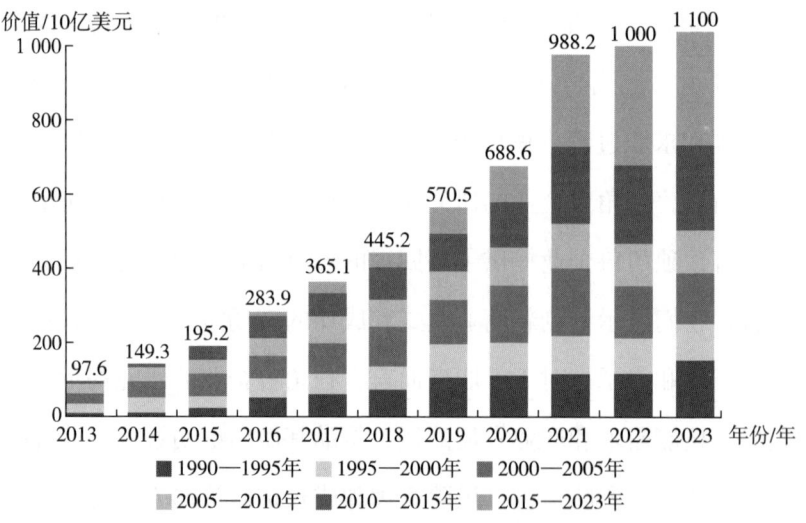

图 1-4　英国初创公司按推出年份的企业价值总和 ③

---

① 参见：https://startupgenome.com/report/gser2023。

② 参见：https://dealroom.co/guides/united-kingdom。

③ 参见：https://dealroom.co。

英国的创业环境为创业者提供了许多便利和支持。据统计，2023年在英国注册的初创公司超过了 900 000 家。① 这与英国的注册效率、低税率和健全的基础设施等优势息息相关。在英国建立一家公司到开展业务只需要 13 天，远远低于欧洲平均所需要的 32 天，且注册标准相对较低，对注册人的国籍和注册资本都没有限制，注册成本更是相当低廉。② 英国为鼓励吸引创业者，还推出了种子企业投资计划（SEIS）、税收减免政策（R&D）、创业加速器（Start-Up Accelerator）和创业贷款（Start-Up Loans）等多项政策，为创业者减轻了不少经济方面的负担，成为培育大量创新创业企业的重要政策支持。英国具有发达的金融市场，风险投资体系也相对完善，数千家活跃的风险投资基金和天使投资人为创业企业提供了种子期、初创期到成长期的全方位资金支持。英国的风险投资信托基金也为初创企业提供了稳定、专业、分散风险的股权融资渠道。因此英国的初创企业获得融资的难度较小。这更有利于初创企业的成长与扩张。

英国作为发达国家在科技创新方面的实力毋庸置疑，人工智能、生物技术、航空航天、金融科技等诸多领域都处于世界前列。英国政府也非常重视创新驱动发展战略，近年来科研经费持续增长，目前已占 GDP 约 2% 以上。通过包括创新战略基金、工业战略挑战基金等一系列政策措施扶持了一大批科技创新企业，重点资助前景广阔的科技创新项目，为潜力企业提供充足资金支持。同时，英国还注重打造区域创新高地，借鉴硅谷成功经验，在科技园区和创业孵化基地建设上精心布局，打造了"金三角"（The Golden Triangle）等创新聚集区，加强了产业之间的

---

① 参见：https://www.natwestgroup.com/news-and-insights/news-room/press-releases/enterprise/2024。
② 参见：https://36kr.com/p/1490196914546567。

联系和交流，推动医药等尖端技术产业蓬勃发展。此外，政府部门还设立了 Innovate UK 等创新服务机构，为创新企业提供融资对接、技术咨询、知识产权保护等专业服务，帮助创新项目加速商业化进程。政府也推出了激励企业增强自主知识产权创新的政策，如专利保护箱（Patent Box），与专利相关的利润中，企业所缴纳的企业所得税税率可降低至 10%。私营部门中也云集了大量专业的会计师事务所、法律事务所、咨询公司等机构，为创新企业提供高质量的专业服务。多项举措并行的有利条件使得英国在培育新兴科技企业方面收获了丰硕成果，并将继续为英国创新实力的雄厚奠定坚实基础。

英国拥有多所世界顶尖的高校和科研机构，也拥有充满吸引力的移民政策，这为英国本国带来了源源不断的人才资源。英国的世界级顶尖高校包括牛津大学、剑桥大学、帝国理工学院等，这些高校每年培养大批的理工科、医学、金融等专业领域的人才。这些名校为创新创业提供了强大的智力支持。且这些高校都拥有卓越的科研实验室，在前沿领域处于领先地位，能够为创新型企业提供持续的技术输出和科研支持。在牛津和剑桥等高校地区形成了大规模的创新产业集群，汇聚了大量风投、人才和上下游企业，因此此地的创新项目天生具有更有利的条件，落地实施更加便利。另外，英国政府重视人才引进和培养，为创业人才和技术人才等都提供了便捷的移民政策和良好的待遇，例如英国政府推出了多项高端人才签证计划，全球人才签证对各行各业的杰出人才开放绿色通道，无须雇主担保即可来英工作。且因为英国是全球的金融和贸易中心，营商环境高度国际化，具有语言和文化传统等优势，更有利于吸引世界各地的优秀人才在此工作生活，形成了国际化的创新人才储备。

三、本书研究的主要目标

本书将全面深入地探讨英国独角兽企业的发展现状、演进机理和未来前景，为利益相关方提供决策参考。

本书将对英国宏观经济环境和技术创新发展趋势进行梳理，为独角兽企业的分析奠定基础。在此基础上，本书将系统回顾英国独角兽企业的发展历程，剖析其成长的驱动力和内在机制，并全面分析其在融资、人才引进、商业模式创新、风险管理等方面的独特做法和策略，总结其成功经验。并且本书将对特定行业的独角兽企业进行重点分析，通过细致梳理人工智能、金融科技、生命科学、清洁能源等热门赛道的独角兽企业案例，研究将发现不同领域和阶段独角兽企业的共性特征和差异化发展路径，了解它们所面临的机遇、挑战和发展瓶颈，为投资者和创业者提供行业发展趋势和就业方向的前瞻性指引。我们还希望从国际视野对独角兽企业的发展和前景加以考量，对比分析英国、美国、中国等国家和地区的独角兽企业生态，梳理各自的独特环境和制度保障，深入探讨环境和政策对于独角兽企业孕育和成长的影响机理，为完善相关环境提供宝贵经验借鉴。此外，本书还将聚焦于英国政府为推动独角兽企业发展所制定的一系列政策，包括支持性政策、监管框架、税收优惠等，评估其实施效果并提出改进建议，为政策制定者提供决策依据。在此基础之上，结合对宏观环境和技术发展趋势的前瞻性分析，展望英国独角兽企业的发展方向，为不同成长阶段的企业量身制定切实可行的发展战略，明确发展重点和努力方向。

在本书的最后，我们将系统梳理独角兽企业发展过程中的经验教训，指出现有研究的不足，为学术界在该领域的持续深入探讨提供可能的发展方向，从而为促进英国乃至全球独角兽企业的持续健康发展贡献智慧力量。

通过多维度、多层次、多视角的分析研究，本书将为英国独角兽企业的各利益相关方提供系统性、前瞻性的参考依据，为促进该领域的理论研究和实践发展贡献重要力量。本书的研究成果不仅能够为投资者把握独角兽企业投资机会提供独到见解，也将为创业者总结成功经验、制定发展战略提供借鉴，同时为求职者展现行业发展趋势提供指引，更将为政府相关决策者优化政策环境提供建设性建议，并为学术界拓宽该领域研究视野贡献智慧力量，可谓惠及面广、作用重大，具有重要的理论意义和现实意义。

第二节　本书结构框架

第一章旨在阐释独角兽企业的定义及其研究价值，并评估英国在全球创新创业版图中的重要地位，为后续对英国独角兽企业发展状况和成长机理的深入探讨奠定基础。独角兽企业是指那些估值超过10亿美元，但尚未上市的创新型科技公司。它们凭借颠覆性的创新理念和商业模式，实现了爆发式的高速增长，成为投资者和大众瞩目的焦点。独角兽企业代表着一个国家或地区最前沿的创新动能和未来发展潜力，是科技创新转化为现实生产力的重要载体。因此，研究独角兽企业不仅具有重要的理论价值，也蕴含巨大的现实意义。

对于投资者而言，研究独角兽企业有助于洞悉最前沿的科技创新趋势，把握潜在的投资机遇；对于创业者而言，研究独角兽企业的成长历程和发展机理，可以获得宝贵的创业经验和借鉴；对于求职者而言，了解独角兽企业所处的行业领域及其人才需求状况，有利于做出职业生涯规划。可以说，独角兽企业研究事关投资回报、创新创业、职业发展等诸多层面，具有重要的现实意义。

英国作为仅次于美国硅谷的全球第二大创新创业中心，在吸引和培育独角兽企业方面具有独特优势。英国拥有悠久的创新传统和顶尖的高等教育资源，每年都能为当地创新生态输送大量高端人才；加之良好的创业环境、完善的金融体系、有利的税收政策等软硬件的支持，英国已经成为最具吸引力的创新创业沃土之一。近年来，英国在人工智能、金融科技、生命科学等诸多前沿领域涌现出一批"独角兽新星"，充分展现了英国创新实力的雄厚。

综上所述，第一章通过阐释独角兽企业的概念内涵及其研究价值，并分析英国在全球创新创业版图中的重要地位，为后续对英国独角兽企业发展现状、成长机理等多方面的深入探讨奠定了必要的理论和现实基础，为全面科学地研究英国独角兽企业奠定了坚实的基调。

第二章主要阐述了英国国情与创新集群布局。整体而言，英国作为全球第六大经济体和欧洲第二大经济体，其年度和季度 GDP 数据表明，英国经济在新冠疫情后的恢复过程中经历了显著的波动，但总体趋势向好。此外，在服务业的带动下，英国经济也呈现出稳定复苏的态势。创新与科技、有效的政府政策、国际贸易与投资以及教育和金融服务是推动经济增长的主要驱动力。尽管面临通胀和地缘政治的挑战，英国经济在未来有望保持稳步增长。

英国对创新的定义包括产品创新、业务流程创新、进行中的创新项目和创新投资。2021 年，英国商业、能源与产业战略部（BEIS）发布了《英国创新战略：通过创造引领未来》，旨在 2035 年使其成为全球创新中心。过去 100 年间，英国的人均 GDP 增长了 340%，这主要得益于技术创新的发展。然而近年来，经济增长率和生产率下降，部分原因是创新速度的减慢和研发支出的减少。尽管如此，英国依旧具备良好的创新基础，拥有欧洲最佳的风险资本市场和众多独角兽公司，具备成为全球创新中心的条件。

英国主要的创新领域和技术趋势包括人工智能、生物工程、量子技术和新能源创新。英国拥有 3 170 家活跃的人工智能公司，预计到 2030

年，人工智能将使英国 GDP 提高 10.3%。生物工程结合基因操控、计算能力和机器学习的发展，未来 10—20 年内可能产生高达 4 万亿美元的全球经济影响。在量子技术方面，英国具备坚实基础，量子产业对经济贡献显著，未来 10 年预计带来显著的经济增长和高薪工作。在新能源创新方面，英国致力于实现 2050 年净零碳排放目标，支持净零创新项目，预计到 2030 年解锁 30 万个就业岗位。

创新集群的地理分布与产业特点显示，伦敦创新集群集中在市中心和东伦敦，涵盖金融、生命科学、高科技、智能创新和能源等领域，拥有强大的高等教育机构和商业环境。剑桥创新集群则主要集中在生命科学、软件开发和电子领域，是全球最密集的科学和技术集群之一。牛津创新集群产业多样化，涵盖生命科学、信息技术、新能源和汽车运输等，依托强大的学术和研究机构，促进各行业协同发展。这些创新集群和领域的快速发展推动了英国经济的持续增长和技术进步。

第三章详细叙述了英国独角兽企业的成长生态系统，涵盖创业环境与文化、成功创业者的角色和影响、金融支持与投资、人才与教育资源、政府政策与法规支持等关键方面。英国作为全球科技和创新的重要中心，其独特的商业环境和政策支持为独角兽企业提供了肥沃的土壤。在创业环境与文化方面，英国长期以来维持着开放、包容且多元的社会形象，这为国内外创业者提供了广阔的舞台。英国的科技产业发展历史悠久，自工业革命以来便一直走在科技前沿，这种深厚的工业基础和开放的文化环境，使其成为许多国际企业的首选地。例如中国的华为和长安汽车等均在英国设立子公司，说明了英国对外国直接投资的吸引力很强。在金融支持与投资方面，英国具有活跃的风险投资市场，这对于创业公司尤为关键。据统计，2021 年英国市场上宣布的投资案例数量和总投资金额均显著增加。伦敦作为英国乃至欧洲的金融中心，为初创企业提供了极高的估值和资金支持。此外，英国政府也通过各种基金和投资计划，比如英国商业银行（British Business Bank）和其他风投机构，积极支持科技创新和创业。在人才与教育资源方面，英国的高等教育机构在培养创新人才和支持技术商业化方面发挥着重要作用。英国的大学不仅是学术研究的中心，也是企业创新的"催化剂"。商学院和技术学院通过与行业的紧密合作，培养了大量既懂技术又具备商业洞察力的人才；政府的教育政策也支持这种模式，通过提供资金支持和政策优惠，鼓励学术机构与企业合作。政府政策与法规的支持是英国成为全球创新中心的另一个关键因素。英国政府提供了包括税收优惠、研发资金以及对创新企业有利的法规环境，来吸引并保持创业公司，例如科技创新政策和公共采购政策不仅支持本地创新，还鼓励国际企业参与英国的科技项目。此外，英国的独角兽企业在全球市场中表现出色，多个行业领域如金融科技、健康科技、人工智能等领域都有突破性发展。这些企业不仅推动了本土经济的增长，也提升了英国在全球的竞争力。

第四章深入探讨了英国独角兽企业的演进机制，聚焦于这些高速成长的创新型企业如何从初创阶段发展成为行业巨擘。第四章首先分析了独角兽企业的典型成长路径，指出企业通常经历种子期、初创期、成长期、扩张期和成熟期五个关键阶段，每个阶段都面临独特的挑战和机遇。以字节跳动为例，第四章详细阐述了其在各个发展阶段所采取的策略和遇到的挑战，为其他企业提供了宝贵的参考。

接着，第四章探讨了商业模式创新对独角兽企业成功的关键作用。通过分析共享经济模式、订阅模式和平台模式等创新商业模式，揭示了这些模式如何帮助企业创造独特价值、获取竞争优势。第四章强调，成功的商业模式创新需要明确的商业愿景、灵活的策略调整能力，以及持续的创新和反馈迭代。

技术创新与研发投入是第四章讨论的另一个重点。以OpenAI和SpaceX为例，展示了技术创新如何成为独角兽企业崛起的根本驱动力，以及持续的研发投入对保持企业竞争力的重要性。同时，第四章也强调了高效的研发成果转化机制对企业可持续发展的关键作用。

最后，第四章探讨了独角兽企业的市场扩展与国际化战略。通过分析拼多多在中国内地市场的拓展策略和希音（Shein）的国际市场进入策略，揭示了成功的市场扩展需要精准的市场定位、创新的营销方式、高效的供应链管理，以及灵活的本地化策略。这些案例为企业制定有效的国内外市场拓展战略提供了宝贵的参考。

当前，全球正面临着能源和环境的双重挑战。因此，发展可再生能源和实现能源转型，对于应对气候变化、实现可持续发展具有重大意义。作为全球新能源转型的重要参与者和先行者，英国在政策、技术、市场等方面的积极行动和显著成就值得关注。第四章全面梳理了英国新能源产业的发展现状、趋势和特点，让读者能够全面了解英国在推动能源转型方面的创新实践和宝贵经验。

第五章首先阐述了英国政府自2008年以来为推动新能源产业发展所采取的一系列有力政策措施，例如英国国内首部《气候变化法案》承诺、可再生能源义务政策等，这为风能、太阳能等项目发展营造了良好环境。其次，第四章重点分析了技术创新和市场需求等因素如何推动了英国新能源产业的蓬勃发展，特别是在海上风电、储能技术等领域处于全球领先地位。

第四章还着重介绍了英国一批新能源独角兽企业的成长和分布情况。

这些企业通过技术创新提高能源效率，紧密围绕环保责任打造产品服务，并依托资本实力和灵活策略实现快速增长，成为推动全球能源转型的重要力量。并且对英国新能源产业的未来发展前景进行了预测，认为在技术进步、市场需求增长和政策支持的驱动下，英国新能源产业必将实现更大发展，并为全球能源转型贡献更多宝贵经验。最后，在新能源行业的企业案例分析中，介绍了三家该领域知名的公司：Bramble Energy、Britishvolt 和浙江瀚为科技，分析了它们在未来的发展计划和展望。

总体来说，第五章旨在全面梳理英国新能源产业的发展态势，深入解析推动因素，介绍代表性企业实践，帮助读者更好地了解行业动态和企业发展方向。

独角兽企业不仅是英国国家经济增长的重要引擎，更是创新和科技发展的典范。第六章旨在详细阐述英国政府在支持独角兽企业发展方面所采取的政策保障，内容涵盖各级政府的政策支持、法律与监管框架、税收优惠与财政支持以及孵化器和加速器等具体措施。

第一节探讨中央政府、地区政府和地方政府在支持独角兽企业方面的具体政策措施，包括中央政府通过相关部门制定和实施的一系列与独角兽企业相关的战略计划，以及地区政府和下一级的地方政府如何推动本地区独角兽企业的发展。

第二节分析独角兽企业在法律和监管方面的具体措施，分析独角兽企业在公司治理、环境保护和社会责任、技术创新与知识产权保护以及消费者保护等方面的具体法律要求。

第三节重点介绍英国政府在税收优惠与财政支持方面的政策措施，解释它们如何减轻独角兽企业的税务负担。此外，其他财政支持政策也将在本节中进行深入分析，展示其对独角兽企业的帮助。

第四节探讨英国的孵化器和加速器在支持独角兽企业成长中的关键作用，重点分析具体措施和实际效果。此外，该节还将分析这些措施对企业发展的长远影响。

综上所述，第三章从多方面展示政府政策如何共同发挥作用，形成完整的支持体系，推动独角兽企业的形成与发展。通过深入了解这些政策的具体实施和影响，我们将更加清晰地看到英国政府如何通过创新驱动，确保独角兽企业在全球竞争中占据优势地位，实现经济可持续发展。

在全球科技创新与创业生态系统中，独角兽企业的崛起备受瞩目。为了更好地理解英国独角兽企业的现状及其在国际上的地位，有必要将其与全球领先的独角兽企业大国——美国和中国进行对比分析，并为英国独角兽企业的发展提供启示与建议，这是第七章的主要内容。

首先，第七章探讨美国和中国的对比分析。美国是全球独角兽企业的领导者，其拥有数量最多、分布最广的独角兽企业，这些企业集中在硅谷、纽约、波士顿等科技与金融中心。中国紧随其后，拥有大量的独角兽企业，主要分布在北京、上海、深圳等地。这些城市以其强大的创新能力和政府支持政策著称。其次，第七章对各国独角兽企业的成长路径和成功因素进行分析。美国独角兽企业的成功离不开完善的风险投资生态系统和强大的科技创新能力。硅谷不仅拥有顶尖的风险投资公司，还与世界一流的大学和研究机构紧密合作。中国则通过政府的大力支持和本土科技巨头的助力，迅速推动了独角兽企业的发展。相比之下，英国的独角兽企业更多地依赖于伦敦的金融中心地位和开放的市场环境，但在政府政策支持和科技研发投入方面还有提升空间。最后，第七章总结从国际对比中得到的启示和建议，提出英国独角兽企业未来发展的策略。通过借鉴美国和中国的成功经验，英国可以进一步增强其风险投资生态系统，增加科技创新和研发投入，优化政策和市场环境，并培育更加开放和鼓励创新的创业文化。这些措施将有助于英国独角兽企业在全球竞争中取得更大的成功，推动英国成为全球科技创新的领先国家之一。

第八章主要探讨了英国独角兽企业未来的发展趋势与发展建议，从技术和市场趋势以及新兴领域的独角兽企业的潜力两个方面进行深入分析，并针对不同阶段的企业提出了成长策略。

在技术和市场趋势部分，第八章首先聚焦金融科技领域，特别是虚拟银行和数字支付的发展，指出英国在这一领域的领先地位及其未来的巨大潜力。随着数字货币和加密货币的普及，区块链和人工智能技术在金融科技中的应用前景广阔。此外，普惠性金融服务的推广将进一步促进金融科技企业的发展。医疗科技方面，远程医疗和数字健康监测受益于技术进步和政策扶持，预计将保持强劲的发展势头。

新兴领域的独角兽潜力则包括教育创新科技和物联网技术。教育科技中的虚拟实境和增强现实技术为教育领域带来了革新，而在线教育在新冠疫情推动下实现了快速增长。物联网技术在智能家居、智能制造及智能城市等领域的应用日益广泛，为独角兽企业提供了丰富的市场机会。

针对不同阶段的企业，第八章提出了成长建议。初创企业应注重多元化融资渠道、审慎对待对赌协议、组建优秀团队并注重产品与市场契合。成熟企业则应通过多元化产品和服务、实施全球化战略及增加研发投资来拓展和升级。政府和企业在促进独角兽企业成长中扮演着重要角色，政府应优化税收和财政政策、加强创新生态系统建设并拓展国际市场，而企业则需构建人才激励机制并建立定制化服务机制与政策支持。

结语系统总结了本书的主要发现和结论，并且展开说明了整体报告研究局限性以及未来可能的研究方向。

结语部分重点阐述了英国独角兽企业所处的创新生态系统的健康状态。这个生态系统不仅提供充足的资金支持，还涵盖了丰富的人才资源和广阔的市场需求。独角兽企业通过技术创新和市场策略的灵活应用，显著提升了英国在全球科技创新领域的竞争力。金融市场的成熟和多元化的融资渠道为独角兽企业提供了强大的资本支持，尤其是风险投资和私募基金在企业成长过程中扮演了关键角色。在人才培养方面，高等院校和研究机构通过提供高质量的教育和研究支持，为独角兽企业的发展提供了重要的人才和技术支持。英国的大学不仅培养了大量专业人才，还通过创新研究直接推动了企业的发展，成为独角兽企业成长的重要助力。政府政策与法规支持部分指出，英国政府通过一系列政策措施，如税收优惠、创业孵化器和科研资助，有效地降低了企业的运营成本和风险，推动了独角兽企业的快速成长。政府不仅提供了必要的资金和税收优惠，还通过优化市场准入和监管措施，保障了企业的健康发展。

尽管本书通过多种方法和多来源的数据收集，力求全面和深入地分析英国独角兽企业的发展路径和成功要素，但仍存在一定的局限性。本书的局限性部分指出，数据的可获得性与代表性、研究方法的局限性、时间和地理限制等都是需要注意的问题。未来的研究应考虑更多国家和地区的独角兽企业，采用更广泛的样本选择标准和更为动态的分析工具，以全面理解独角兽企业的成长路径和成功因素。

未来研究方向建议在数据获取、研究方法、多国比较、行业覆盖和政策跟踪等方面进行改进。通过扩展数据集和时间范围：引入实时数据分析、研究新兴技术和跨学科方法、深入探讨技术趋势和创新转移，并持续跟踪独角兽企业的长期表现，可以更全面地理解独角兽企业的复杂性和多样性，为政府、投资者和企业提供有价值的参考和指导。

总体来说，结语全面总结了英国独角兽企业的成长路径和成功因素，并提出了本书研究的局限性和未来的改进方向。结语的研究成果不仅为学术界提供了重要的理论支持，也为政策制定者和企业管理者提供了宝贵的实践指导，具有重要的理论价值和现实意义。

第三节　本书研究方法和数据来源

一、数据收集方法

为了对独角兽企业的演进、发展和未来前景有更加全面深入的把握，本书采用了多元化的研究方法，融合了定量分析与定性分析，从数据和实证的角度洞见独角兽企业的本质特征和发展规律。

研究在定量数据收集方面采取了多种方式，以期能够获得全面、系统、客观的数据支撑，为独角兽企业的发展现状和前景把握提供坚实的数据基础。研究团队利用诸如 Crunchbase、PitchBook 等知名创业数据库，直接收集和获取了英国独角兽企业的财务数据、运营数据、融资情况等第一手数据。这些数据库通过系统化的信息采集和处理，为研究者提供了独角兽企业发展的详细数字概览，有利于洞察其规模、增速、资金状况等关键要素，并基于这些数据进行深入分析和建模。本书还广泛参考和引用了政府机构发布的相关报告、行业研究机构出品的专业分析报告，以及独角兽企业自身公开的财报等次级数据来源。这些官方和权威的文献资料，为研究提供了更加客观和系统化的宏观视角，以便于更好地把握独角兽企业与整体经济环境、行业发展趋势的关联，并从整体层面审视其面临的机遇和挑战。总之，本书在定量数据收集方面注重多源并举、系统全面，确保数据的广度和深度均能满足研究需求。通过对大量客观数据的分析梳理，结合主观案例访谈等定性内容，研究团队将努力还原出独角兽企业发展的全貌，为准确把脉其发展现状和未来前景奠定可靠的数据基础。

为了深入探究独角兽企业发展的内在机理和独特经验，本书在定性层面也采取了多种数据收集方式，旨在获取一手的实证数据和真知灼见。研究团队对英国独角兽企业的创始人、高层管理者、投资人以及业内专家进行了半结构化访谈，邀请他们分享企业发展的全过程、商业模式的创新要点、成长中所面临的挑战与机遇等内容。研究人员据此获得了大量生动的第一手经验数据，可以更为直观地了解独角兽企业发展的内在逻辑和本质驱动力。本书选取了一些具有代表性的英国独角兽企业进行了深入的案例研究，通过实地考察、翔实的文献梳理、对核心利益相关者的访谈等方式，研究人员努力还原和剖析这些公司的成长历程、创新要点和宝贵经验教训。案例研究使研究者能够透过具体的个案，洞见独角兽企业成长的普遍规律和机理。这些数据蕴含着独角兽企业发展的点点滴滴，折射出其成长的种种细节和独到体会。有了这些实质性数据的支撑，研究人员将能更为准确地捕捉独角兽企业独特的发展机理，全景式地描绘出其成长的生动画卷。

二、数据来源

本书的数据来源丰富多样，确保了数据的全面性和可靠性。第一，研究将引用政府部门发布的报告和统计数据，提供宏观经济环境和政策背景的基础信息。第二，权威机构的行业研究报告和分析报告将为我们提供专业的行业洞察和趋势分析。第三，独角兽企业公开发布的年报和财报等资料，将为我们提供企业运营和财务状况的具体数据。通过访谈获得的企业内部人士和业内专家的第一手数据，能够提供深度的专业见解和实际操作经验。新闻媒体报道和其他公开渠道的二手信息，则补充了当前市场动态和企业发展的最新动向。通过多渠道的定量和定性数据收集，并对获得的原始数据进行严格的整理、加工和分析，本书旨在确保结果的客观性和可靠性，为独角兽企业的研究提供坚实的数据基础。

参考文献

［1］ Brown, K.C. and Wiles, K.W., 2020. The growing blessing of unicorns: The changing nature of the market for privately funded companies. *Journal of Applied Corporate Finance*, 32 (3), pp.52-72.

［2］ Wruck, K.H., 2008. Private equity, corporate governance, and the reinvention of the market for corporate control. *Journal of Applied Corporate Finance*, 20 (3), pp.8-21.

第二章

英国基本国情与创新集群布局

第一节　英国的经济概况

英国是世界上第六大经济体、欧洲第二大经济体，在世界经济中占有举足轻重的地位。根据英国国家统计局（ONS）的数据，英国经济提前摆脱2023年的技术性衰退，增速也高于预期值。服务业在英国经济中依旧占据主导地位，占英国总经济产出的80%左右[①]。

一、GDP、经济增长率和主要产业

（一）GDP

1. 年度GDP

据英国国家统计局数据显示，英国2023年GDP为2.274万亿英镑，相较于前一年的2.27万亿英镑略有增加[②]。英国的GDP在近10年间经历了逐步增长，受新冠疫情影响2020年有大幅度下跌，随后在2021年迅速恢复，并在2022年和2023年保持稳定。据英国预算责任办公室（OBR）预测，英国GDP在2024年的增长率将为0.8%，2025年为1.9%。

---

① 参见：https://commonslibrary.parliament.uk/research-briefings/sn02786/。
② 参见：https://www.ons.gov.uk/economy/grossdomesticproductgdp/timeseries/abmi/pn2。

2. 季度 GDP

在分析了年度 GDP 数据后，我们进一步对季度 GDP 进行详细分析，以便深入了解英国经济的短期波动和趋势。根据 ONS 发布的数据[①]，从 2014 年第一季度到 2024 年第一季度，GDP 显示出总体上升的趋势，而在 2020 年第二季度，GDP 出现显著下滑，这一下降很大程度上可以归因于新冠疫情期间的限制措施对经济造成的严重打击。从 2020 年第三季度开始一直到 2021 年第四季度，GDP 出现大幅反弹，然而恢复的过程并不完全平稳，存在一些波动，表明了新冠疫情后期经济上持续存在的挑战。到 2022 年，英国 GDP 保持稳定，并恢复新冠疫情前的增长趋势且一直持续到 2024 年第一季度。2024 年第一季度英国的 GDP 为 5 701.96 亿英镑，迎来回升，与 2023 年第四季度的 5 666.26 亿英镑相比增长了 0.6%，与 2023 年同期的 5 690.27 亿英镑相比增长了 0.2%，这表明了英国近期经济复苏的稳定性和持续性。

（二）经济增长率

1. 年度经济增长率

英国国家统计局的数据显示，在提供的 2014—2023 年时间段内，英国经济主要经历了四个阶段[②]：稳定增长（2014—2019 年）、显著下降（2019—2020 年）、复苏回弹（2020—2021 年）以及再一次下降（2021—2023 年）。在稳定增长阶段，英国的 GDP 增长保持着相对稳定的水平，虽然略有波动，但总体保持在 1.4%—3.2% 的区间中。在显著下降阶段

---

① 参见：https://www.ons.gov.uk/economy/grossdomesticproductgdp/timeseries/abmi/pn2。

② 参见：https://www.ons.gov.uk/economy/grossdomesticproductgdp/timeseries/ihyp/pn2。

（2019—2020年），英国的GDP增长率骤然从1.6%降至−10.4%，是近10年中的最高年度降幅，这与新冠疫情的影响有着直接关联，全球的经济活动都受到了严重干扰。在复苏反弹阶段的2021年，英国GDP增长率从2020年的最低谷大幅反弹至近10年来最高点8.7%，经济形势迅速好转。在再一次下降阶段，GDP增长率再次大幅下降至2023年的0.1%。尽管英国经济在新冠疫情后的初期复苏强劲，但由于高通胀压低了消费者支出，导致经济恢复的势头陷入停滞，而2022年俄乌冲突又进一步推高了英国能源和食品价格，导致通胀水平进一步飙升。尽管新冠疫情后英国的劳动力市场总体上保持强劲，但在2021—2023年，物价的上涨速度则远超过了工资的增长速度[1]。

2. 季度经济增长率

通过分析季度经济增长率，我们可以更细致地捕捉英国经济的短期变化和波动。根据ONS提供的数据显示[2]，与年度GDP增长率相似的是，从2014年第二季度到2019年第四季度，英国经历了相对稳定且温和的GDP增长，每季度的增长率都在0—1%之间浮动。最显著的变化出现在2019年第四季度到2020年第二季度的区间中，英国GDP因新冠疫情原因大幅下降，跌幅高达20.3%。紧接着就进入了新冠疫情后的经济波动时期，到2020年第三季度，GDP增长率迅速回弹至16.8%，涨幅约37.1%，后又经历了一系列小幅下降和恢复，代表了新冠疫情持久影响，英国经济仍处在调整和不稳定的状态中。从2021年第三季度开始，季度GDP增长率趋于稳定，只有微小的增长或是下降。一直到2024年第一季度，

---

[1] 参见：https://www.statista.com/statistics/281734/gdp-growth-in-the-united-kingdom-uk/。

[2] 参见：https://www.ons.gov.uk/economy/grossdomesticproductgdp/timeseries/ihyq/pn2。

GDP 增长率达 0.6%，相比上一季度涨幅达 0.9%，由此看来，英国的经济形势正在逐渐恢复稳定。

（三）主要产业

英国的经济由服务行业主导，包括零售、酒店和金融业，以及公共服务如教育和医疗。其他行业，如制造业、建筑业、农业和公用事业，总共约占经济产出的 1/5。值得注意的是，在过去的 30 年里，制造业的份额减少，而服务业的份额正逐步增加[①]。

ONS 发布的数据[②]展示了与 1990 年相比，不同行业在英国经济过去 30 年中所占份额的变化。服务行业的经济产出占比显著增加，比 1990 年 0 的基线高出约 11 个百分点，从 70% 增长到 81%。与之相反，制造业的占比则大幅下降，从基线开始，到 2022 年逐步下降了约 8 个百分点，从 1990 年在经济中的 17% 占比减少到 2022 年的 9%。在此期间，建筑业表现相对稳定，其在经济中的份额主要围绕基线小幅波动，而其他主要行业均显示出一定的稳定性。

总增加值（GVA）衡量的是经济中各个行业创造的净产出，房地产有着最高的行业增加值，高达 12.5%[③]。紧接着在房地产行业之后，零售和批发行业是第二大贡献者，占 10.4% GVA。制造行业尽管前期趋势显示整体下降，但仍占 9.4% GVA。

---

① 参见：https://commonslibrary.parliament.uk/research-briefings/cbp-8353/。
② 参见：https://commonslibrary.parliament.uk/research-briefings/cbp-8353/。
③ 参见：https://commonslibrary.parliament.uk/research-briefings/cbp-8353/。

二、英国经济的主要驱动力

（一）创新与科技

创新和创造力是现代社会的基石，使我们得以在瞬息万变的环境中更加有效地应对各种挑战。创新通过推动新兴产业、新产品和新服务的发展，促进了经济的迅速增长和生产力的大幅提升。这对于创造新的就业机会、激发创业精神、提高整体经济竞争力有很大帮助。值得一提的是，英国有着强大的科技创新基础，在2022年世界知识产权组织的全球创新指数中英国排名第四，并且在2023年全球知识产权中心（GIPC）国际知识产权指数中排名第二。在2023年3月，英国科学、创新和技术部（DSIT）发布了英国科学与技术（S&T）框架[①]，阐明了政府到2030年使英国成为科学技术超级大国的战略。为了支持这一计划，超过3.7亿英镑的新政府资金会被投入使用，旨在重点发展英国的人工智能、生物工程、未来电信、半导体和量子技术等领域（见本章第二节详细论述）。

（二）政府政策

英国有效的财政和货币政策以及对基础设施的投资，促进了经济增长和结构调整，增强了国家的经济韧性和国际竞争力。

1. 财政政策

财政政策具体是指政府通过调整政府的收入和支出、税收或债务的

[①] 参见：https://www.gov.uk/government/publications/promoting-innovation-and-growth-the-ipo-at-work-2022-23/innovation-and-growth-report-202223-html。

水平，以确保公共财政的可持续性、经济的增长和稳定、为纳税人提供物有所值的服务等。2020年起，英国政府宣布了一系列总额高达300亿英镑的政府支持和紧急信贷计划（Gao 和 Que，2022），在企业和个人的层面上进行援助。在个人层面上，向受新冠疫情严重影响的个人提供3个月的延期贷款，并使用70亿英镑的财政援助来保障民生。在企业层面上，政府则引入了减税和豁免政策以减少企业损失。这一扩张性的财政政策在英国经济复苏的过程中起到了良好作用。政策实施后的第一年，GDP增长率直接从2020年最低谷增长至近10年来的峰值。

2. 货币政策

英国的货币政策由英国中央银行或政府推动，旨在调节经济中的货币供应量和借贷成本来实现低而稳定的通货膨胀率，从而支持经济增长和就业。英国央行的首要任务是确保通胀率回到货币政策委员会（MPC）设定的2%目标。过去几年，英国央行通过提高利率，已将通胀率从2022年的峰值11%降至2024年3月的3.2%，也是自2021年9月以来的最低水平[①]，且大致符合MPC设定的目标。货币政策委员会预计通胀率将在今年第二季度接近目标，在第三和第四季度略有回升，达到2.5%，后在第三和第四季度略有回升。

3. 基础设施投资

基础设施在英国经济中起着至关重要的作用，被认为是生产力的重要决定因素，从而推动经济增长。无论是市场部门还是政府的基础设

---

① 参见：https://www.bankofengland.co.uk/monetary-policy-report/2024/may-2024。

投资，都对英国的整体经济和社会福祉有着深远影响。根据 ONS 提供的数据①，在 2021 年，英国市场部门在基础设施上的总投资额为 109 亿英镑，相比 2020 年的总投资减少了 9.7%。与此同时，市场部门基础设施的净存量估计为 3 370 亿英镑，比 2020 年下降了 0.3%。相反，相比 2020 年，英国政府在 2021 年对基础设施的总投资额则增长了 15.2%，高达 238 亿英镑。市场部门和政府在 2021 年基础设施投资上的不同表现反映了各自面对的经济环境和政策目标的差异。政府增加投资以应对新冠疫情的影响并促进经济稳定复苏，市场部门减少投资则是迫于经济不确定性和成本上升的压力。在过去两年中，全球通胀率和能源成本居高不下，经济压力不断影响着基础设施项目及其供应链，这使得实现对英国基础设施的高水平投资刻不容缓。

（三）国际贸易与投资

英国在 2022 年是世界第四大出口国，仅次于中国、美国和德国，从 2021 年的第七位上升，超过了法国、荷兰和日本②。在服务业出口方面，英国稳居世界第二，其中包括了全球第二大的金融服务出口和专业商业服务出口、全球最大的保险和养老金服务出口以及电信服务出口、全球第三大的旅行服务出口等③。根据 ONS 提供的数据④，在 2024 年 2 月前的 12 个月内，英国出口了价值 8 620 亿英镑的商品和服务。如此之高的出

---

① 参见：https://www.ons.gov.uk/economy/economicoutputandproductivity/productivitymeasures/articles/developingnewmeasuresofinfrastructureinvestment/latest#future-developments。
② 参见：https://unctadstat.unctad.org/datacentre/dataviewer/US.GoodsAndServicesBpm6。
③ 参见：https://unctadstat.unctad.org/datacentre/dataviewer/US.GoodsAndServicesBpm6。
④ 参见：https://www.ons.gov.uk/economy/nationalaccounts/balanceofpayments/bulletins/uktrade/february2024。

口额可直接推动英国GDP的增长，从而推动经济扩张。此外还有助于缩小贸易逆差，减少对外债的依赖，增强国家的经济稳定性等。

在投资方面，英国的商业贸易部（DBT）帮助吸引外资并在全英创造就业机会。2022—2023年，共有超过1 600个外国直接投资（FDI）项目落地，创造了近80 000个就业岗位[①]。新增就业岗位的趋势与FDI项目数量的变化趋势相似，两者均在2020—2021年有所下降，继而在2021—2023年总体上升[②]。虽然，2022—2023年创造的工作岗位数量比起上一年区间略有减少，但仍保持在79 549个就业岗位的高水平。此数据表明英国在FDI和就业岗位增加方面的积极趋势，有助于支持英国的经济增长、就业和行业发展。

（四）教育与人才

1. 高等教育对经济的影响

根据伦敦经济研究所（London Economics）在2023年9月发布的关于高等教育部门对英国经济影响的分析报告[③]显示，2021/2022学年，英国高等教育对经济的直接影响包括：768 000个新增全职工作岗位、710亿英镑的增加值以及1 160亿英镑的总经济产出。而如果再加上此学年国际学生的支出，高等教育提供者的经济产出则高达1 305亿英镑。此外，高等教育行业对创新和商业也有着不可忽视的积极影响，比如在

---

① 参见：https://www.gov.uk/government/statistics/dbt-inward-investment-results-2022-to-2023。
② 参见：https://assets.publishing.service.gov.uk/media/662692cd1cbbb3400ba7e601/business-and-trade-facts-and-figures.pdf。
③ 参见：https://www.universitiesuk.ac.uk/sites/default/files/field/downloads/2023-09/LE-UUK-Economic-Impact-of-UK-HEIs.pdf。

2020/2021学年，创造了4 528家新毕业生初创企业，以及167家由大学拥有或部分拥有的衍生公司①。

2. 国际学生对经济的贡献

在2023年5月，同样根据伦敦经济研究所的报告②，于2021/2022学年，国际新生在学习期间为英国经济带来的总收益估计为419亿英镑，而总成本估计为44亿英镑。这意味着收益成本比高达9.4。每名欧盟籍学生的净经济影响约为125 000英镑，每名非欧盟学生96 000英镑。此外，自2018/2019学年至2021/2022学年期间，国际学生人数增长了40%，净经济影响从2018/2019学年的282亿英镑增至2021/2022学年的374亿英镑（实际增长33%）。报告还估计，2021/2022届国际学生平均为英国每个议会选区的经济贡献了5 800万英镑，相当于每名常住人口约560英镑③。这表明英国高等教育对经济有显著的正面影响，不仅通过直接的学费和生活费用支出，还通过促进创新和创业活动，带动就业和经济增长。

3. 毕业生就业人数和薪资

根据英国政府在2023年6月发布的《毕业生劳动力市场统计数据》④，毕业生的就业率总体而言持续高于非毕业生。在2022年，毕业生和研究

---

① 参见：https://www.universitiesuk.ac.uk/latest-insights-and-analysis/higher-education-numbers。
② 参见：https://www.hepi.ac.uk/wp-content/uploads/2023/05/Full-Report-Benefits-and-costs-of-international-students.pdf。
③ 参见：https://lordslibrary.parliament.uk/higher-education-contribution-to-the-economy-and-levelling-up/#fn-13。
④ 参见：https://explore-education-statistics.service.gov.uk/find-statistics/graduate-labour-markets。

生的就业率相比 2021 年有所增加，其中研究生的增幅最大，而工作年龄段非毕业生的就业率略有下降。工作年龄段毕业生（16—64 岁）的就业率为 87.3%，比 2021 年（86.6%）增加了 0.7 个百分点。工作年龄段研究生的就业率为 89.3%，比 2021 年（88.2%）增加了 1.1 个百分点。工作年龄段非毕业生的就业率为 69.6%，比 2021 年（69.8%）减少了 0.2 个百分点。在薪资方面，2022 年，工作年龄段毕业生的名义中位薪资为 38 500 英镑，比工作年龄段非毕业生（27 000 英镑）多 11 500 英镑，但比工作年龄段研究生（45 000 英镑）少 6 500 英镑。从名义上看，所有群体的薪资都有所增加。然而，按实际价格（2007 年价格，使用 CPI-H）计算，毕业生和非毕业生的薪资从 2021—2022 年保持不变，而研究生的薪资减少了 1 000 英镑。

（五）金融服务

根据伦敦金融城公司和英国财政部在 2023 年合作编写发布的《2023 年英国金融服务年度回顾》[①]，金融和专业服务（FPS）行业是推动英国经济增长的核心动力。全英国有 250 万人受雇于该行业，其中金融服务（FS）领域的从业人员超过 110 万人，相关专业服务领域的从业人员超过 130 万人。该行业创造了 2 780 亿英镑的经济产出，占英国整体经济产出的 12%，并贡献了 1 000 亿英镑的税收收入。英国在金融行业的许多领域——如银行、保险、资产管理——均处于全球领先地位，但全球竞争激烈，英国必须持续努力以保持其竞争优势。值得一提的是，英国领先的金融科技生态系统拥有高技能劳动力，创新公司可以在这里蓬勃发展。

---

① 参见：https://assets.publishing.service.gov.uk/media/64ad6d32fe36e0000d6fa6a9/State_of_the_sector_annual_review_of_UK_financial_services_2023.pdf。

在 2022 年，将总部设在英国的金融科技公司就超过了 3 200 家。2017 年以来，英国在这些领域一直保持稳定增长，表明英国营商环境的持续吸引力。仅在英国的独角兽企业，就有 1/3（149 家中的 49 家）是金融科技公司，这一比例高于其他任何金融中心。

第二节 创新驱动的经济发展模式

创新并不是从研究到应用的单向流动,而是不可预测且充满偶然性的,涉及不断地学习、测试、改进和发现循环。创新过程(见图2-1)包含处于前沿的创新者、企业和研究人员,需要他们进行应用研究或开发新产品和服务。同时,也包括那些寻求采用和实施现有创新产品以提高生产率、增加利润率的企业,以此为消费者提供更高价值的商品和服务。

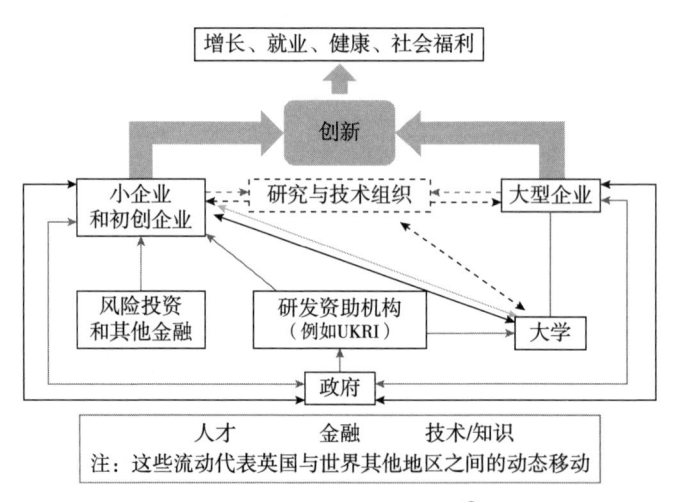

图 2-1 创新的生态系统[1]

---

[1] 参见:https://assets.publishing.service.gov.uk/government/uploads/system/uploads/attachment_data/file/1009577/uk-innovation-strategy.pdf。

大学和其他公共资助机构所进行的研究也是创新过程的关键部分。大学经常与企业、慈善机构及其他机构密切合作，支持研究并促进其商业化，以实现各种社会和经济目标。因此，大学与企业之间的互动对创新至关重要。更广泛地说，创新过程发生在一个生态系统中，在这个生态系统中，公司、公共研究机构、教育提供者、金融机构、慈善机构、政府机构和许多其他参与者通过技能、知识和思想的交流在国内和国际上进行互动，并通过这些协同关系和资源交换来共同促进社会和经济的进步。

一、创新对经济增长的贡献

基于经济合作与发展组织（OECD）《奥斯陆手册2018》①的定义，英国对创新的定义涵盖了产品创新、业务流程创新、进行中的创新项目以及创新投资四个方面。2021年7月22日，英国商业、能源和产业战略部发布了《英国创新战略：通过创造引领未来》②，阐明了政府到2035年使英国成为全球创新中心的愿景。在2023年2月的政府机构调整中，英国商业、能源和公关战略部被新成立的DBT、DSIT以及能源安全与净零部（DESNZ）所替代。其中，DSIT主要负责创新政策和战略，而《英国创新调查2023》（UKIS 2023）由DBT资助和开发，并由英国国家统计局代表DBT和DSIT进行管理。根据DBT在2024年5月发布的《英国

---

① 参见：https://www.oecd.org/science/oslo-manual-2018-9789264304604-en.htm。
② 参见：https://www.gov.uk/government/publications/uk-innovation-strategy-leading-the-future-by-creating-it。

创新调查 2023》①，在 2020—2022 年，有 36% 的英国企业是创新导向的，相比 2018—2020 年的 45%，有小幅下降的趋势。据估计，大企业比中小企业（SMEs）更有可能进行创新。2020—2022 年，50% 的大企业是创新活跃的，而创新活跃的中小企业为 36%。

创新对于经济增长和提高生产率来说起到了至关重要的作用。在过去的 100 年间，英国人均 GDP 增长了 340%，而这主要得益于电气化和交通进步等技术创新。但是，英国经济增长率在过去几十年间持续下降，从 20 世纪 50—60 年代的每年 4% 下降到 21 世纪 10 年代的每年 2%。英国的生产率已经落后于其他可比国家，现在大约比德国、法国和美国低 1/5②。有人认为，近几十年来存在的经济增长和生产率放缓的主要原因是创新速度的减慢，而其中一个关键指标就是英国研发支出增长率的下降，包括公共和私人投资。英国的研发投资从 1990—2004 年逐年下降，从占 GDP 的 1.7% 降至 1.5%，然后逐渐回升至 2018 年的 1.7%③。这一比例在此期间一直低于经合组织 2.2% 的平均水平。当然，创新速度的减慢不仅仅是因为研发投资的下降，还有创新方式上的问题，导致具有变革性的研究速度的放缓。

在过去几十年里，尽管创新速度有所减慢，英国依旧具备引领全球创新精神复兴的理想条件，这得益于它现有的卓越的创新体系基础。英国拥有欧洲最好的风险资本市场，仅 2020 年，英国对科技公司的投资额

---

① 参见：https://www.gov.uk/government/statistics/uk-innovation-survey-2023-report/united-kingdom-innovation-survey-2023-report#headline-findings。

② 参见：https://assets.publishing.service.gov.uk/government/uploads/system/uploads/attachment_data/file/1009577/uk-innovation-strategy.pdf。

③ 参见：https://www.ons.gov.uk/economy/governmentpublicsectorandtaxes/researchanddevelopmentexpenditure/timeseries/glbh/gerd。

就高达 149 亿美元，是全球金融的领先中心之一。此外，英国还是 100 多家独角兽公司的诞生地，比法国、德国及荷兰的总和还要多。同时，英国拥有丰富的研发资金来源，包括大量的研究慈善机构，如惠康基金会（Wellcome Trust）、英国癌症研究所和英国心脏基金会等。在此基础上，英国拥有着成为新全球创新经济中心的理想条件。

二、主要的创新领域和技术趋势

（一）人工智能

DSIT 在 2023 年 3 月发布的《人工智能行业研究报告》[①]中提供了关于英国人工智能行业规模和范围的基线数据。研究表明，英国共有 3 170 家活跃的人工智能公司，其中 60% 专注于人工智能业务，其余 40% 是多元化公司，即人工智能只是其广泛业务中的一部分。2011 年以来，平均每年有 269 家新的 AI 公司注册，而 2018 年人工智能行业协定签订时，新公司注册数量达到 429 家的峰值。

人工智能的发展对英国经济的贡献举足轻重[②]，它提供了关键的经济指标总结，包括人工智能企业的数量和规模、与人工智能相关的收入、GVA 以及人工智能相关的就业情况。从中我们可以得出以下两点重点数据结论。

一是英国与 AI 相关的总收入为 106.46 亿英镑，大型公司的收入为

---

① 参见：https://assets.publishing.service.gov.uk/media/641d71e732a8e0000cfa9389/artifical_intelligence_sector_study.pdf。

② 参见：https://assets.publishing.service.gov.uk/media/641d71e732a8e0000cfa9389/artifical_intelligence_sector_study.pdf。

75.97亿英镑，占总收入的71%，尽管大型AI公司的数量只占总体的4%。与此同时，中小型企业则共同占据了英国人工智能收入的1/4多，约28亿英镑，占总收入的26%。该数据表明人工智能行业的经济贡献主要还是由大型成熟的技术公司驱动。

二是与AI相关的GVA为36.91亿英镑。大型公司在GVA的贡献中有着绝对主导地位，占总GVA的122%，而小型和微型公司的GVA则为负值。这是因为人工智能中小企业的GVA更多是由高技能人员的薪酬驱动的，而并非由利润驱动。在许多专注于人工智能的公司中，运营亏损往往超过员工薪酬，导致GVA值为负，但这也正体现了深度技术开发的资本密集性和高研发性质，进而有利于提升英国在全球技术领域的竞争力、促进高技能就业、带动相关产业链的发展以及吸引投资和支持等。

这些数据体现了不同规模的AI公司在英国经济中的角色和影响，也揭示了中小型专注型企业所面临的挑战和机遇。

人工智能技术将成为当今快速变化的经济中最大的商业机会之一。根据普华永道在2017年发布的《人工智能对英国经济的影响》[①]报告，到2030年，英国的GDP将会因人工智能而有望提高10.3%，相当于额外增加2 320亿英镑。其中，AI将会在以下几个方面对GDP产生主要影响。

一是产品质量的提升：AI将改善产品质量，预计到2030年GDP将因此增长4.5%。高质量的产品吸引更多消费者，鼓励更高的消费支出，推动经济增长。

二是个性化和多样化：AI将实现更多个性化和多样化的商品生产，贡献3.7%的GDP增长。消费者受益于符合其偏好的定制产品，推动需

---

① 参见：https://www.pwc.co.uk/economic-services/assets/ai-uk-report-v2.pdf。

求并增强市场活力。

三是生产率的提升：AI的整合将增强劳动力并自动化某些角色，带来1.9%的GDP增长。这些生产率的提升将使企业更高效，降低运营成本，并促进创新。

四是其他方面的影响：AI将通过节省时间来增加消费者福利，尽管其对GDP的直接影响相对较小。预计大多数消费者将利用AI增强产品带来的额外时间来放松和享受闲暇时间，而不是进一步的经济活动。但正因AI驱动的生产率和自动化导致实际工资的大幅增长，使得工人能够在较少的工作时间内维持收入，从而提高生活质量。

综上所述，AI融入英国经济预计将带来巨大的好处，主要通过提升产品质量、增加多样性和显著提高生产率。这些因素不仅会提升GDP，还会改善整体消费者福利和经济韧性。

（二）生物工程

生物工程学是通过应用严格的工程原理来研究生物学，旨在构建新的或改造生物系统，包括蛋白质或细胞，并用于食品、材料、健康等在内的多个领域。它将自然生物系统与基因操控、计算能力和机器学习的发展相结合，为各行业所面对的各种挑战提供了具有创新意义的解决方案。通过运用可持续和高效利用资源的方法来应对食品、化学品、材料、水、能源、健康和环境保护方面的复杂问题，比如无塑料包装工艺、改良的运动服纤维、新型绿色燃料等具有环境保护优势的方法。

根据麦肯锡全球研究所的评估来看，未来10—20年内可能商业化的几个生物工程学终端应用有希望产生高达 4 万亿美元的全球经济影响[①]，具有非常可观的经济潜力。据估计，全球经济中多达 60% 的物理输入原则上都可源自生物系统和活体工厂。这代表着谁在这一领域领先，谁就将引领社会的变革，在安全、健康和供应链问题上占有战略优势。在食品与农业方面，若应用更健康和可持续的食品添加剂、细胞培育的肉类和植物或微生物基的蛋白质替代品，可使得每年的全球直接经济影响高达 1.2 万亿美元。在材料方面，通过使用生物衍生的纺织品、天然染料以及更加环保的建筑材料，新一代材料的全球市场规模可达 2.2 亿美元。在环境与能源方面，开发生物燃料、利用微生物降解塑料废物以及对碳进行捕获与存储的技术，预计到 2040—2050 年可减少 8% 的人为温室气体排放量，有助于实现全球气候目标。在以上三个领域之外，生物工程技术在医药与健康方面也有着广泛的应用前景。通过个性化治疗、增强型益生菌和基于生物传感器检测的治疗方法，可大幅提高诊断和治疗的精确度和效果，并预计在每年产生 1.3 万亿美元的全球直接经济影响。总而言之，生物工程学在食品、材料、环境以及健康等多个领域的应用，可以帮助英国实现更具有可持续性的发展路径，减少能源消耗和环境污染，从而带来巨大的绿色经济效益。

（三）量子技术

在全球范围内，那些率先开发并广泛应用量子技术的国家将在生产力、经济增长、健康、可持续发展以及国家安全等方面拥有巨大优势。目前，量子技术已在英国有着坚实的基础。2014 年以来，有 10 亿英镑

[①] 参见 https://www.mckinsey.com/industries/life-sciences/our-insights/the-bio-revolution-innovations-transforming-economies-societies-and-our-lives。

投入此技术的研究与开发①，将量子计算、传感和计时、成像和通信技术领入市场。此外，英国的量子公司在数量层面位居世界第二，仅次于美国，并在吸引私人投资方面排名第二，领先于欧洲的竞争对手。根据英国工业联合会经济学部（CBI Economics）2023年10月发布的报告②显示，英国的量子产业目前为英国经济贡献了17亿英镑的增加值，并已支持了英国约20 000名全职等效（FTE）员工的就业。这些公司的生产率比全国平均水平高出33%，每个全职等效职位为英国经济增加了93 000英镑的增加值。

在英国，目前有574家公司被The Data City归类为量子公司，其中26%位于东南部，13%位于东英格兰。这两个地区在计算机、电子和光学产品的制造方面创造了最高水平的经济活动。尽管量子产业目前还处于初期阶段，但已建立的量子公司每年为英国经济的贡献已经相当于建筑行业对经济贡献的一半。量子公司的直接活动贡献了总增加值的将近一半（49%）③，约为8.4亿英镑。剩余部分则来自与量子经济相关的更广泛的经济贡献。这些更广泛的贡献包括供应链带来的影响（4.2亿英镑）以及工人可支配收入增加所带来的消费增长（4.4亿英镑）。

在未来10年，量子技术预计将改变英国生活的许多方面，带来显著优势，如促进经济增长和在全国范围内创造高薪工作等。根据DSIT在2023年3月发布的《国家量子战略》④，为了进一步推动量子技术，英国将在2024—2034年的10年中建立一个新的10年计划，投入25亿英

---

① 参见：https://uknqt.ukri.org/。
② 参见：https://www.cbi.org.uk/articles/what-s-the-value-of-the-quantum-economy/。
③ 参见：https://www.cbi.org.uk/articles/what-s-the-value-of-the-quantum-economy/。
④ 参见：https://assets.publishing.service.gov.uk/media/6411a602e90e0776996a4ade/national_quantum_strategy.pdf。

镑以进行量子研究和创新计划。此计划将分为 2 个 5 年期实施，并将在与政府各部门的合作伙伴，尤其是英国研究与创新署（UK Research and Innovation，简称为 UKRI）、独立专家建议和行业的充分协商下开展。

（四）新能源创新

2021 年 10 月，DESNZ 发布了英国首个《净零研究与创新框架》[①]，概述了需要解决的科学和技术挑战以及实现英国 2050 年净零碳排放目标所需要的投资和条件等。总体来说，英国在未来全球绿色经济中的前景良好。到 2030 年，英国企业在净零排放方面的全球市场机会可能累计达到 1 万亿英镑，过去 8 年中英国的气候技术部门已获得超过 65 亿英镑的风险投资。对清洁技术的投资兴趣迅速增长，2021 年上半年全球风险投资（VC）金额达到 600 亿美元，占所有风险投资的 14%[②]。

此外，政府应继续致力于提供一系列可投资的项目，增强投资者信心，吸引私营部门投资，并支持成本效益高的净零过渡。以净零为重点的公共研究与创新（R&I）项目可以为经济和社会带来更广泛的利益，其中包括改善英国建筑库存等基础设施，并通过低碳行业的新商业机会，在全国各地创造高质量的就业机会并推动经济增长。到 2030 年，净零创新有潜力通过出口和国内工业领域的商业机会，解锁 30 万个就业岗位[③]。公共部门研究与创新投资计划概述了 2022—2025 年英国净零相关公共部门和 Ofgem 的研发支出，总计约 45 亿英镑。该计划包括 R&I 投资计划

---

① 参见：https://www.gov.uk/government/publications/net-zero-research-and-innovation-framework。
② 参见：https://www.gov.uk/government/publications/uk-net-zero-research-and-innovation-framework-delivery-plan-2022-to-2025/uk-net-zero-research-and-innovation-framework-delivery-plan-2022-to-2025。
③ 参见：https://www.gov.uk/government/publications/net-zero-strategy。

和详细的政府活动附件。政府重点投资于运输和电力等领域，以支持重大商业机会和能源安全效益的技术研发，并应对脱碳需求。交通运输脱碳计划强调了电力、绿色氢能和低碳燃料的使用，而电力脱碳计划则关注海上风电、能源存储和核工业等。该投资组合还支持温室气体去除、氢气生产和建筑改造等早期技术项目，以帮助创造新市场并克服技术障碍，确保实现最经济有效的净零排放路径[1]。

---

[1] 参见：https://www.gov.uk/government/publications/uk-net-zero-research-and-innovation-framework-delivery-plan-2022-to-2025/uk-net-zero-research-and-innovation-framework-delivery-plan-2022-to-2025#fn:5。

第三节　创新集群的地理分布与产业特点

研究和创新的发展对提高英国的生产率和经济增长至关重要，而其快速发展首先依赖于创新区域。正是由于对这些创新区域的重视，才使得对创新集群的研究变得刻不容缓。根据 DSIT 在 2024 年发布的《分析报告：识别和描述英国创新集群》[①]，集群被定义为相关产业中空间集中分布的一组企业、研究能力、技能和支持结构，它们通过聚集效应受益于相互之间的溢出效应。具体来说，企业和研究机构在同一区域内聚集，能够更容易地进行合作、共享信息和技术，形成一个相互支持的生态系统。这种集聚效应带来的好处包括提高生产效率、促进创新和提升竞争力。在这份报告中，所有活跃于公共研究与创新的集群都被称作"创新集群"，而创新集群又被分为以下四个集群类型。

一是"多样化"创新集群——企业不专注于相同的工业部门，我们无法在集群内找到明确的合作证据。

二是"专业化"创新集群——企业专注于相同的工业部门，但我们无法在集群内找到明确的合作证据。

三是"研发合作"创新集群——我们在集群内找到了明确的合作证据。

---

① 参见 https://assets.publishing.service.gov.uk/media/65c4dee39c5b7f0012951b36/uk-innovation-clusters-analytical-report.pdf。

四是"分散"创新社区——我们在集群内找到了合作证据的企业组，但这些企业在空间上是分散的，即不在同一地点。

据报告统计，英国目前共有 3 443 个创新集群（每个集群包含 10 家或更多公司）。其中有 429 个研发合作集群，2 901 个专业化集群，7 个多样化集群，以及 106 个分散社区。在这些创新集群中，我们将重点关注伦敦、剑桥和牛津等地的创新集群的地理分布以及产业特点。

一、伦敦、剑桥、牛津等主要创新集群

传统观点认为集群总是高度集中，但是真实情况并非如此。虽然一定程度的空间集中对于满足我们空间共享的标准很重要，但 HDBSCAN 方法使我们能够识别出不同密度的集群，以确保大型城市能够容纳包含大量公司的密集集群。伦敦在 43 个行业中拥有最大的集群，而西北地区在 39 个行业中拥有排名前三的最大集群。集群的类型和位置主要取决于它们所属行业的资源需求（劳动力和土地）。比如资源开采行业通常覆盖更广泛的区域，而知识密集型活动往往需要接触大量多样的劳动力，因此集中在更密集的城市环境中，占据较小的空间。

（一）伦敦创新集群

伦敦创新集群的地理分布主要由地方提供的利益决定，而创新型新经济企业的选址表明，企业愿意支付高价以获得城市中心位置能够提供的便利。城市可以提供的知识和劳动力对于服务行业来说尤其重要，因为服务行业主要通过调整改进现有产品和流程来进行创新，所以高度依赖知识溢出的效应（Graham，2006）。这就表明城市或者人口密集的地区

中的互动有助于不同领域之间知识的快速流动，对创新有着非常重要的催化作用（Berkes 和 Gaetani，2021），创新领域的公司也因此会有按研究领域往小块地域聚集的倾向（Carolino 等，2015）。

衡量伦敦创新表现的其中一个指标是专利注册的增长数量，尽管它的准确性有限，可能会导致对伦敦知识经济实际水平的低估，但它依旧可以显示出伦敦不同地域在创新方面的变化趋势。伦敦市中心的集群内密集分布着帝国理工学院（白城和肯辛顿校区）、伦敦大学学院（UCL）及其他高等教育机构（HEIs），获得了丰富的人才和资源以支持强大的研发和创新活动。该地区显示出显著的创新活动。东伦敦集群包括科技城及玛丽女王大学和伦敦都市大学，同样构建了一个强大的创造中心，该地区在专利注册方面表现出了可观的增长。此外，南部和东南伦敦地区的专利注册增长尽管没有市中心和东伦敦那么集中，但也相对中等，表明创新活动依旧有增长的趋势，这主要得益于格林威治大学、伦敦大学金史密斯学院、南岸大学以及克罗伊登科技城这样以技术和创意产业为重点的新型集群。在西部和西南伦敦，创新活动远离中心枢纽，布鲁内尔大学和金斯顿大学带动创新活动向偏远地区扩展，显示出健康的专利注册中位数增长。综上所述，伦敦的创新集群主要集中在市中心和东伦敦，受到领先的 HEIs 和动态商业环境的驱动。南部、东南部、西部和西南伦敦显示出新兴的创新活动，受到各自 HEIs 的支持。

（二）剑桥创新集群

剑桥创新集群，以剑桥为中心，是全球最密集的科学和技术集群之一，包括位于剑桥市中心约 32 千米半径范围内的公司。其中，有三类公司：剑桥本地公司、剑桥活跃公司和非企业的知识密集型（KI）组织。

剑桥大学在2023年全球创新指数（GII）中被评为全球最密集的科学和技术（S&T）集群，保持了其在该指数中的顶级位置。科技集群是通过分析专利申请活动和科学论文出版情况，并记录世界各地发明家和科学作者密度最高的地理区域来建立的。该集群以高密度的专利申请和科学出版物著称，在过去5年中，剑桥集群每百万人申请了6 582件专利合作条约（PCT）专利，发表了37 136篇科学文章[1]。剑桥大学位于"剑桥集群"的核心位置，每年为经济创造近300亿英镑的收入，并在英国各地提供了超过86 000个就业岗位[2]。

剑桥拥有英国人均最高比例的初创企业，而剑桥大学的衍生公司在2013—2017年筹集了超过20亿美元的资金，位居全球榜首。重大的商业投资和企业交易已使超过10亿英镑的私人资本流入该集群[3]。随着商业活动从城市向外扩展，剑桥经济的持续强劲已成为该地区更广泛的积极力量。新数据显示，近年来，这种趋势从剑桥向北尤为普遍。过去3年，东剑桥郡的总体就业增长率高于剑桥市，每年增长6%（而剑桥市为5%）。然而，就东剑桥郡而言，这主要是由交通运输和农业等非剑桥行业的增长推动的。整个剑桥郡和彼得伯勒的年增长率为2%，但不同地区的情况则好坏参半，尤其是亨廷登郡，高科技制造业（-3.8%）和其他服务业岗位减少，但制造业和运输业员工人数增加，导致总体增长持平[4]。

---

[1] 参见：https://www.cam.ac.uk/research/news/cambridge-remains-most-intensive-science-and-technological-cluster-in-the-world。

[2] 参见：https://www.cam.ac.uk/stories/cambridge-economic-impact。

[3] 参见：https://www.cambridgeand.com/knowledge-intensive-industries/life-sciences-healthcare。

[4] 参见：https://www.cambridgeahead.co.uk/news-insights/2022/science-and-innovation-sectors-in-cambridge-drive-growth-in-regional-employment-despite-pandemic-turbulence/。

(三)牛津创新集群

根据 2023 年全球创新指数,牛津郡是全球第三密集的科学和技术集群。牛津郡的创新生态系统是基于该地区的学术、企业和社会机构得以发展的,其中包括牛津的两所大学、哈威尔(Harwell)和库勒姆(Culham)在内的世界领先的科学基础设施、研究密集型医院以及社区健康服务[①]。根据《牛津郡创新引擎 2023》的报告,截至 2023 年 2 月,在牛津郡识别出约 2 950 家高科技企业,其中创新型企业的数量约为 1 500 家。

创新生态系统的创新活动可通过产生的知识产权水平来判断或衡量,通过对牛津郡排名前 25 的公司及组织和机构在前 5 年、3 年和 2 年期间的数据进行分析,在每个时间序列中,牛津郡排名最高的一直都是牛津大学。将牛津郡的数据与多个创新生态集群进行比较,这些生态集群包括剑桥、曼彻斯特、纽卡斯尔、南安普敦和爱丁堡等地。虽然所有这些比较的地理区域都扩展到了城市周边地区和城镇,但基础数据表明,单个公司或机构在专利活动方面可以主导一个生态系统[②]。牛津郡内专利申请活动最活跃的公司和机构在牛津大学及其周边地区有显著的集中,这些机构是该地区创新和知识产权生成的主要贡献者。除了牛津,阿宾顿、哈威尔和库勒姆等地也有显著的活动集群。这些地区以其研究设施和科技园区而闻名,如哈威尔科学与创新园区和库勒姆科学中心,这些都是高科技公司和研究机构的中心。活跃的知识产权公司和机构的分布似乎沿着主要道路和交通线路。这表明交通便利性和连接性在这些机构的选址中可能具有重要作用。

---

① 参见:https://www.advancedoxford.com/wp-content/uploads/2023/06/OIE-2023-Report.pdf。
② 参见:https://www.advancedoxford.com/wp-content/uploads/2023/06/OIE-2023-Report.pdf。

二、各集群的产业特点和代表性企业

（一）伦敦创新集群

1. 产业特点

伦敦作为全球金融和商业中心，其创新集群在英国乃至全球都具有重要影响力。在五个反映英国政府创新重点和产业战略类别的领域：人工智能和数据、清洁增长、智慧城市和交通、老龄化社会和先进制造业中，每个行业都有不同的地理集群，而伦敦在所有类别中都名列前茅。在先进制造业、城市交通、清洁增长和人工智能与数据创新集群方面，大伦敦占据20%左右的集群份额，而31.2%的老龄化社会方面的创新集群则主要分布在大伦敦东南部[①]。

此外，在健康和生命科学领域，伦敦各地的众多集群都发挥了重要作用。比如知识区（位于国王十字车站附近）已成为生命科学领域人工智能的领先集群，并吸引了 DeepMind 和葛兰素史克等大型公司，也得到了如伦敦大学学院和弗朗西斯·克里克研究所等强大学术机构的支持，该区正在成为此领域的核心参与者；白城创新区已成为生物技术、数字和创意产业的聚集地。多家生物技术公司和全球制药公司诺华均已在翻译与创新中心（I-HUB）及其周边地区设立基地，南伦敦也在快速发展成为一个创新集群，位于盖伊医院的细胞与基因治疗催化中心就是南岸的一个例子。伦敦癌症中心的兴建表明该集群正在向南延伸到萨顿。这

[①] 参见：https://theodi.org/news-and-events/blog/new-rankings-show-uks-most-innovative-tech-clusters/。

些发展凸显了南伦敦在医疗和生命科学领域的重要性和增长潜力[①]。

在政府政策方面，英国工程和物理科学研究委员会（EPSRC）推出了一项"基于地点的影响加速账户"（PBIAA）的计划[②]，旨在通过提供灵活的资金来支持特定区域的研究和创新集群，其中就包括西伦敦和伦敦皇家公园工业区。此外，伦敦可持续发展委员会（LSDC）致力于支持清洁技术集群，专注于通过可持续创新来应对气候变化，兑现到2050年将碳排放量降至零的承诺。在2016年，伦敦清洁技术发展中心发布的《更美好的未来：创建伦敦清洁技术集群的路线图》[③]中，主张在西伦敦、老橡树区以及皇家公园地区建立一个"清洁技术创新集群"，为伦敦迈向低碳未来创造强大的创造性焦点[④]。

2. 代表性企业

伦敦是一个多元且繁荣的商业生态系统的家园，涵盖了从金融服务到科技、生命科学等各个行业（见表2-1）。

表2-1 伦敦代表性企业[⑤]

产业	企业名称
金融服务	汇丰银行（HSBC）、巴克莱银行（Barclays）
生命科学	弗朗西斯·克里克研究所（The Francis Crick Institute）、医学研究委员会（The Medical Research Council）
科技	亚马逊、谷歌、微软、脸书

---

① 参见：https://medcityhq.com/2021/06/29/london-a-data-and-ai-innovation-hub/。
② 参见：https://www.ukri.org/news/41-million-to-enhance-uk-research-and-innovation-clusters/。
③ 参见：https://www.london.gov.uk/sites/default/files/lsdc_-_better_future_report_2016.pdf。
④ 参见：https://www.london.gov.uk/who-we-are/city-halls-partners/london-sustainable-development-commission-lsdc/our-cleantech-and-innovation-work。
⑤ 参见：https://www.glassdoor.co.uk/Explore/top-companies-london_IL.14,20_IM1035.htm。

续表

产业	企业名称
智能创新	开放数据研究所（Open Data Institute）、英国国家科技艺术基金会（Nesta）、技术创新中心（The Catapults）、DeepMind
能源	英国石油公司（BP）、壳牌石油公司（Shell）

在金融服务行业，伦敦继续保持其作为全球领先金融中心的地位。《伦敦市经济增长愿景》报告提出了一系列改革，以提升伦敦的金融服务生态系统，包括简化国际人才引进和促进商业便利性[1]。比如，汇丰银行（HSBC）的全球总部就位于伦敦金丝雀码头的加拿大广场8号，设有银行的高级管理层和中央运营机构，在2017—2023年，汇丰银行的全球收入大幅增加，在2023年，该银行的税前利润飙升了78%，但依旧未能达到市场预期的340.6亿美元[2]。巴克莱银行总部位于伦敦金丝雀码头的丘吉尔广场1号，截至2023年，银行报告的收入为321.2亿美元，比上一年增长了6.84%[3]。

在生命科学领域，仅在伦敦，根据Dealroom的分析[4]，截至2024年9月底，风险资本对健康领域的投资已创下新高，筹集了约9.8亿英镑。在这个领域，弗朗西斯·克里克研究所是伦敦领先的生物医学研究中心，该研究所获得大量资金支持其尖端研究，受益于多家知名组织的合作和资助，包括英国癌症研究中心、医学研究委员会、维康信托基金

---

[1] 参见：https://news.cityoflondon.gov.uk/london-top-global-financial-centre-as-new-regulations-send-positive-signals-to-businesses-research-finds/。

[2] 参见：https://www.cnbc.com/2024/02/21/hsbc-pre-tax-annual-profit-jumps-78percent-misses-market-estimates.html。

[3] 参见：https://stockanalysis.com/stocks/bcs/revenue/。

[4] 参见：https://medcityhq.com/2021/10/28/a-turning-point-for-london-life-sciences/。

会、伦敦大学学院、帝国理工学院和伦敦国王学院。英国医学研究理事会（MRC）是英国主要的公共资助机构，致力于通过科学研究改善人类健康。截至2024年，MRC积极增加对多个医学研究单位的投资，并通过与行业伙伴的合作，推动转化临床研究[1]。

在高科技行业方面，以伦敦为核心的英国科技行业仍是欧洲最大的科技市场，并且在全球排名第三。2023年，该行业表现出显著的韧性，因此获得大量风险资本投入，特别是在金融科技和网络安全领域[2]。比如谷歌在伦敦的运营投入了大量资金。在2024年，谷歌位于国王十字被称为"landscraper"的新总部将启用；微软的AI中心则位于帕丁顿；而在东南方向，苹果正在领导巴特西发电站的重建项目[3]。

在智能创新方面，伦敦具备世界一流的人才库、高质量的公共交通基础设施和多样化的商业文化，共同促进了创新生态系统的发展[4]。开放数据研究所（ODI）由英国政府支持并由蒂姆·伯纳斯-李（Tim Berners-Lee）爵士和尼格尔·沙德博尔特（Nigel Shadbolt）教授于2012年在伦敦创立，研究所致力于建立一个数据生态系统，促进数据的有效共享和使用，以实现创新和经济效益[5]。此外，DeepMind以其在人工智能领域的突破性研究而闻名，它的研究成果包括AlphaGo、AlphaFold等重大项目[6]。

在能源方面，伦敦的能源部门正在经历重大变革，重点在于向低碳和

---

[1] 参见：https://www.ukri.org/who-we-are/mrc/institutes-units-and-centres/list/。

[2] 参见：https://www.gov.uk/government/news/uk-tech-sector-retains-1-spot-in-europe-and-3-in-world-as-sector-resilience-brings-continued-growth。

[3] 参见：https://www.uktech.news/partnership/regional-spotlight-london-tech-hub-20221017。

[4] 参见：https://www.gov.uk/government/publications/digital-opportunity-review-of-intellectual-property-and-growth。

[5] 参见：https://data.org/organizations/odi/。

[6] 参见：https://www.usesignhouse.com/blog/deepmind-stats。

可再生能源的转型。伦敦市政府也在通过地方能源项目交付单元（DEPDU）和地方能源启用项目（DEEP），以支持地方能源项目的发展①。就英国石油公司（BP）而言，其总部设在伦敦，是一家全球领先的综合性能源公司。BP 计划通过高效化供应链和数字化转型，到 2026 年底实现至少 20 亿美元的现金成本节省。此外，公司在加速其低碳能源投资，以期在 2025 年实现超过 40% 的资本支出用于过度增长业务，目标是到 2030 年实现 90 亿—100 亿美元的 EBITDA②。

（二）剑桥创新集群

1. 产业特点

剑桥的产业主要集中在生命科学、软件开发和电子领域，并设有阿斯利康、华为光电业务和 ARM 技术等跨国公司的总部。在生命科学和医疗保健方面，剑桥创造了超过 40 亿的营业额，过去 3 年中营业额以每年 19% 的惊人速度增长③。2000 年以来，该地区就诞生了 17 位诺贝尔生理学或医学奖获得者，在精准医疗、医疗保健领域的人工智能/机器学习等变革性领域中保持领先。剑桥同时拥有众多 IT 公司，包括软件开发商和科技初创企业，剑桥的人均初创企业比例全英最高，剑桥大学的衍生企业也在 2013—2017 年筹集了超过 20 亿美元的资金，位居全球榜首④。

---

① 参见：https://www.london.gov.uk/programmes-and-strategies/environment-and-climate-change/energy/energy-supply。

② 参见：https://www.bp.com/en/global/corporate/investors/results-reporting-and-presentations/quarterly-results-and-webcast.html。

③ 参见：https://cambridgeand.com/knowledge-intensive-industries/life-sciences-healthcare。

④ 参见：https://cambridgeand.com/knowledge-intensive-industries/life-sciences-healthcare。

2. 代表性企业

剑桥因其富有活力的创新生态系统而闻名,拥有众多初创公司和知名企业(见表2-2),在经济和科学技术方面处在全球前沿位置。

表2-2 剑桥代表性企业[①]

产业	企业名称
金融服务	达廷顿财富管理(Dartington Wealth Management)、老罗伊尔财富管理(Old Royle Wealth Management)、劳埃德银行(Lloyds TSB Bank)、理财智库(Money Wise)、剑桥欧元兑换(Eurochange Cambridge)
生命科学	CMR Surgical、Bicycle Therapeutics、Kymab
科技智能创新	华为(Huawei)、树莓派(Raspberry Pi)、黑暗追踪(Darktrace)、PragmatIC、Five、Cytora
能源	剑桥核能中心(Cambridge Nuclear Energy Centre, CNEC)、剑桥能源合作伙伴(Cambridge Energy Partners)
交通运输	韦尔奇运输(Welch's Transport)、Turners Distribution、马歇尔汽车集团(Marshall Motor Group)

在金融服务方面,剑桥得益于其领先的教育和研究机构,结合创新和可持续发展战略,在全球金融市场中占据重要地位。达廷顿财富管理公司(Dartington Wealth Management)在剑桥享有良好的声誉,并获得了多个奖项和认可,包括被评为剑桥郡最佳金融顾问公司和剑桥郡最受信赖的财务顾问公司。此外,Cambridge Money Wise是一家提供跨境资金转账服务的全球技术公司,之前被称为TransferWise,该公司在2023财年年收入增长了51%,达到了8.46亿英镑,活跃客户数量也增加了34%,达到约1 000万[②]。

在生命科学方面,剑桥坐拥一系列高成长的公司、顶尖的研究机构和大量的风险投资。CMR Surgical是一家领先的外科机器人公司,总部

[①] 参见:https://cambridgeand.com/knowledge-intensive-industries/companies。

[②] 参见:https://wise.com/imaginary-v2/Wise-Annual-Report-Accounts-FY2023.pdf。

位于剑桥，致力于通过其创新的 Versius 外科机器人系统改变外科手术的未来。截至 2021 年，CMR Surgical 在多轮融资中筹集了超过 4.3 亿英镑的资金①。此外，Kymab 是一家临床阶段的生物制药公司，总部位于英国剑桥，专注于开发用于免疫介导疾病和免疫肿瘤学的全人类单克隆抗体疗法。在 2021 年 1 月，Kymab 被赛诺菲（Sanofi）以约 11 亿美元的预付款收购，显著提高了 Kymab 的市场估值②。

在科技智能创新方面，树莓派总部位于剑桥，致力于通过其系列低成本单板计算机促进计算机科学教育和数字技能的普及，其设备广泛应用于教育、DIY 项目和物联网设备等领域③。此外，Cytora 是一家位于剑桥的金融科技公司，专注于提供数字风险处理平台，以帮助商业保险公司实现数字化转型。在 2024 年，Cytora 与全球专业保险公司 Beazley 合作，通过其 AI 驱动的平台实现可扩展的增长④。

在能源方面，剑桥大学与壳牌公司合作，利用磁共振成像技术推进气体转液体（GTL）技术的发展⑤。剑桥核能中心致力于通过研究和创新，推动核能技术在能源系统脱碳中的应用。剑桥核能中心与剑桥大学内的多个学术部门（如材料科学、工程、物理学、地球科学和经济学）紧密合作，推动核能技术的发展和部署⑥。

---

① 参见：https://cmrsurgical.com/news/cmr-closes-series-d-fundraise。
② 参见：https://www.sanofi.com/en/media-room/press-releases/2021/2021-01-11-07-30-00-2155914。
③ 参见：https://static.raspberrypi.org/files/about/RaspberryPiFoundationAnnualReview2022.pdf#:~:text=URL%3A%20https%3A%2F%2Fstatic.raspberrypi.org%2Ffiles%2Fabout%2FRaspberryPiFoundationAnnualReview2022.pdf%0AVisible%3A%200%25%20。
④ 参见：https://www.intelligentinsurer.com/insurance/beazley-partners-with-ai-insurtech-cytora-to-unlock-scalable-growth-29188。
⑤ 参见：https://www.cam.ac.uk/research/research-at-cambridge/energy-sector-partnerships。
⑥ 参见：https://www.cnec.uk/current-research。

在交通运输方面，剑桥交通部门的未来发展将持续关注可持续性和技术创新。预计未来几年，将引入更多的低碳交通解决方案和智能技术，以进一步提升交通系统的效率和环境友好性。韦尔奇运输是一家位于剑桥的家族企业，成立于1934年，专注于提供一系列运输和物流解决方案。在2023年，韦尔奇运输宣布推出净零城市集散中心（Net Zero Urban Consolidation Centre），以支持剑桥市的可持续发展目标。

（三）牛津创新集群

1. 产业特点

牛津郡的产业以多样化的行业混合为特色，各类科学、科技以及信息通信行业的存在使得该市的就业创新生态系统充满着活力。据 UK data 的数据报告显示，牛津郡在2022年拥有大量员工（78 842人）以及可观的就业增长率（10.58%）[①]。据统计，牛津目前的专业和技术活动以1 798家公司位居榜首，紧随其后的是信息和通信行业，共有1 159家公司。此外，零售贸易和维修行业也占据重要地位，拥有933家公司。这种行业多样性在很大程度上促进了各个行业间的相互支持和协同发展。在行业增长趋势方面，制药和软件行业是当前增长最快的行业之一，与全球技术和健康行业的增长趋势成正比。综上所述，牛津的商业趋势显示出其多样化和充满活力的商业环境。总共有9 203家公司，过去两年内新成立的公司有1 146家，显示出健康的新企业创立速度。中小企业数量为6 609家，表明中小企业是牛津经济的支柱。此外，有203家企业从事出口业务，凸显

---

① 参见：https://ukdata.com/reports/oxford/。

了国际商业参与度，而拥有外国母公司的企业有 217 家，显示了该地区的全球连接[①]。

2. 代表性企业

牛津郡是一个充满活力的地区，拥有多样化且繁荣的商业生态系统，特别是在生命科学、技术和创新方面表现突出（见表 2-3）。

表 2-3　牛津郡代表性企业[②]

产业	企业名称
生命科学	牛津纳米孔技术公司（Oxford Nanopore Technologies）、牛津生物医学公司（Oxford Biomedica）、健赞（Genzyme）、Adaptix 成像（Adaptix Imaging）
信息技术	极光能源研究（Aurora Energy Research）、凯捷工程（CapGemini Engineering）、绿光实验室（Green Light Laboratories）
新能源及环境	达芬联合公司（Duffin Associates Ltd）、霍利德水电（Halliday Hydro）、牛津能源有限公司（Oxford Energy Ltd）、牛津塑料（Oxford Plastics）
汽车运输	宝马 Mini 工厂、Arrival、贝克曼汽车（Beckman Automobile）
数字、创意和出版	欧洲夏普实验室（Sharp Laboratories of Europe）、牛津仪器（Oxford Instruments）、索福斯（Sophos）、自然运动（Natural Motion）、Rebellion、牛津大学出版社（Oxford University Press）

在生命科学方面，牛津纳米孔技术公司是一家领先的纳米孔测序技术公司，致力于开发新一代 DNA 和 RNA 测序技术。该公司总部位于英国牛津，成立于 2005 年。此公司开发的测序设备，如 MinION 和 PromethION，被广泛应用于研究和临床领域，并赢得了广泛的市场认可。在 2021 年，此公司成功上市，并在伦敦证券交易所筹集了超过 3.5 亿英镑的资金[③]。

---

　① 参见：https://ukdata.com/reports/oxford/。
　② 参见：https://www.advancedoxford.com/green-recovery/business-directory/。
　③ 参见：https://chatgpt.com/backend-api/bing/redirect?query=Oxford+Nanopore+Technologies+recent+development+and+achievements+2024。

牛津生物医学公司是一家成立于 1995 年的基因和细胞治疗公司，专注于开发基因治疗药物，并同样在伦敦证券交易所上市。

在信息技术方面，牛津郡的技术部门对当地经济的贡献巨大，2018 年该部门为经济贡献了 18 亿英镑，并雇用了超过 37 000 名员工①。极光能源研究公司成立于 2013 年，总部位于牛津，由牛津大学的教授和经济学家创立。该公司在欧洲和全球范围内提供能源市场分析、预测、报告、软件解决方案、论坛和定制咨询服务③。极光能源研究公司开发了多种创新软件工具，例如 Amun，用于快速评估风电场的价值④。

在新能源及环境方面，牛津郡是欧洲领先的能源和能源存储解决方案集群，Harwell Campus 是这方面的主要枢纽，汇集了 57 家活跃的公司和 1 100 名研究人员，专注于电化学能源存储⑤。此外，英国牛津郡议会（Oxfordshire County Council）还在其《气候行动框架》中承诺到 2030 年实现自身碳中和，并在 2050 年前实现整个郡的碳中和。就牛津能源有限公司而言，该公司专注于提供综合能源解决方案，致力于推动可再生能源和能源效率的提升，并在太阳能和风能发电项目中发挥了关键作用。

在汽车运输方面，此部门是该郡基础设施和经济的一个动态且重要的组成部分，挑战与机遇并存。宝马 Mini 工厂位于牛津，2024 年底，工厂将开始生产新一代的 Mini 三门和五门内燃机车型以及新的 Mini 敞篷车。可持续发展是该工厂运营的核心，工厂拥有英国最大的屋顶太阳能

---

① 参见：https://theoxfordmagazine.com/oxfordshire-technology-sector-overview/。
③ 参见：https://auroraer.com/company/about/。
④ 参见：https://auroraer.com/company/about/。
⑤ 参见：https://www.oxfordshirelep.com/energy。

发电厂之一，其发电量足以供约 850 个家庭使用[①]。

在数字、创意和出版方面，此部门创造了大量的收入和就业机会，并提升了该地区的文化丰富性，从而吸引投资和促进旅游业的发展。牛津大学出版社是世界上最大的大学出版社，拥有超过 400 年的历史。根据研究，牛津大学及其相关活动每年为英国经济贡献约 157 亿英镑，支持超过 28 000 个全职工作岗位[②]。

参考文献

[1] Carlino, G. and Kerr, W.R., 2015. Agglomeration and innovation. *Handbook of regional and urban economics*, 5, pp.349-404.

[2] Gao, C. and Que, Y., 2022, March. Fiscal Policy and Monetary Policy of the UK. In *2022 7th International Conference on Financial Innovation and Economic Development (ICFIED 2022)* (pp. 2253-2257). Atlantis Press.

[3] Graham, D.J., 2006. Investigating the link between productivity and agglomeration for UK industries.

[4] Berkes, E. and Gaetani, R., 2021. The geography of unconventional innovation. *The Economic Journal*, 131 (636), pp.1466-1514.

---

① 参见：https://www.press.bmwgroup.com/global/article/detail/T0436894EN/mini-plant-oxford-goes-electric:-%C2%A3600m-investment-for-all-electric-mini-production-in-the-uk。

② 参见：https://www.ox.ac.uk/research/recognition/economic-impact。

第三章

英国独角兽企业成长的生态系统

第一节　创业环境与文化

一、英国的创业氛围和文化

在创业氛围上，英国一直保持着开放、包容又多元的社会形象。从历史角度上看，英国是工业革命的发源地，工业科技一直处于世界的前列，属于世界强国之林。从文化角度上看，英国的文化一直秉承着兼容并包的原则。据相关数据统计，近年来，英国一直以来都是大多数国家企业迈向国际化之路的重镇之一。以中国企业的国际化为例，长安汽车、华为等纷纷在英国建立子公司，腾讯公司则将投资的橄榄枝延伸到游戏、金融科技、医疗等多个强势领域，字节跳动的欧洲业务中心也设立在伦敦，蚂蚁集团收购的跨境支付公司 WorldFirst 助力其全球的业务。从经济角度上看，英国在经济发展上，一方面，英国有着稳定厚重的基础，一直维持在全球最富裕、经济最发达和生活水准最高的国家之列。根据相关报道，英国央行预计英国 GDP 在 2024 年第一季度将增长 0.4%，第二季度将增长 0.2%。① 且根据国际货币基金组织 2024 年 5 月 21 日发布报道，英国经济正走向"软着陆"，与此同时预计英国 2024 年国内生产总值增长 0.7%。另一方面，英国属于高收入国家，且收入直接影响国民

---

① 参见：https://www.ons.gov.uk/economy/grossdomesticproductgdp。

的消费水平，在一定程度上，消费是拉动经济的"三驾马车"之一。根据相关数据显示，IMF 以 4.6 万美元成为德国、英国、法国和意大利这欧洲四大经济体中第二高的国家，仅次于德国的 5.07 万美元。①

就 2020 年英国新冠疫情下的表现来看，行业上，生物科技、健康防护、游戏、线上支付、外卖、网购等行业受追捧程度最高。2013 年，风险投资家艾琳·李发表文章《欢迎加入独角兽俱乐部：从十一级别公司身上学习创业》，其中最先提出有关"独角兽"的相关理念。直到 2020 年，根据相关数据显示，在全球范围内，"独角兽"企业不断涌现在市场，从开始的仅仅是十几家企业扩张至大约 390—500 家。②据相关报道，英国是一个鼓励创新型企业发展的国家，凭借拥有 60 家独角兽企业排在全球第四（见表 3-1），其中有 6 家企业在 2020 年新冠疫情期间崭露头角，这在新冠疫情刚刚暴发的经济下行时期，是非常难得的。且在 2024 年英国独角兽企业的发展趋势预测将继续遵循全球独角兽企业的一些共同发展趋势，但与此同时也渐渐显露出当下英国独角兽企业特点和挑战。根据相关预测，一方面，对于英国当地就业环境而言，英国的独角兽企业数量将会加速增长，与此同时，结构上也将面临分散的挑战。同时，随着独角兽企业估值逐渐增长，越来越多的企业将会选择将自身的公司进行上市，从而进一步扩大规模和影响力。这一现象将会导致市场竞争更加激烈，从而对企业的管理、透明的财务管理和精明的市场策略的标准进一步提高。且英国独角兽企业在赛道的分布上依旧保持着稳定状态，随着科学技术的不断发展，

---

① 参见：https://www.imf.org/en/News/Articles/2024/05/20/mcs052124-united-kingdom-staff-concluding-statement-of-the-2024-article-iv-mission。

② 参见：https://bambooinnovator.com/2013/11/03/welcome-to-the-unicorn-club-learning-from-billion-dollar-startups/。

消费者的需求也在逐渐演变，这些行业也将继续为独角兽企业提供成长和创新的机遇。另一方面，全球化逐渐加剧带来多种挑战，英国独角兽企业逐渐开始加强国际合作，特别是在技术研发和市场拓展方面与一些新兴市场国家，例如：印度、德国、印度尼西亚加强合作。在政策和监管环境方面，英国政府还将可能继续颁布相关政策支持独角兽企业的发展，这些政策会从税收优惠、资金支持和市场准入等方面入手，为独角兽企业创造更多的机遇，但与此同时，也为市场监管带来了些许挑战，这要求企业要更加适应严格的数据保护和隐私法规。

全球独角兽企业分布概况（见表3-1）展示了截至2023年全球范围内独角兽企业的分布情况。表3-1详细列出了各个国家的独角兽企业数量，并显示了这些国家的独角兽企业在全球独角兽企业总数中的占比。这一数据揭示了各国在全球创新和高科技产业中的竞争力和市场影响力。

表3-1　2023年独角兽企业数量最多的5个国家[①]

排名	国家	独角兽企业数量/个	在全球独角兽企业总数中的占比/%
1	美国	739	61.3
2	中国	278	23
3	印度	87	7.21
4	英国	60	4.9
5	德国	39	3.2

二、成功创业者的角色和影响

根据近期相关报道，2023年英国逆袭诞生了四家独角兽公司，其中

---

① 参见：https://www.statista.com/statistics/1096928/number-of-global-unicorns-by-country/。

两家是人工智能初创产业，这两家公司分别是 Quantexa 以及 Sythesia。其中 Quantexa 是一家致力于银行业务的人工智能数据分析和初创公司，估值 14.2 亿英镑，融资额为 2.929 亿英镑；Sythesia 则是一家生成式人工智能公司，估值大约为 10 亿美元。① 纵观整个欧洲地区，独角兽企业成功创立的影响可以从以下几个层面进行分析。

从经济驱动力上来看，根据 2021 年相关数据显示，欧洲已经拥有总计 132 家科技公司，创造了超过 135 000 个工作岗位，当时总值超过 3 700 亿欧元。② 从社会资源的分配来看，2021 年独角兽企业为欧洲创造了 1 027 个就业机会，成立时间平均为 10 年 4 个月，在一定程度上缓解了英国就业困难的问题。③ 根据 2020 年英国科技行业国家的相关报道，2019 年，英国在科技领域的投资飙升至 44%，突破 100 亿英镑，位居欧洲第一、世界第三，且英国科技领域的就业在过去两年间的增幅高达 40%，共产生 293 万个工作岗位，就业人数占全国就业总人数的 9%。这些数据都凸显出英国科技产业的发展。④

在创新生态方面，英国独角兽企业的成功是英国创新和创业生态系统方面的健康状态的一种反映。这种生态系统为创新提供了必要的土壤，包括资金、人才、市场等资源，使得企业能够快速发展并取得成功。独角兽企业作为新兴经济业态的代表企业，既是衡量国家创新发展的重要风向标，也是国家竞争力的重要组成部分。在技术进步的推动上，独角兽企

---

① 参见：https://news.crunchbase.com/ai-generated-video-platform-synthesia-receives-nvidia-backing-at-unicorn-valuation。

② 参见：https://tech.eu/2022/02/28/growth-rate-of-european-tech-unicorns-outstripped-the-us-in-2021。

③ 参见：https://www.fintechnews.org/europes-biggest-report-on-uni-and-soonicorns。

④ 参见：https://tech.eu/2022/10/07/heres-why-europe-is-top-for-tech-workers。

业通过其独创的颠覆性技术，推动了英国在关键领域的技术进步。这些技术不仅提升了英国的产业竞争力，也为社会带来了新的产品和服务，改善了人们的生活质量。在国际竞争力的提升上，独角兽企业的成功也提升了英国在国际上的竞争力。这些企业在全球范围内的成功，展示了英国在科技创新和商业领域的实力，吸引了国际上的关注和投资。

第二节　金融支持与投资

一、主要的风投和私募基金

据相关统计，2021年英国主要风险投资方面，英国市场上一共宣布了2 679笔投资，较2020年上涨17%；这2 679笔投资共计投资资金金额为227亿镑，是2020年的2倍。在2021年，共计有983家处于种子轮的企业收到了16.6亿镑的投资；处于风险投资阶段的企业有1 172家，收到了共计56.8亿镑融资，[①] 据统计，早期企业的投资数量占到了总额的80.44%。从融资规模上来看，50万英镑以下的融资数额依然占据市场的主流——在2021年，共有713笔融资金额在50万英镑以下。从地区的角度来看，位于伦敦的企业始终是英国风投行业的天花板。2021年，伦敦初创企业投前的平均估值为736万英镑，吸引了市场上49.1%的资金，远远高于英国的其他地区。而在英国其他的地区中，增长幅度最大的是西南地区，幅度为232%。除了金融科技之外，清洁科技也成为市场上的一匹黑马。[②] 在2021年，该行业的初创公司完成了168笔融资，比2020年多增长47%。融资活跃度直追英国的传统风投优势产业人工智能（263

---

① 参见：https://www.british-business-bank.co.uk。
② 参见：https://www.globaldata.com。

笔），并且反超了生命科学领域（167笔），位列第三。① 在机构活跃度方面，SFC 在 2021 年共计完成 90 笔融资，投资金额达 1 500 万英镑，排名英国第六，落后于众筹平台 Seedrs 和 Cwordcube、政府联合投资基金 Scottish Enterprise 和英国商业银行，以及老牌风险投资机构 Syndicate Room。② 值得一提的是，在英国商业银行完成的 104 笔交易中，有逾半数是通过与 SFC 合作的区域天使投资计划联合完成。③ 从英国投资人分布图上来看，2021 年，风险投资机构完成了全年 51% 的交易数量，远远领先于其他类型的投资人。④ 活跃度排名第二的是专业的天使投资人，他们往往会通过如 SFC 这样的风投机构进行项目的初期筛选，并与风投机构进行联合投资。⑤ 在私募资金方面，英国基金的管理形式有两种：自律机制和立法管制，其典型的特点是"基金行业自律"监管模式。同时，英国的基金自律机制系统也分为两级，一级由证券交易商协会、设有立法地位的收购和与合并问题专门小组及证券业理事会三个机构组成，其他政府机构如贸易部、公司、注册署等也实施监督管理，对于基金而言最主要的自律机构则是证券投资委员会；二级是证券交易所的管理。英国的三个自我管理机构与政府机构是相对独立的，它们在一定程度上进行非正式合作。政府机构参与基金管理越来越多地采用立法手段，而自我管理机构是以非立法方式实施其行为准则，但当后者发现基金违法时，也可报告贸易部等政府部门进行调查和提出诉讼。尽管英国对基金实行与其他西方国家（如美国）所不同的自我管理制度，但政府的作用也不

---

① 参见：https://www.beauhurst.com。
② 参见：https://sifted.eu。
③ 参见：https://www.bbinv.co.uk/equity-capital/regional-angels-programme。
④ 参见：https://www.praeturaventures.com。
⑤ 参见：https://www.ukbaa.org.uk。

容忽视。政府的管理主要体现为立法管制，一系列不同的证券法案和与基金相关的法案既是自我管制的指导，又是自我管制的补充。这些法案有：1958年的《反欺诈（投资）法》，1948年和1967年的《公司法》，1973年的《公平交易法》以及1988年的《金融服务法案》等。英国的资本市场放松管制由1986年"BigBang"得到进一步加强。此前英国资本市场的一个重要特点是伦敦交易所控制着英国资本市场，政府要放松管理还要得到交易所的认同和实施。此次金融革命后，降低了交易所的地位并诞生了新的管理体制。放松管制极大地促进了英国证券市场的发展和效率的提高，也促进了英国国际股权市场的发展，使得英国国际金融中心之名得到了成功维护，但同时也带来了投资顾问、经纪人为了自身的利益会丧失开展业务客观性和独立性的潜在问题。

英国私募基金主要受欧盟另类投资监管指令及英国金融市场法案等规制，主要由英国金融行为监管局（FCA）及行业自律组织监管。英国对另类投资基金在市场分类的基础上，主要通过行业协会制定行业规则，引领和规范行业发展。另类投资基金监管规则，与欧盟相关金融监管指令具有较高的一致性，从而维护伦敦国际金融中心的地位和影响力。尽管英国出现了"脱欧"事件，但英国金融市场与欧洲金融市场一体化程度很高，欧盟金融市场一体化进程对英国亦有深刻的影响。欧洲金融市场一体化进程，使得欧盟和英国的法律规范也出现了一体化。欧盟针对开放式基金监管发布的可流通证券集合投资计划（UCITS），为欧盟基金监管法律规范的一体化提供了一个样板。随着另类投资基金在金融市场中的重要性与日俱增，以及2008年金融危机引发对另类投资基金监管的诸多争议，另类投资基金成为全球金融监管改革与合作中的热点话题。在这样的情况下，欧盟于2009年4月29日发布另类投资基金管理人监管指令草案。经过约两年的多边协调后，欧盟于 2011 年 6 月 8 日正式发布了欧盟另类投资基金管理人指令（AIFMD）。①

二、投资趋势和独角兽企业的融资情况

在英国的投资趋势方面，根据 2023 年的相关数据指出，大数据、AI 技术、气候科技和人力资源软件将成为下一阶段独角兽企业聚集的热门行业，同时，企业软件即服务（SaaS）和金融科技领域也将爆发一波独角兽热潮。在 GP Bullhound 报道中提到的英国 8 家新兴独角兽企业，则覆盖了包括金融科技、人力资源软件等多个热门行业，充分展现了英国多元、成熟的创业生态和技术优势。同时，8 家企业中有 7 家总部设立在伦敦，无疑凸显出伦敦作为欧洲的科技和创新中心的地位。且英国独角兽企业 Stability AI、SumUp 和 Beamery 作为 8 家新增独角兽中的代表，在各自领域中展现了出色的创新能力和市场潜力，吸引了大量的投资与市场目光。② 同时，2023 年 6 月 28 日，人工智能聊天机器人 ChatGPT 的开发商 OpenAI 在推特上宣布了 OpenAI 首个海外分部将落户于伦敦。③ 丰富的创新生态系统和成熟的科技文化可以让包括 OpenAI 在内的科技公司更好地与顶尖人才和学术界进行合作，促进全球市场的交流、扩大国际影响力的同时为企业探索更多商业机会，加速技术转化和商业化应用。由此可见，这不仅充分体现了伦敦作为全球性的科技和创新中心的优势，还展现出近年来英国投资趋势主要集中在 AI 和科学技术方面。

---

① 参见：https://www.ftadviser.com。
② 参见：https://insights.gpbullhound.com/report/titans-of-tech-2023/cover。
③ 参见：https://openai.com/blog/introducing-openai-london/。

在英国独角兽企业的融资方面，根据 GP Bullhound 的近年调查显示，英国不仅是诞生独角兽公司数量最多的国家，也是累计企业估值最高的国家。在过去的一年里，包括欧洲和以色列地区，共有 34 家独角兽企业诞生，数量与新冠疫情前水平基本相同，但仍旧有放缓的趋势。然而，这种下降可能预示着该行业在经历了估值膨胀和过度融资后，正在缓慢地恢复到正常、健康的生态中。在过去的几年里，英国出现了 8 家总估值达 181 亿美元的大型科技公司，使所有 61 家独角兽公司的总估值增加到 2 170 亿美元，占据了欧洲地区近 20% 的初创企业总值。以 Stability AI 这一家总部位于伦敦的英国开源人工智能公司为例，该公司旗下 AI 图像生成模型 Stable Diffusion 可以通过用户输入简单的文本提示来生成复杂、逼真的图像，在 AIGC 领域获得巨大的关注。

根据 2022 年 10 月 17 日相关数据显示，Stability AI 宣布获得 1.01 亿美元融资，市场估值一跃达到 10 亿美元，成为 AIGC 领域的第一家独角兽企业。Stability AI 也在持续发布新的应用，如 DreamStudio、Stable SDK 等也都吸引了大量的用户使用。① 除此之外，还有 SumUp、Beamery 两家公司也为英国独角兽企业的融资状况带来了一抹亮色。一方面，Sum 总部 Up 是一家总部位于伦敦的金融科技公司，该企业主要是通过其金融科技工具，提供简单可靠的支付流程和金融服务，帮助全球小商家、小企业启动、运营和发展业务。根据 2022 年相关数据显示，SumUp 获得了 5.9 亿欧元的融资，同比例换算成美元大约为 6.2 亿美元的融资，使得该公司的估值达到 80 亿欧元，同比例折合成美元大约为 84 亿美元

---

① 参见：https://www.bnnbloomberg.ca/digital-media-firm-stability-ai-raises-funds-at-1-billion-value-1.1820787。

的融资。[①] 另一方面，Beamery 也是一家总部位于伦敦的人才生命周期管理平台的初创公司。它们也是利用人工智能技术帮助企业在各个阶段做出明智决策并识别潜在人选，实现人才的获取、培养和保留的目标。根据 2022 年相关数据表明，Beamery D 轮融资中筹集 5 000 万美元，使公司的融资总额达到 2.28 亿美元，总值达 10 亿美元，成为新兴的独角兽企业。由此可以看出，英国的融资环境一直在稳步向好的发展，为独角兽企业的每一步发展提供着不可或缺的动力。[②]

表 3-2 为英国创新企业典型案例分析，详细列出了截至新冠疫情期间在不同行业领域表现突出的英国独角兽企业。表 3-2 包含了这些企业的创立年份、行业分类、2020 年估值以及公司总部所在地。通过分析这些数据，可以更好地了解英国高成长企业的发展态势以及它们在全球市场中的竞争力。

表 3-2　新冠疫情期间英国新晋独角兽企业融资情况 [③]

序号	企业名称	总部	行业	创立时间/年	2020 年融资/亿英镑	公司估值/亿美元
1	Cazoo	伦敦	二手车交易平台	2018	2.4	60
2	Hopin	伦敦	在线会议平台	2018	1.25	20
3	Gymshark	索利哈尔市	运动服装	2012	—	14.5
4	Gousto	伦敦	食品销售	2012	0.33	17
5	Arrival	伦敦	电动汽车	2015	6.6	30
6	Octopus Energy	伦敦	公共能源供应商	2015	3.6	90

---

① 参见：https://www.sumup.com/en-us/press/global-fintech-sumup-raises-590-million-euros/。

② 参见：https://www.researchprofessionalnews.com/rr-news-uk-universities-2023-4-university-income-from-business-collaborations-jumps/。

③ 参见：https://mr.mbd.baidu.com/r/1kbUX1banYs?f=cp&rs=726577427&ruk=Qy1PKXidch2LavL6J3TpQQ&u=1e1ff33918ccbd9d&urlext= %7B%22cuid%22%3A%22_PSpi_uqvi_PO-8k_aHE80aA-8gCaSid0ivHilPg2tgNOSu_lu2s8lf0Wu51t3M 6bWDmA%22%7。

第三节 人才与教育资源

一、高校和研究机构的作用

近年，英国的高等院校在英国商业和创新生态系统中发挥着至关重要的作用，同时也为英国各独角兽企业的创建提供着动力。

英国大学的研究和创新能力成就了英国的企业，这体现在英国的科技、医疗、商业等各个领域。大学研究的成果也带来了许多机遇。首先，大学的研究和创新能够吸引各地的投资，当它们有了世界领先的发现，英国各地的创新企业也会如雨后春笋般出现，这也为英国独角兽企业的发展提供着驱动力。作为全球化的研究机构，英国大学利用其国际联系，吸引大型外国直接投资进入研发计划。这会促进创新主导的经济增长，并在整个经济环境中创造技术就业机会。事实也证明大学为企业的发展提供密集支持，为新公司或现有公司提供商业、金融和技术建议，产生长远的积极影响。不仅如此，还会为在校学生、教职员工、校友提供帮助。英国大学联盟的研究也表明，在未来 5 年内，大学有潜力为独角兽企业提供更多的支持。截至 2023 年，与大学合作的新企业达到 21 650 家，在英国各地吸引了约 217 亿英镑的研究资金。其次，英国大学也可以为各大独角兽企业带来生产力，并推动市场上的就业。①

大学通过共享专业知识和提供生源来支持这些企业，以推动当地合作，从而提高整个英国的生产力。英国的大学企业区（University Enterprise Zone，建成为 UEZ）于 2014 年启动，鼓励大学刺激中小企业孵化"成长"。2020 年对 UEZ 的评估发现，政府提供的 UEZ 资金中的每 1 英镑，会产生 4.5 英镑的额外公共和私人资金。② 同时，大学通过政府的资助和政策支持，不仅提供专业知识和生源，还为英国企业提供专业的技能培训课程。据统计，截至 2022 年 3 月，38 所英国大学正在提供相应的管理课程，帮助中小企业商业领袖提高生产力，抓住投资机会并发展业务。根据英国国家教育创业中心的一份报告显示，英国 89% 的大学报告称，在过去三年中，英国大学提供的创新和商业机会有所增加。且根据同一份报告概述，98.3% 的大学为企业提供课外支持，超过 80% 的大学举办创意竞赛、企业意识活动和节日、职业服务研讨会，并为各种规模的企业提供支持与指导。③ 与此同时，随着信息经济的深入发展，英国高校越来越重视培养学生的创新创业能力。英国高等教育质量保证局（QAA）于 2012 年出台《创新创业教育指南》，2018 年又颁布了修订版的《创新创业教育指南》，并表示，创新创业是创新能力与创业精神的结合；创新能力是提供具有经济价值、社会价值、生态价值的新思想、新理论、新方法和新发明的能力；创业精神是指创业者主观世界中的那

---

① 参见：https://www.researchprofessionalnews.com/rr-news-uk-universities-2023-4-university-income-from-business-collaborations-jumps/。

② 参见：https://www.gov.uk/government/publications/business-university-research-collaborations-dowling-review-final-report。

③ 参见：https://www.universitiesuk.ac.uk/sites/default/files/field/downloads/2023-09/LE-UUK-Economic-Impact-of-UK-HEIs.pdf。

些具有开创性的思想、观念、个性、意志、品质等。①所有学生都应有机会参与创新创业活动,并将其与自己的专业相关联。英国政府还推出了《英国工业发展战略》绿皮书和《产业战略:建设适应未来的英国》白皮书,强调要普及跨机构的创新创业活动。经过数年来的实践探索,英国高校形成了以商学院和商科为主体,带动其他学科创新创业教育发展的格局。

与此同时,商学院课程也能够培养学生的商业素养,为创新创业活动提供保障。与其他国家的商学院一样,英国高校的商学院也开设有工商管理、会计、金融等课程。此外,为了将理论严谨性与实践可行性相结合,培养适应时代要求的商科学生,为创新创业和可持续发展提供智力支持,一些商学院还开设了能够适应创新创业发展的新专业。例如剑桥大学贾吉商学院设立了创业硕士和社会创新硕士两个非全日制硕士专业,其中创业硕士重在通过学术、实践和社群交流活动培养学生的创新创业思维,组织校内导师与行业优秀人才共同培养有影响力的创业者与企业家。社会创新硕士则重在通过研讨会、案例研究、对话从业者等培养学生的社会创新意识。同时,英国高校商学院还重视通过模拟实验与专业实习增强学生的应用能力,通过开展模拟交易等活动,提升学生的商业洞察力与操作技能。以谢菲尔德大学为例,其管理学院围绕在线平台建设了金融交易实验能力。英国高校商学院学生在实习期间能够进入企业或开展创业活动,切身体验将理论运用于实践的过程。

---

① 参见:https://www.ukri.org/what-we-do/browse-our-areas-of-investment-and-support/higher-education-innovation-fund/。

二、人才培养和流动性

在人才培养方面，英国不仅有着深厚的历史沉淀基础。同时，英国不断更新的相关教学政策，也为英国现代高等教育改革和国家发展提供了强有力的人才支撑。第一是促进高等教育的普及，广泛培养优秀人才。第二次世界大战（以下简称二战）后至21世纪初，英国在人才培养方面陆续出台了《罗宾斯报告》《迪尔英报告》等改革文件。其中《罗宾斯报告》提出的最重要的原则是"所有具备学习能力和资格，并希望接受高等教育的青年都应该获得高等教育的机会"。罗宾斯原则的提出不仅体现了英国人才培养的方向，同时这个原则也体现出英国在人才培养方面所要奠定的基础，且更好地将高等教育从精英教育转化为大众教育。① 第二是引入"教学卓越框架"，为学生提供更好的学习体验和教学质量信息。英国在2011年提出"研究卓越框架"，该政策旨在评估高等教育机构的研究质量和影响力。同时，由于在历次评价中，牛津、剑桥等传统研究型大学排名靠前，但是评价受到各方批评，认为高校重视科研而忽视教学。因此，英国于2017年引入"教学卓越框架"，旨在评估和提高高等教育机构的教学质量。以上的转变意味着英国高等教育机构不仅注重在研究方面取得卓越成果，还注重培养学生的综合能力和提供优质教学。② 第三是英国当地强调实践导向的教育。其高等教育通过与行业合作，引入实践导向的教学和职业培训，培养了大量具备实际应用能力的毕业生。同时，英国采用的是现代学徒制，着力于高层次应用型技能人才培养。学徒制为年轻人提供了一种在专业工作环境中学习的机会，帮助他们习

---

① 参见：https://education-uk.org。

② 参见：https://www.officeforstudents.org.uk/advice-and-guidance/the-tef/about-the-tef/。

得实践技能和行业知识。现代学徒制是在传统学徒制基础上的进一步理论发展。现代学徒制旨在实现国家层面的统一规范和管理，以高效培养技能型人才为目的，融合了师徒传授与正规职业教育的形式。1964年，英国在《产业培训法》中首次推动了学徒制度的现代化和专业化，建立了行业培训委员会，制定了培训标准和规范。学徒制不再仅仅局限于传统的工匠和技工行业，而是逐渐扩展到金融、信息技术、健康护理等更多领域。① 与此同时，21世纪以来，一些发达国家在战略层面出台促进STEM人才培养的政策策略，旨在推进科学、技术、工程和数学等方面的发展。STEM作为科技创新与发展的主要驱动力，应纳入未来经济与社会发展的重要规划。② 在人才流动性方面，自21世纪以来，英国注重吸引汇聚国际人才，根据相关数据显示，英国以占世界1%的人口进行着世界上5%的科研，大约一半的博士生和约40%的研究人员为非英国公民。③ 吸引这些人才，英国主要采用以下几种办法。第一种办法是通过大学和研究机构来争夺国际高端人才。据相关记载，英国政府与基金会等合作，曾每年投入400万英镑作为启动资金，帮助研究单位高薪聘请50名世界顶尖研究人员。很多有声望的英国大学经常聘用有能力的外国人才作为高层领导。④ 第二种办法是，不断升级移民政策吸引高技能人才。2002年，英国政府为了人才保留，出台首个高技术移民签证政策，专门用于吸引高层次海外人才。2008年，英国正式实施"计点积分制"

---

① 参见：https://en.wikipedia.org/wiki/Dearing_Report。
② 参见：https://www.gov.uk/government/publications/the-uk-science-and-technology-framework。
③ 参见：https://www.ons.gov.uk/peoplepopulationandcommunity/populationandmigration/internationalmigration/articles/estimatingukinternationalmigration/2012to2021。
④ 参见：https://www.gov.uk/government/news/new-strategy-to-attract-world-class-talent-and-put-people-at-the-heart-of-rd。

移民政策，这意味着只有高技术人才才容易获得长期签证。第三种办法是学生移民与留学政策也是重要的国际人才竞争手段。长期以来，英国一直是继美国之后的第二大国际留学目的国。① 1999年，英国提出了"要在5年内争取到全世界1/4的留学生"这一目标，通过奖学金吸引高层次留学生人才。近年来，英国为了应对脱欧带来的诸多挑战，英国政府于2019年发布了国际教育战略，提出到2030年实现两大发展战略目标，包括留英国际学生增加到每年至少60万人、每年的教育出口额增加到350亿英镑。为了实现这两个目标，英国采取了一系列举措，包括更加注重与新兴经济体建立教育合作战略关系，确保其高等教育对国际学生的高吸引力等。② 通过相关政策，英国本地对于人才的引进和保留为英国独角兽企业发展储备了较大的能源和保障。③

---

① 参见：https://www.migrationpolicy.org/research/talent-competitiveness-and-migration。
② 参见：https://lordslibrary.parliament.uk/uks-role-in-the-world-implications-for-foreign-policy/。
③ 参见：https://mbd.baidu.com/newspage/data/landingshare?context=%7B%22nid%22%3A%22news_10358844519745501681%22%2C%22sourceFrom%22%3A%22search%22%7D&isBdboxFrom=1&pageType=1&rs=2590389222&ruk=Qy1PKXidch2LavL6J3TpQQ&sid_for_share=&urlext=%7B%22cuid%22%3A%22_PSpi_uqvi_PO-8k_aHE80aA-8gCaSid0ivHilPg2tgNOSu_lu2s8lf0Wu51t3M6bWDmA%22%7D。

第四节　政府政策与法规支持

一、政府支持创新和创业的政策

在支持创新方面，英国政府认为技术和创新将会成为英国未来经济的核心，应该着力在研究和在开发上大力投资，以帮助巩固英国作为该领域世界领先者的地位。2020年1月31日，英国脱离欧盟，英国的科学界面临着一系列的问题和挑战。其中包括科研资助短缺、科研创新人才流失、创新能力下降等。科技创新竞争力的下降将对英国经济和社会产生负面影响。对此，英国政府制定了国家层面的科技创新整体战略，从企业、人才、区域和应对重大挑战等四方面对英国科技创新进行规划。针对重点领域，英国政府推出一系列创新战略，并积极成立科技创新机构，出台和实施科技创新政策和举措。为了实现其"科学超级大国"的优势地位，维护其未来战略利益，2021年7月，英国商业、能源和产业战略部制定了《英国创新战略：通过创造引领未来》，该战略是英国政府在应对脱欧、新冠疫情、新工业革命和全球竞争等综合背景下制定的一项国家层面战略，其目的是通过加速技术创新来提高英国的经济生产率、带动国内就业、促进经济增长，从而使英国从新冠疫情的影响中快速恢复。该战略提出了预计到2035年将英国打造成为全球创新中心，巩固英国在全球创新竞争中的领先地位。与此同时，在这个战略的基础上，英国政府在2024—2025财年的年度研发公共投入将增加到创纪录的220亿英镑，该金额约占英国生产总值的1.1%，且英国预计到2027财年将增加研发投入至其生产总值的2.4%。[①] 该战略提出通过做强企业、人才、区域和政府四大战略支柱，以打造英国卓越创新体系。在企业层面，英国政府支持释放企业创新潜力，为创新企业提供动力。[②] 其政府将创建一个鼓励和支持所有英国企业创新的生态系统，并将年度公共研发投资增加到220亿英镑。[③] 通过提供有针对性的公共投资来解决市场失灵问题，英国促进私营资本对创新的投资，为创新创造最佳的政策环境。英国政府科技创新机构创新英国（Innovate UK）将与英国商业银行合作，为创新企业提供政府融资支持，并开发在线金融中心，降低创新公司获得金融支持的复杂性，支持高增长、创新型企业，以此来带动私营资本投资，形成多元化创新和融资生态系统。此外，英国政府将加强对创新产品的公共采购，促进企业创新成果市场化，利用脱欧的机会，创建世界上最灵活的监管体系，专注于不断适应新产品和新技术，支持企业技术创新。

在创业方面，英国企业会积极协助学校开展职业生涯教育，提供实习机会，帮助学生进行职业规划和定位。与此同时，政府也会深入社会层面，鼓励家长参与孩子的职业生涯教育，通过提供培训和信息，增强家长对孩子职业发展的理解和支持。与此同时，英国也着力推动留学生在英国的就业，并提出留学生在英国毕业就能拥有工作签证。近期，英国政府发布了新的签证政策，为全球顶尖大学毕业生提供更多的就业机

---

① 参见：https://www.gov.uk/government/publications/uk-innovation-strategy-leading-the-future-by-creating-it。

② 参见：https://www.icaew.com/insights/viewpoints-on-the-news/2021/jul-2021/UK-Government-spells-out-new-innovation-strategy。

③ 参见：https://www.ukri.org/publications/ukri-strategy-2022-to-2027。

会。这一政策类似于之前的毕业生工作签证，允许持有该签证的申请人在英国境内申请其他类型移民签证，为广大留学生带来更多选择。除了高潜力人才签证，英国还计划推出"扩招签证"制度，允许快速发展的企业自动雇用海外员工，为有志于在英国就业的申请者提供更多机会。这将为在英国就业岗位增加更多选择，为留学生和求职者带来更多机遇。

二、法律和监管框架

在监管框架方面，英国维护国内统一市场、反垄断和维护市场公平竞争的主要部门，包括英国商业创新和技能部、公平交易办公室、竞争委员会和竞争上诉法庭。公平交易办公室、竞争委员会和竞争上诉法庭三家机构按照法律规定的职责范围，分工协作，相互制约。企业并购案件首先由公平交易办公室进行调查处理，在案件比较复杂和需要深入调查时，可提交竞争委员会做进一步调查。竞争上诉法庭如果认为公平交易办公室或竞争委员会的裁决不妥当，可以要求上诉机构重新调查并做出决定，但不能直接改判决定。三家机构职责明确，避免了相互推诿扯皮，均具备很强的独立性，较少受政治权力干扰，同时互相制约，防止了权力滥用。在执法方面也要求严格，手段有效。英国公平交易办公室作为英国公平竞争的主要执法机构，在反垄断执法方面具有广泛的民事和刑事调查处罚的权力。主要包括审问权、进入权、搜查权、查封权以及刑事起诉权等。公平交易办公室推出自首免责及鼓励举报策略，为反垄断举报设置了高额奖赏，以便发现违法线索，投诉举报及自首已经成为发现案源线索的重要途径。对垄断违法者处以高额经济处罚甚至刑事责任，预防违法行为。在市场竞争方面，公平交易办公室和行业监管当局均有权调查和评价，如果他们认定特定市场存在竞争问题，其会提交给竞争委员会进行深入调查。实施市场调查时，竞争委员会必须决定其是否阻止限制或者扭曲了竞争。如果公平交易办公室认为由于经济环境变化，由竞争委员会来决定。

第四章

英国独角兽企业的演进机制

第一节 成长路径和阶段分析

一、从初创到独角兽的典型路径

一家企业需要在 10 年内突出重围，从初创企业到一家估值高于 10 亿美元的独角兽公司无疑是充满了挑战性的。大多数创业在初期就宣告失败，一些企业在市场上得以生存，但是规模维持在中小型，只有极少数企业能够获得巨大成功，成为行业的领军者，跻身独角兽行列。据一些数据库统计，这样的成功概率大约在千分之五。图 4-1 展示了全球创业公司融资/估值生态中不同估值企业的大体比例。纵观所有成功跻身独角兽行列的企业，尽管其成功的领域和路径各有不同，但仍可以发现其中的共性和规律，得到一条对初创企业有参考价值的典型路径。

任何初创企业在向成熟企业阶段迈进的发展历程中，通常都会经历种子期、初创期、成长期、扩张期和成熟期这五个关键阶段。种子期是指企业的孵化阶段，主要从事产品或服务的概念验证、原型设计和市场测试，其资金来源多依赖于创始团队自有资金、家庭资金或天使投资者。初创期是企业正式运营的初始阶段，主要任务是开发最小可行产品，建立初始客户群体，并探索可行的商业模式，在此阶段，企业通常会寻求风险投资者的种子轮和天使轮融资。成长期是企业进入快速增长的关键时期，重点是通过产品优化、市场开拓和品牌建设实现规模扩张，资金来源则主要依赖于风险投资者的 A 轮、B 轮等股权融资。扩张期企业开始进入成熟阶段，主要目标是进一步扩大市场份额、拓展新业务领域，并逐步实现盈利和现金流正向循环。在此阶段，企业可能会尝试 C 轮、D 轮或后期股权融资，也可能考虑 IPO 上市融资。成熟期是企业发展的稳定期，企业将更多精力集中于提升运营效率、保持技术领先优势和开拓新的收入增长点。此时企业已经形成较为成熟的商业模式和较强的盈利能力。

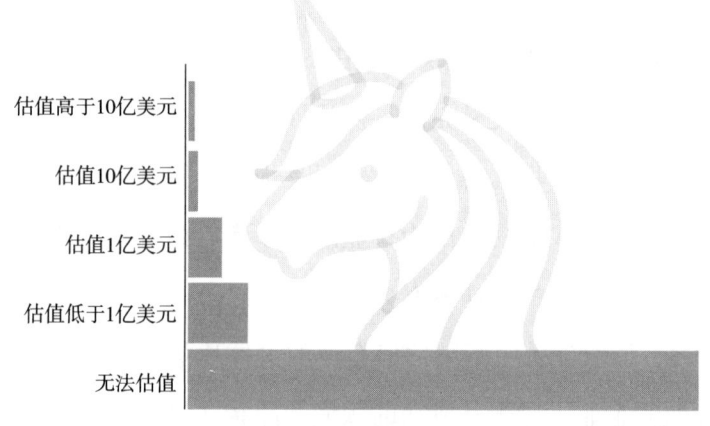

图 4-1　全球创业公司融资 / 估值生态中不同估值公司比例[①]

（纵轴自上而下：估值高于10亿美元、估值10亿美元、估值1亿美元、估值低于1亿美元、无法估值）

总的来说，无论是独角兽企业或其他初创公司，要想最终成长为成熟企业，都必须经历上述五个关键阶段的锻造，并在每个阶段都实现必要的发展目标，完成适当的资本运作，从而不断积累竞争力，最终达成企业的战略愿景。

---

① 参见：https://m.thepaper.cn/newsDetail_forward_27576166。

二、各阶段的挑战和策略

在通往独角兽的路径的每个阶段中，企业都有可能遇到不同的挑战，这时寻找具有可行性的策略来应对危机和困难就格外重要了。

以当今世界上最大的独角兽企业字节跳动为例，我们可以观察它在这些典型阶段中遇到的挑战以及采取的策略与具体表现，从中得到应对危机的启示。

字节跳动的创始人张一鸣在创办今日头条之前，也已经有过多段任职和创业的经历，在创办字节跳动前的四次创业，基本以失败告终。在微软、酷讯的工作经历，以及创办垂直房产搜索引擎"九九房"的经历为他提供了众多的宝贵经验，也使他获得了必不可少的人脉资源。首先，这些经历使他积累了大量的技术开发和产品管理经验。在旅游搜索网站酷讯的工作经历中，张一鸣负责酷讯的搜索研发；后来在饭否网中，他又主要负责饭否的搜索、消息分发、热词挖掘、防作弊等方向，这些都为其之后字节跳动的创造和研发中技术难题的攻克以及产品的设计方面奠定了良好的基础。在这些工作中，张一鸣逐渐加深了对市场和用户需求的重要性的理解。同时在"九九房"阶段，他还通过对用户行为的分析意识到了个性化推荐和精准信息推送在增加利润和效率方面的重要性，这为日后字节跳动的成功埋下了最重要的伏笔。张一鸣还在工作中结识了他重要的天使投资人——海纳亚洲投资基金的王琼，为之后的字节跳动筹集到了几笔关键的资金。除此之外，在团队管理、企业运营和风险管理等多个方面，张一鸣都获得了不小的启发，这使得他在第五次创业的初期拥有了更多的启发和经验，设计和推出产品时也更符合用户的诉求，满足市场的期待，他提出通过海量信息采集、深度数据挖掘和用户行为分析，并根据市场调查结果，选择了轻娱乐型产品。

种子阶段中，仅 2012 年上半年，张一鸣就带领团队发布了十几种不同类型和方向的应用，其中就有当时爆火的内涵段子和搞笑囧图。张一鸣带领团队采取了一套闪电战的打法，大力推行从数据上看有潜力的应用，及时下架市场反响一般的应用。这样的小规模实验验证了产品的可行性和市场反应，帮助字节跳动在初期避免了重大失误。这一套市场验证的流程为字节跳动顺利推出第一个核心业务——今日头条提供了有益条件。另外，创始人张一鸣提出的为用户智能推荐个性化信息的战略为字节跳动的成功奠定了良好的基础。

在种子期已经制定好可行战略的前提下，初创阶段字节跳动走得较为顺利。今日头条的快速崛起一开始是出乎大家意料的，因为市场上已经有不少类似产品，其中最强劲的竞争对手是腾讯新闻，在当时已经拥有庞大的用户规模，并且依托腾讯的媒体资源和合作伙伴拥有丰富而权威的内容。对此，字节跳动的技术核心优势派上了用场。一句"你关心的，才是头条"瞄准了用户的兴趣，采用基于数据挖掘的推荐引擎，通过社交行为分析，5 秒钟能计算出用户兴趣，通过用户行为分析，用户每次动作后，10 秒内更新用户模型。这样强大的算力精确分析了用户的阅读行为和兴趣，通过高度个性化的内容推送，极大地增加了用户的黏性和活跃度。但由于头条一开始纯靠"智能挖掘"从其他网站获取信息，因此惹上了不少侵权官司。张一鸣因此不断完善内容生态系统，花重金与数千家媒体签署协议，还邀请了一万多家知名的自媒体生产内容，内容形式逐渐丰富起来，[①] 赶超了腾讯、新浪新闻等过去的行业巨头，成为

---

① 参见：https://www.sohu.com/a/292112417_482521。

炙手可热的新闻业新贵。今日头条发布一年后，2013年8月，用户数量突破了5 000万，2015年4月，这个数字达到了2.2亿。[①]今日头条所取得的巨大成功为字节跳动带来了更多的投资者，C轮投资中，红杉资本、新浪微博等给字节跳动注入了1亿美元的资金，为公司的发展提供了重要的资金支持。

在字节跳动的成长阶段，公司做出了重要的决策——产品多元化，张一鸣瞄准了短视频这种在全球范围内引领风潮的产品形式，因而在2016年推出了即将爆火的短视频平台抖音，以及火山小视频、西瓜视频等。功能和内容建设上，抖音具备很强的社交功能，同时为了迎合年轻人的喜好，重点运营的是健身、旅行、音乐等有关美好生活的内容，打造时尚、有趣、年轻的品牌形象，从而和2011年就已经创办的竞争对手快手形成差异。抖音沿用了个性化推荐算法，抓住了用户的兴趣和喜好。另外，字节跳动还通过今日头条的巨大流量为抖音造势，投放大量的广告来宣传抖音。抖音不负字节跳动的选择和倾注的资源，在推出不到3年时，日活跃用户就已经超过了曾经的行业龙头快手，达到一天2.5亿人次。抖音的营收甚至超越了今日头条，成为字节跳动旗下最赚钱的产品[②]。除了扩展产品线之外，字节跳动也向全球扩张，推出了抖音的海外版TikTok，其在全球范围内迅速流行，特别是在欧美市场取得了巨大成功。这一全球化扩展策略帮助字节跳动在国际市场站稳脚跟。此外，字节跳动还持续投入技术研发，不断优化算法和用户体验，通过收购和投资其他科技公司来增强其技术实力和市场竞争力。

扩展阶段字节跳动继续完善全球布局，通过战略并购和投资等手段

---

① 参见：https://www.sohu.com/a/277563553_100066658。

② 参见：https://new.qq.com/rain/a/20230419A045UT00。

不断扩大自身的影响力,也在多个领域扩展了自己的业务。字节跳动收购了 Musical.ly 并将其与 TikTok 合并,使字节跳动在美国和欧洲市场迅速扩展了用户群体,大幅提升了全球市场占有率,这是并购帮助企业迅速扩大用户基础和市场份额的绝佳案例。并购也帮助字节跳动公司迅速弥补了自身技术方面存在的短板,通过收购拥有核心技术的公司来快速获取先进的技术和专业知识。除此之外,字节跳动还收购了 Moonton、Pico 等公司,这有利于它进军移动游戏市场和虚拟现实领域,扩展公司的业务和涉及面,探索未来可行的市场机会和技术。字节跳动的全球布局展现了字节跳动在国内和海外拥有和投资的产业[①]。字节跳动的业务也逐渐多元化,建立起了一个专属的商业帝国。除了早期经营的新闻和短视频平台,字节跳动还进入了教育、游戏、企业服务等多个领域,分散业务风险,寻找新的增长点。推出了如在线教育平台"瓜瓜龙启蒙"和企业协作工具"飞书"等。这样不仅有利于降低单一业务风险,抓住机遇发掘新的业务增长点,还能发挥协同效应,利用在人工智能、大数据、内容分发等多个领域的深厚技术积累来达到相辅相成、共同增长的效果。同时这也帮助了字节跳动不断延伸触角,进军新的业务领域,持续巩固自身在科技行业的影响力和话语权,维持行业领导地位。

字节跳动现在仍处于快速发展期,未进入真正的成熟稳定期,但是商品矩阵的规模以及商业化能力已经达到了世界顶尖水平。近些年来,字节跳动不断完善自身的营收模式,尤其是在广告市场上成为新的一极。2019 年,字节跳动的广告规模就已经超过了腾讯,成为仅次于谷歌、脸书的互联网第三极。但字节跳动没有将视野仅仅局限于流量分发,它凭

---

① 参见:https://x.qianzhan.com/xcharts/?k=%E5%AD%97%E8%8A%82%E8%B7%B3%E5%8A%A8%E5%85%A8%E7%90%83%E5%B8%83%E5%B1%80。

借占据了图文和短视频两个信息分发模型的高地和较强的用户黏性，将自己的盈利模式扩展到了教育、游戏、电商等领域，将流量转换成用户，直接切入了交易环节，利用自身的流量积极变现。① 字节跳动在海外市场扩展的力度仍然不减，近期新推出了图像社交软件 Lemon8 和移动端浏览器 Pangle 等海外产品，继续开疆拓土。大热的 AI 和元宇宙领域字节跳动也没有放过，成立了元宇宙实验室，研发相关技术。并在持续加码人工智能领域的投入，包括算法、大模型等前沿技术储备。

字节跳动在成长路径之中的一系列关键举措成功将自身铸造成为一个技术驱动、多元化发展的全球性互联网科技企业。这些战略行动共同促成了字节跳动的快速崛起，使其在激烈的市场竞争之中脱颖而出，成为全球估值最高的独角兽公司。其中一些战略对科技公司具有普适意义，如专注用户需求，快速迭代优化，产品多元化和全球化布局，并购整合优势资源，完善生态系统等。这些举措能够帮助初创企业尽量规避风险，增强竞争实力，在同行之中占据优势地位。

---

① 参见：https://new.qq.com/rain/a/20210618A076PA00。

第二节　商业模式创新

一、各种创新商业模式的分析

　　商业模式是指一个企业如何创造、传递和捕捉价值的系统和方法，描述了企业在市场中如何运作、盈利以及与客户和其他利益相关者互动。简言之，商业模式是指一家公司的盈利计划。分析商业模式时，我们重点关注公司通过何种方式实现利益获取和利益创造。传统的商业模式包括零售模式（如沃尔玛、宜家等）、制造模式（如丰田汽车）、特许经营模式（如麦当劳）、批发模式（如麦德龙）等，这些都属于最基础的商业模式类型。然而，独角兽公司往往都在基础的商业模式上进行创新和改革，引入全新的商业模式来避免同质化，开辟与传统公司不同的发展道路，从而获取更大的利益空间。这些创新型商业模式甚至可被视为独角兽公司成功的关键因素。接下来，我们将重点分析近年来独角兽公司所采用的一些具有颠覆性和创新性的商业模式，这些模式帮助企业在市场中实现价值获取，成为它们取得成功的核心动力。我们将对这些创新商业模式进行深入解读和剖析，以期为企业提供有价值的参考和借鉴。

（一）共享经济模式

优步（Uber）和爱彼迎（Airbnb）等应用就采用了共享经济模式。表 4-1 是 Airbnb 的具体商业模式。共享经济模式作为一种创新的商业模式，依托互联网和移动技术的进步以及大数据和算法的优化而产生（Puschmann 和 Alt，2016）。表 4-1 具体展示了 Airbnb 的商业模式。这种商业模式瞄准了用户降低物品的使用成本的愿望，也符合当今人们环保意识和社会责任感日益增长的现状。并且共享经济平台可以提供更多的灵活就业机会，创造了新的商业机会，带动了经济增长。打车平台 Uber 将个人拥有的闲置资源（私家车）与需求方（乘客）连接起来，通过移动应用程序实现线上叫车服务。这种模式最大化利用了现有资源，降低了运营成本，为消费者带来了极大便利。Airbnb 结合了共享经济和双边平台模式，通过网站和应用将房东的闲置房屋资源与旅客的住宿需求对接。它打造了一个线上房屋共享租赁市场，消费者可以体验民宿般的本地生活，房东也可获取额外收益。总之共享经济模式的产生是技术进步、社会文化变化、经济因素和信任机制建立等多种因素共同作用的结果。其优势在于资源高效利用、经济效益显著、社会效益广泛和环境效益突出。共享经济模式不仅改变了传统的商业模式，也推动了经济和社会的可持续发展。

表 4-1　Airbnb 的商业模式[①]

主要合作伙伴	关键活动	价值主张	客户关系	客户群体
·博客、摄影师（他们为爱彼迎做个人旅行故事宣传）	·搭建和维护主机网络 ·匹配算法的改进（房东和旅客）	·房东可以毫不费力地通过出租公寓来赚钱	·支持团队 ·房屋专业展示团队 ·家庭保险 ·客服	·需要找一个价格合理的住宿旅行者 ·房主

[①] 参见：https://x.qianzhan.com/xcharts/?k=%E5%AD%97%E8%8A%82%E8%B7%B3%E5%8A%A8%E5%85%A8%E7%90%83%E5%B8%83%E5%B1%80。

续表

主要合作伙伴	关键资源	价值主张	渠道	客户群体
·法律机构（爱彼迎在一些国家被禁止） ·保险公司	·家庭服务提供者和旅行者社区 ·用户数据和算法 ·Brand（全球最大的住宿供应商）	·旅行者可以以低廉的价格预订民宿 ·旅行者可以融入当地环境	·手机应用 ·网站	·寻找当地体验的旅行者

成本结构	收入来源
·平台开发设计 ·房主社区管理 ·营销	·从房主手中提成 ·从租客手中提成

（二）订阅模式

订阅模式指企业向客户提供产品或服务，并按周期（如每月、每季、每年）收取费用。订阅模式在近些年越来越盛行，逐渐成为一种大家习以为常的商业模式。它的标志是以季度性收费代替了一次性买断。奈飞（Netflix）、Spotify、Dropbox等应用都采用订阅模式。订阅模式有不少客观上的优势。首先能够给企业带来稳定的收入来源。订阅模式通过定期收费提供稳定的现金流，有助于企业进行长期规划和投资，同时订阅收入也相对更好预测，便于公司的财务和运营管理。其次订阅模式有利于增加用户的黏性。订阅模式鼓励企业与客户建立长期关系，这会增加客户的忠诚度。用户如果想要转移到一个新平台的话，学习新系统和数据迁移等类似的转化成本较高，因此用户更有可能坚持长期使用同一个平台。订阅模式也能够反向促进企业的创新，鼓励督促企业定期更新和改进产品以满足客户不断变化的需求。订阅模式这些显著的优势大大帮助企业保持财务稳定，降低财务风险，同时提升了客户生命周期价值（CLV），降低了客户的流失率。该模式还能收集大量的用户数据，通过深入的行为分析来优化产品和营销策略。这些优势都有利于企业在市场竞争之中占据更优的地位。

(三) 平台模式

亚马逊、脸书、抖音等采用平台模式，汇聚了众多供应商、创作者和消费者，通过实现多方供需对接和价值交换，来赚取服务费分成。平台模式中，企业只负责创建平台，将供需双方连接起来，促成交易和互动而不直接生产产品或提供服务（Täuscher 和 Laudien，2018）。平台模式能够快速吸引大量用户，随着用户数量的增加，平台价值也会呈指数级增长。数字平台通过联系用户和卖家而实现收入增长的路径图。一旦平台建立，新增用户的边际成本较低，这使得企业扩展市场的成本和风险都较低。再加上强大的网络效应可以形成竞争壁垒，增加新进入者的难度，因此已经拥有用户基础和成熟设施的平台的竞争优势会更大。平台模式还有一个显著优势是平台企业只提供服务而不提供商品，因此企业不必持有库存，这减少了企业管理库存的成本，也降低了亏损的风险。对于企业的扩展来说，平台模式的灵活性使得它们有希望实现快速扩张，进入新市场和新领域，通过用户需求扩展新功能和新服务，增加企业的竞争力。亚马逊就是一个绝佳案例，它从最初的在线书店到现在经过扩张成为横跨七大类别，坐拥100多个子公司和产品的商业帝国，电商平台模式功不可没。平台模式为企业发展带来了诸多好处，包括但不限于规模经济、网络效应、多样化收入来源、低库存和运营成本。选择这种商业模式，通过建立和运营一个成功的平台，企业能够在激烈的市场竞争中获得显著的优势和长期的成功。

二、成功的关键因素

对于企业而言,能够灵活采用适合自身产品和定位的商业模式至关重要。经过观察研究发现,许多独角兽公司都不止采用单一而固定的商业模式,它们通常拥有颠覆性创新的产品和服务,因此需要不断探索和调整商业模式以最大化价值创造。初创公司能否取得成功,很大程度上取决于其是否拥有灵活可变和可扩展的商业模式。灵活可变的商业模式意味着公司可以根据市场变化及时调整产品、服务和运营模式,以满足不断变化的客户需求。以 Meta 公司为例,起初它是一个纯粹的社交网络平台,后来随着市场环境和自身业务发展,逐步衍生出广告、虚拟现实等多元化业务,商业模式也随之调整。同时,可扩展的商业模式有利于公司快速扩张,抓住市场机会实现规模经营。像 Netflix 这样的订阅模式,可以随着用户数量的增长而扩大收益;而电商平台如亚马逊,则依托可扩展的第三方卖家模式在全球范围内获得了快速增长。因此,初创公司应保持开放创新的思维,与时俱进地根据市场变化及时调整商业模式策略,既能紧跟市场脉搏,满足客户多元化需求,又能借助可扩展性实现规模化经营,从而在瞬息万变的商业环境中立于不败之地。

另外,对于所有独角兽企业以及有志于成为独角兽的公司而言,明确的商业愿景和价值主张是创新商业模式、获得持续成功的重中之重。创新的商业模式离不开价值主张的支撑和引领,只有将商业愿景与价值主张紧密融合到创新商业模式中,企业才能真正为客户创造差异化、个性化的价值体验,从而在市场中占据优势地位,实现长期可持续发展。例如,特斯拉(Tesla)的商业愿景是加速全球向可持续能源的转变。其价值主张不仅在于提供高性能的电动汽车,还在于通过创新的电池技术和充电基础设施，打造完整的可持续交通解决方案。特斯拉的商业模式结合了直接销售和超级充电站网络，创造了独特的用户体验和品牌忠诚度，推动了全球电动车市场的快速发展。因此，明确的商业愿景和价值主张是独角兽企业创新商业模式的核心，企业必须根据自己的目标和战略来制定采用的商业模式，才能真正为客户创造独特的价值体验，赢得市场增长，确保长期的可持续发展。

持续创新和反馈迭代对于企业创新商业模式也非常重要。这不仅需要企业具备前瞻性思维，预判市场趋势，而且需要保持敏锐的市场反馈意识，根据客户需求变化及时调整优化。以网约车行业为例，Uber凭借创新的点对点叫车模式风靡全球，但后来面临安全、监管等诸多挑战。Uber旋即推出一系列创新应对措施，如引入人工智能技术提高乘车安全性、建立司机合作关系等，不断优化商业模式。同时，Uber还根据不同城市的文化差异和政策法规，灵活调整运营策略。这种持续创新、快速响应的能力，让Uber在面临重重挑战时依旧保持竞争力。另一个鲜明例子是苹果公司，苹果自诞生以来一直保持创新不止的理念，通过持续推出颠覆性产品，重塑用户体验。从最初的个人电脑，到后来的苹果手机、平板电脑、可穿戴设备等，苹果紧跟科技发展趋势，不断优化创新。同时，苹果也非常重视吸收用户反馈，了解痛点，并致力于为用户提供极致体验。这种持续创新、顾客至上的理念，造就了苹果商业模式的成功。我们发现对于任何企业而言，都必须时刻关注市场动向，倾听客户反馈，保持创新活力，主动调整和优化商业模式，与时俱进。只有这样，才能在瞬息万变的商业环境中保持领先优势，实现长期可持续发展。

第三节 技术创新与研发投入

一、技术创新的角色

企业不仅需要注重商业模式的创新，更要关注技术创新。技术创新是独角兽公司崛起的根本驱动力，帮助它们开创新兴市场、引领行业变革。通过不断推动技术的前沿发展，这些企业能够开发出全新的产品和服务，满足未被满足的市场需求，从而创造新的市场机会。技术创新不仅使独角兽公司能够迅速获得竞争优势，还能驱动整个行业向更高效、更智能的方向发展，带来广泛的社会和经济效益。这种创新能力使得独角兽公司在全球舞台上成为行业的引领者和变革者，推动市场和产业的持续进步与繁荣。

以 OpenAI 为例，其自成立以来就一直专注于人工智能领域的基础研究和技术创新。每年在人工智能研发方面的投入高达数亿美元，2021 年估计约投入 4.5 亿美元用于研发，而这一数字占其总收入的绝大部分。如此高的研发投入占比充分说明了 OpenAI 对技术创新的高度重视。在高投入的催化下，OpenAI 在自然语言处理、计算机视觉、强化学习等多个人工智能前沿领域不断取得突破性进展。这些技术创新不仅推动了人工智能技术的发展，更为众多行业的智能化升级提供了核心支撑。ChatGPT 背后所应用的最新自然语言处理、知识学习、逻辑推理等创新 AI 技术，均源自 OpenAI 多年来在相关领域不遗余力的探索和突破（Roumeliotis 和 Tselikas，2023）。如此强大的语言理解与生成能力，足以颠覆传统搜索引擎范式，为各行业带来巨大的变革契机。

综上所述，OpenAI 能够持续取得行业领先的科研成果，并将创新技术迅速转化为对社会和产业产生深远影响的产品，充分说明了技术创新对于企业发展的重要性。借助核心技术创新，OpenAI 构建了人工智能领域坚实的护城河，占据行业制高点，同时以创新技术推动整个人工智能及相关产业的变革与进步。

同样，航空航天领域的先驱者 SpaceX 也相当重视企业的技术创新。SpaceX 通过大胆创新，在多个关键技术上取得突破，推动了整个航天事业的发展。SpaceX 在火箭可重复使用技术上的创新，大幅降低了航天运营成本，促进了航天领域的商业化进程，使其在商业发射市场中脱颖而出。代星舰系统的研发，体现了该公司在推进剂、发动机、材料等多个技术领域的创新积累，如果成功，将彻底改变太空探索的格局。此外，SpaceX 正在部署的创新性 Starlink 卫星互联网系统，不仅展现了小型卫星设计和发射技术的创新，更有可能颠覆当前互联网基础架构。而公司在火星殖民相关技术的探索，则需要航天运载、动力、生物、机器人等多学科的前沿技术创新。SpaceX 的标志性产品：猎鹰一号、龙飞船和星舰。SpaceX 之所以能够在航空航天这一传统行业中不断实现突破，正是源于对前沿技术的持续创新投入。正是凭借这些核心技术创新，SpaceX 才能不断突破行业瓶颈，在低成本重复使用运载火箭、航天器性能等关键领域实现行业领先，逐步实现"推进人类航天事业，让生命在宇宙中延续"的愿景。可以说，创新是 SpaceX 取得今天成就的根本动力，也是公司未来继续引领这一充满挑战的行业的必由之路。技术创新为 SpaceX

赢得了先机和竞争优势，而探索新技术新领域的创新精神，也让公司保持了持久的活力。

这无疑为众多企业树立了可资借鉴的创新典范。对于企业而言，技术创新是强大推手，决定了企业能否引领行业趋势、实现长期可持续发展，不断进行颠覆性技术创新是实现持续增长和引领行业发展的必由之路。紧抓科技前沿、大力投入创新，才能在未来的创新格局中占据优势。企业如果无视技术创新，则极有可能被行业变革所淘汰。

二、研发投资和成果转化

研发投资通常在企业之中占很大比重，它是推动企业持续创新、保持竞争力的根本动力，也是企业实现长远发展的关键所在。研发投资是企业不断突破技术瓶颈、实现产品和服务创新的基石。无论是基础研究还是应用开发，都需要企业投入大量资金、人力和硬件设施。只有持续的研发投资，企业才能在激烈的市场竞争中取得领先优势，抢占技术和市场制高点。科创企业的研发成本尤其高昂。斯坦福大学发布的《2024年人工智能指数报告》显示，OpenAI 的 GPT-4 等前沿模型系统的训练成本预估在 7 800 万美元，而谷歌的 Gemini Ultra 的计算成本花费预估为 1.91 亿美元。OpenAI 的竞争对手 Anthropic 的首席执行官达里奥·阿莫代伊（Dario Amodei）也曾表示，当前市场上人工智能模型的培训成本已高达约 1 亿美元，目前正在训练的模型，以及预计在今年晚些时候或明年年初不同时间推出的模型，其成本已接近 10 亿美元，2025—2026 年，这一成本预计将飙升至 50—100 亿美元。① 这些数字能够看出企业的研发投资价格相当高昂。表 4-2 是开发 AI 大模型企业 2023 年研发投入情况。

表 4-2　开发 AI 大模型企业 2023 年研发投入情况②

研究投入排名	代码	简称	研发投入/亿元	研发投入占比/%
1	0700.HK	腾讯控股	640.78	10.52
2	BABA.N	阿里巴巴	567.44	6.53
3	600941.SH	中国移动	340.63	3.37
4	BIDU.0	百度	241.92	17.97
5	3690.HK	美团-W	212.01	7.66
6	1810.HK	小米集团-W	190.98	7.05
7	NTES.0	网易	164.85	15.93
8	601728.SH	中国电信	164.71	3.24
9	JD.0	京东	163.93	1.51
10	000333.SZ	美的集团	145.83	3.92
11	1024.HK	快手-W	123.38	10.87
12	600690.SH	海尔智家	108.21	4.14
13	000100.SZ	TCL 科技	103.09	5.91
14	002230.SZ	科大讯飞	38.37	19.53
15	0020.HK	商汤-W	34.06	101.76

---

① 参见：https://www.msn.com/zh-cn/news/other/%E5%8F%91%E7%8E%B0%E6%96%B0%E8%B4%A8%E5%A5%BD%E5%85%AC%E5%8F%B8-ai%E5%A4%A7%E6%A8%A1%E5%9E%8B%E4%BC%81%E4%B8%9A2023%E5%B9%B4%E7%A0%94%E5%8F%91%E6%A6%9C-60%E4%BA%BF%E5%85%83%E7%AE%97%E5%B9%B3%E5%9D%87%E6%B0%B4%E5%87%86-13%E5%AE%B6%E8%BF%9B-%E7%99%BE%E4%BA%BF%E9%92%9E%E7%BA%A-7%E4%BF%B1%E4%B9%90%E9%83%A8/ar-BB1mvgzj#。

② 参见：https://www.msn.com/zh-cn/news/other/%E5%8F%91%E7%8E%B0%E6%96%B0%E8%B4%A8%E5%A5%BD%E5%85%AC%E5%8F%B8-ai%E5%A4%A7%E6%A8%A1%E5%9E%8B%E4%BC%81%E4%B8%9A2023%E5%B9%B4%E7%A0%94%E5%8F%91%E6%A6%9C-60%E4%BA%BF%E5%85%83%E7%AE%97%E5%B9%B3%E5%9D%87%E6%B0%B4%E5%87%86-13%E5%AE%B6%E8%BF%9B-%E7%99%BE%E4%BA%BF%E9%92%9E%E7%BA%A-7%E4%BF%B1%E4%B9%90%E9%83%A8/ar-BB1mvgzj#。

高昂的研发投资成本要求企业具备高效的成果转化能力，以确保公司运营的可持续性。技术驱动型独角兽公司必须在研发投入和创新产出之间实现最佳平衡，通过快速将创新成果转化为市场竞争力和商业价值，才能支撑其高速发展和长期稳定的运营。企业可以采取一些措施促进研发投资转化为成果实现盈利。

　　首先，企业应该建立高效的产品化机制和完善的产品化流程，缩短从技术研发到产品上市的周期。这要求企业加强跨部门协作，确保各部门在项目之中的参与，完善各自的职能，做到信息同步，能够共同解决面对的问题。还需要采用如 Scrum、Kanban 等敏捷开发方法，通过短期的迭代达到快速开发、测试和发布产品的目的。其次，在早期阶段，应该进行快速原型设计和用户测试，验证产品概念和功能需求，尽快发布最小可行产品，进入市场获取真实用户的反馈，验证产品市场适应性，减少不必要的开发投入。特斯拉作为典型技术驱动型的独角兽企业，其在电动汽车领域的成功很大程度上就得益于其高效的产品化机制。特斯拉在新车型的研发中，会进行广泛的市场调研和用户需求分析，确保产品符合市场需求。公司会组建由研发、设计、制造、市场等部门组成的跨部门团队来确保设计、制造和市场推广同步推进。同时，特斯拉一般会先推出原型车进行内部和外部测试，收集反馈后再进行优化和改良。这一套标准化的流程显著缩短了从技术研发到产品上市的周期。企业可以借鉴这些策略和办法，提升产品化效率，实现快速盈利的目标。

第四节　市场扩展与国际化战略

一、国内市场的拓展

企业一般都会将本国作为发展的基石，占领本土市场有利于夯实基础。在本土市场中，企业往往占据优势地位，会更适应本国的商业环境和消费习惯。深耕国内市场，企业能积累本土化运营经验，增强市场敏感度和服务能力。大多数独角兽企业的后期目标都是国际化发展，因此完全开放并征服国内的庞大市场更能为企业储备资源和经验，推进全球布局。因此我们可以得出结论，本土市场既是企业的立足之本，也是支撑其持续发展和国际化的基石。在下文中，我们将分析拼多多是如何抢占和拓展本国市场的。

拼多多在拓展国内市场时，首先通过深度的市场调研，发现四五线城市和农村地区的巨大市场潜力。于是初期的拼多多利用微信等社交媒体平台进行社交分享和拼团购买，以低成本累积了原始用户，确立了社交电商模式，专注竞争较弱的下沉市场。拼多多通过邀请好友"砍一刀"等营销模式，为消费者打造了极致"低价"购物体验，以低成本就完成了小城市和农村地区的原始用户积累（Chang 等，2019）。但是当拼多多已经在低圈层站稳脚跟以后，它并没有满足于眼下的市场，而是通过"百亿补贴"、赞助大型节目迅速打开知名度，向上破圈。拼多多在2018

年底和 2019 年采取了"新品牌计划""百亿补贴"两大战略新品牌计划，旨在扶持头部代工厂孵化自主品牌，帮助它们打造独立品牌形象。而"百亿补贴"则是引入知名品牌商家入驻平台，以高性价比的商品吸引一、二线城市用户，提升平均客单价。通过这两项战略，拼多多成功实现了从纯粹"低价"购物体验向"高性价比"购物体验的转变，逐步扩大了在一、二线城市的用户渗透率。这种从低价向高性价比升级的过程，使得拼多多打破了自身的"低价"框架，开拓了更广阔的市场空间。[①] 拼多多由下而上的市场拓展战略，结合其本地化运营、差异化营销、品牌塑造等多管齐下，成功在国内市场打开一片新天地。这种先摸清市场痛点，再创新打法的过程，无疑可以为其他创业公司所借鉴。对于一家初创独角兽公司而言，这是相当高明的国内市场扩张之道。

　　拼多多分阶段突破的策略对许多企业都有着重要的借鉴意义。首先，国内市场的拓展也不能忽视市场细分和痛点挖掘的步骤。拼多多在一开始就没有急着与国内电商巨头京东和阿里巴巴一争高下，而是发现了较为空白的小城市和农村市场。这启示着企业应该先在相对蓝海领域占据一席之地。其次，其长期主义、循序渐进的策略能够有效节省成本，规避扩展过快带来的风险。另外，拼多多的社交电商、砍价拼团等模式切中了用户体验需求，培养了黏性。企业必须因地制宜创新商业模式，而不是生搬硬套现成的玩法。只有与用户需求高度贴合，才能真正赢得市场。最后，在不断增加用户规模的同时，也要提升产品和服务的质量。拼多多也曾因为参差不齐的商品质量而丧失了一大批用户，为了改善这一点，拼多多提出了"新品牌计划"，使其满足了高线城市用户的需求。

[①] 参见：https://www.vzkoo.com/read/20240403d5569cb97bc47cc0de972bfb.html。

这启示企业应该适时优化供给端，提升产品和服务质量，是每个企业都不可或缺的发展要求。总之，企业要因时因势制定切实可行的拓展战略，在可控的风险范围内稳扎稳打，通过阶段性突破最终实现腾飞。

二、国际市场的进入策略

对于企业而言，进军国际市场意义重大，是实现可持续发展、提升竞争力的必由之路。国际市场蕴藏着巨大的商机和增长潜力。世界市场遍布众多新兴经济体和人口大国，为企业拓展业务版图、开拓新客源提供了广阔空间。与之相比，单单依赖本土市场的增长空间是有限的。只有主动走出去，企业才能实现业务多元化、收入多元化，降低经营风险。并且进入国际市场是企业提升品牌影响力的有效举措。在全球范围内构建品牌知名度和美誉度，不仅能增强客户黏性，更能为企业日后开拓其他海外市场铺平道路。再者，接轨国际标准，不仅可以提高企业的产品质量和服务水平，还能优化内部管理机制，增强企业的全球竞争力。在全球化浪潮下，企业只有站上国际舞台，才不会被行业洪流所淘汰。因此，制定高效的国际市场进入策略是独角兽企业的重中之重。

Shein 作为一家快时尚电商独角兽企业，在开辟国际市场方面很有其特色。Shein 从一开始就没有发展本土市场，而是直接将目标市场锁定在欧美发达国家的 Z 世代群体。通过快时尚、廉价的产品定位，迅速在这一细分人群中获得关注和追捧。它最初就采用了全球统一运营的模式，通过互联网销售渠道直接面向全球消费者。但同时又精准把握了不同市场文化差异，进行有针对性的本地化营销和促销活动，贴近当地用户需求。为了扩大知名度，Shein 通过社交平台进行数字营销，尤其重视在

Instagram、TikTok 等年轻群体聚集的媒体平台投放内容，充分利用了意见领袖营销、种草达人营销等新型互联网传播模式，来提高本品牌知名度。让人难以忽视的是 Shein 自有的高效供应链，企业拥有强大的设计、专业买手和打版团队，通过大数据分析感知时尚趋势，对设计元素进行重新组合。目前官网每天上新 3 000 款左右，每周上新 2 万款产品，一款产品从设计到上架仅需 10 天，远远超越传统快时尚品牌的周期（Jin, 2023），且无库存、按单生产的精益运营模式也大幅降低了成本。这种高效率、低风险的销售模式不仅使其具备了持续低价竞争的优势，也支撑了其国际化扩张。图 4-2 展示了 Shein 的发展历程。

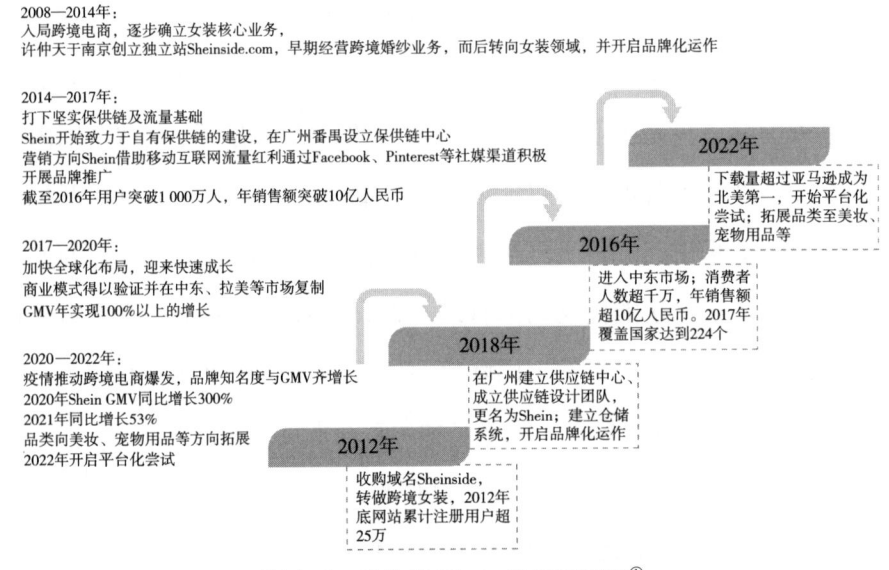

2008—2014年：
入局跨境电商，逐步确立女装核心业务。
许仲天于南京创立独立站Sheinside.com，早期经营跨境婚纱业务，而后转向女装领域，并开启品牌化运作

2014—2017年：
打下坚实保供链及流量基础
Shein开始致力于自有保供链的建设，在广州番禺设立保供链中心
营销方向Shein借助移动互联网流量红利通过Facebook、Pinterest等社媒渠道积极开展品牌推广
截至2016年用户突破1 000万人，年销售额突破10亿元人民币

2017—2020年：
加快全球化布局，迎来快速成长
商业模式得以验证并在中东、拉美等市场复制
GMV年实现100%以上的增长

2020—2022年：
疫情推动跨境电商爆发，品牌知名度与GMV齐增长
2020年Shein GMV同比增长300%
2021年同比增长53%
品类向美妆、宠物用品等方向拓展
2022年开启平台化尝试

2012年
收购域名Sheinside，转做跨境女装，2012年底网站累计注册用户超25万

2016年
进入中东市场；消费者人数超千万，年销售额超10亿元人民币。2017年覆盖国家达到224个

2018年
在广州建立供应链中心、成立供应链设计团队，更名为Shein；建立仓储系统，开启品牌化运作

2022年
下载量超过亚马逊成为北美第一，开始平台化尝试；拓展品类至美妆、宠物用品等

图 4-2 独角兽 Shein 发展历程图[①]

企业进入国际市场是一个长期的过程，需要制定全面的国际化战略，并采取多管齐下的措施，从而快速扩张并立足海外市场。Shein 的案例

---

① 参见：https://www.thepaper.cn/newsDetail_forward_10433667。

让我们得以总结一些普适的成功策略和做法。第一，要明确目标市场和目标客户群体，进行精准的市场细分和客户画像，避免"大而全"的粗放式扩张。并且充分利用线上和线下多种渠道开拓海外市场是有效战略，线上企业可以利用跨境电商、社交媒体营销等方式，线下则可以通过特许经营、并购等方式快速获取本地资源。第二，企业需要实现全球统一的品牌形象和运营体系，同时对不同市场进行本地化营销和服务策略。就如 Shein 的受众是全球消费者，同时又做到了文化差异上的本地化，根据本土改良销售方案。确保上游供应链高效运转也极其重要，既能确保产品按时按量供给，满足市场需求，还能降低滞销存货风险，同时减少仓储占压成本。第三，与当地政府、合作伙伴建立战略合作关系，并在服务、产品等方面进行本地化适配，有助于降低进入壁垒和风险。这些举措能够帮助企业快速准确地打开国际市场。第四，企业也要因时制宜制定适合自身的全球化战略布局。

参考文献

[1] Chang, Y., Wong, S.F., Libaque-Saenz, C.F. and Lee, H., 2019. E-commerce sustainability: The case of Pinduoduo in China. Sustainability, 11 (15), p.4053.

[2] Jin, Y., 2023. SHEIN: How Does the Most Mysterious 10 Billion-Dollar Company in China Achieve Overseas Growth? In Innovation of Digital Economy: Cases from China (pp. 361-373). Singapore: Springer Nature Singapore.

[3] Puschmann, T. and Alt, R., 2016. Sharing economy. Business & Information Systems Engineering, 58, pp.93-99.

[4] Roumeliotis, K.I. and Tselikas, N.D., 2023. Chatgpt and open-ai models: A preliminary review. Future Internet, 15 (6), p.192.

[5] Täuscher, K. and Laudien, S.M., 2018. Understanding platform business models: A mixed methods study of marketplaces. *European management journal*, 36 (3), pp.319-329.

第五章

英国行业发展现状——以新能源行业为例

第五章 英国行业发展现状——以新能源行业为例

第一节 英国新能源产业概述

一、新能源产业的发展背景

英国的新能源产业发展迅速，成为全球能源转型的重要一环。2008 年，英国通过了《气候变化法》(Climate Change Act)，这部全球首部具有法律约束力的国家气候变化立法要求到 2050 年将温室气体排放量减少至少 80%。2019 年，英国进一步承诺在 2050 年前实现净零排放目标，成为第一个在法律上确立这一目标的主要经济体（Commons Library，2021）。为了实现这些目标，英国政府推出了一系列激励政策，包括可再生能源义务（Renewables Obligation，RO）、上网电价补贴（Feed-in Tariffs，FiTs）和合同差价（Contracts for Difference，CfD），这些政策极大地激励了企业和个人对可再生能源项目的投资（Fankhauser 等，2018）。此外，作为《巴黎协定》的签署国，英国承诺将全球平均气温升幅控制在 2 摄氏度以内，并努力将升幅限制在 1.5 摄氏度以内。英国积极应对气候变化、推进能源转型，是世界上最早以法律形式明确中长期减排目标的国家之一。近年来，英国不断提高发展目标、促进能源转型进程，并提出加强电网建设、完善市场建设等举措促进新能源消纳。

新能源已逐渐成为英国主力电源。截至 2022 年底，英国风光发电装机容量为 4 342 万千瓦，约占总装机的 62.8%。2022 年，英国风光发电量

941亿千瓦·时，占比为28.9%（风电占比26.8%）；燃气发电量占比约38.5%，排名第一，核电占比为15.5%，燃煤发电量占比仅为1.5%，而2012年为43%。过去10年间，随着低碳电力发电量的增长及煤电机组不断退役，燃煤发电量占比急剧下降（Climate Change Act，2008）。2017年4月，英国迎来工业革命以来第一个24小时无燃煤发电日。2021年7月，英国宣布2024年10月1日起不再使用煤电。[①]

技术进步是推动英国新能源产业发展的另一重要因素。英国在多个可再生能源领域取得了显著成就，特别是在海上风电方面，英国拥有世界上最大的海上风电市场。北海的地理优势和政府的大力支持使得海上风电项目迅速增长，例如Hornsea Project One和Dogger Bank等大型项目。尽管近年来陆上风电的增长相对缓慢，但随着技术进步和成本下降，陆上风电仍是英国可再生能源的重要组成部分。在太阳能方面，尽管英国的日照资源相对有限，但光伏技术的进步和成本的下降使得太阳能成为可再生能源发展的重要领域。屋顶光伏系统和大型光伏电站逐渐普及。此外，储能技术的发展显著提高了电力系统的稳定性和灵活性，锂离子电池技术的进步和规模化应用尤为突出。氢能被视为未来能源系统的重要组成部分，英国在氢能生产、储存和应用方面进行了大量投资和研发（Fankhauser等，2018）。智能电网通过信息通信技术（ICT）与电力系统的深度融合，实现了电力生产、传输和消费的智能化管理，提升了能源效率和系统稳定性。

英国政府和私人资本积极投资于新能源项目，形成了多元化的融资渠道，绿色金融市场的发展也为新能源产业提供了充足的资金支持。英国

---

① 参见：https://news.bjx.com.cn/html/20230627/1315301.shtml。

与其他国家和地区在新能源领域开展了广泛的合作，包括技术交流、项目投资和市场拓展等。市场竞争方面，英国涌现出一批领先的新能源企业，如 Orsted、SSE Renewables 和 ScottishPower 等，这些企业在风能、太阳能和储能等领域开展了广泛的业务。此外，英国拥有活跃的新能源初创企业生态系统，众多初创企业在新能源技术研发和应用方面表现突出。消费者需求的增加也是推动英国新能源产业发展的重要因素。随着环保意识的增强和可再生能源价格的下降，越来越多的消费者选择绿色能源产品和服务，推动了市场需求的增长。电动车的普及也推动了新能源产业的发展，政府出台了一系列鼓励措施，如购车补贴和充电基础设施建设等。

未来展望方面，英国计划到 2030 年将可再生能源在电力供应中的比重提高到 50% 以上，大力发展风能、太阳能和储能项目（Commons Library，2021）。到 2050 年，英国将实现净零排放目标，能源系统将全面转型为以可再生能源为主的绿色能源体系。未来几年，能源技术创新将继续推动产业发展，包括海洋能、氢能和先进储能技术等新兴领域。数字化技术将进一步融入能源系统，实现更高效的能源管理和优化，提升整体系统的灵活性和可靠性。英国将在全球新能源产业中继续发挥重要作用，通过政策引导、技术输出和市场合作，提升其国际竞争力和影响力。英国将坚持可持续发展理念，推动新能源产业与环境保护、社会经济协调发展，为全球能源转型提供经验和借鉴。

英国新能源产业的发展背景复杂而多元，涵盖了政策驱动、技术进步、市场动态和未来展望等多个方面。政府的积极政策支持和企业的创新努力，使得英国在全球新能源产业中占据了重要地位。未来，随着技术的不断进步和市场需求的持续增长，英国新能源产业有望迎来更加辉煌的发展前景。

二、主要的技术和市场趋势

英国在新能源领域的技术和市场发展表现出显著的前景和创新力。海上风电技术的持续发展,尤其是在浮动式风电平台方面,使得更深海域的风能资源得以利用,显著降低了发电成本,提高了效率(Fankhauser 等,2018)。尽管日照资源有限,光伏技术在英国迅速普及,高效太阳能电池和智能光伏系统的应用推动了太阳能发电在住宅和商业领域的广泛应用,助力英国向低碳经济转型(Climate Change Act,2008)。

储能技术是英国新能源产业的重要组成部分。随着可再生能源发电比例的增加,英国在锂离子电池、液流电池和氢能储能方面进行了大量投资和研发,显著提高了电力系统的稳定性和灵活性,确保了电网的可靠运行(Commons Library,2021)。智能电网通过信息通信技术与电力系统的深度融合,实现电力生产、传输和消费的智能化管理,大数据和人工智能技术的应用提高了电力供应的可靠性和安全性(Fankhauser 等,2018)。特别值得注意的是氢能技术的前景广阔,英国在氢能生产、储存和应用方面投入大量资源,氢能被视为未来能源系统的重要组成部分。英国政府支持氢能产业的发展,出台了一系列政策,包括氢燃料电池的推广和氢能基础设施的建设(Climate Change Act,2008),氢能有望在未来的能源体系中占据重要地位。

在市场趋势方面,政策驱动是一个重要因素,英国政府通过《气候变化法》和 2050 年净零排放目标等政策激励,积极推动新能源市场的发展。2023 年 10 月 26 日,英国颁布了《2023 年能源法》(Energy Act 2023),旨在兑现英国政府在清洁能源、气候变化以及能源安全和韧性方面的关键长期承诺。内容涉及碳捕集与封存(CCS)、氢能、低碳供热、天然气与电力、核聚变能、航空燃料、海上风电、石油与天然气等领域。在碳捕集与封存方面，引入二氧化碳运输和封存许可框架，帮助建立英国首批碳捕集示范点，以扩大 CCS 规模，鼓励对该行业的支持和投资。氢能方面，提出两种为政府支持的低碳氢能项目提供资金的机制，一是向天然气运输公司征税，二是直接由财政部提供资金。此外，英国还将推动首个大型村庄氢能供暖试验，验证氢能技术是否可以用于减少供热方面的碳排放。在海上风电方面，修改海上风电项目开发的法律程序，以加快项目审批进度，加速兑现利用海上风电实现净零排放的承诺。政策支持为企业提供了稳定的投资环境，吸引大量私人资本的投入，进一步促进了市场的快速增长。英国新能源企业积极开拓国际市场，形成了全球化的业务布局，通过技术输出和项目合作，扩大市场份额，增强国际竞争力。

消费者需求的变化也推动了市场的发展，随着环保意识提升和可再生能源价格下降，越来越多的消费者选择绿色能源产品和服务。电动车的普及和相关基础设施的建设，进一步促进了新能源市场的发展（Fankhauser 等，2018），消费者对清洁能源的需求增加，促使企业不断创新，提供更高效、更环保的能源解决方案。

技术创新与应用的融合是另一个显著趋势，海洋能、氢能和先进储能技术等新兴领域成为技术创新的重要方向，数字化技术在能源系统中的广泛应用，实现了能源管理的智能化和高效化（Climate Change Act, 2008）。企业不仅专注于单一技术的开发，还积极构建完整的技术生态系统，通过多元化的业务布局提升整体竞争力。

强大的供应链管理能力和与学术界及科研机构的紧密合作，推动了技术进步和产业发展。新能源企业通过优化供应链管理，确保原材料供应的稳定性和成本控制，并通过产学研结合推动技术创新，加速技术的转化应用（Commons Library，2021），为企业的持续发展提供坚实保障。

  综上所述，英国新能源技术和市场趋势主要有以下几个特点。一是可再生能源发电量占比持续提升。二是储能调节资源快速增加。三是英国能源法案进一步完善，从立法层面推动实现净零排放的承诺。英国新能源产业在技术创新和市场发展方面展现出强劲的趋势。这些趋势推动了英国在全球新能源市场中的领先地位，并为实现全球能源转型目标贡献了重要力量。未来，随着技术的不断进步和市场的持续扩展，英国新能源产业有望迎来更加辉煌的发展前景。

第二节　新能源行业独角兽企业的定义与特征

一、新能源独角兽的标准和特征

独角兽这一概念最早由美国种子轮基金牛仔基金（Cowboy Ventures）的创始人艾琳·李于 2013 年提出（Lee，2013），用来描述那些具有快速发展潜力、稀少且备受投资者追捧的创业企业。独角兽企业一般是指成立 10 年左右，且估值超过 10 亿美元的企业。估值超过 100 亿美元的企业则被称为超级独角兽。独角兽企业通常在技术创新、市场扩展和资本运作方面表现卓越，能够迅速在市场上占据重要地位。[1]

在当今快速变化的科技和能源行业中，英国的新能源独角兽企业是推动创新和可持续发展的关键力量。所谓的"独角兽企业"是指那些私有的初创公司，而新能源独角兽则是指在可再生能源、电动汽车、能源存储技术、智能电网等领域中达到这一标准的公司。在各个领域中的企业通过技术创新和市场拓展，迅速成长为独角兽企业。数据显示，新能源行业已经涌现出多家独角兽企业，这些企业在技术研发和市场拓展方面表现卓越，吸引了大量投资。

新能源独角兽企业展现出的特征不仅是它们在技术和市场上的表现，

---

[1]　参见：https://xueqiu.com/2811385259/102598101。

更反映了其在全球能源转型中的核心角色。新能源独角兽企业通常具备以下特征。

（一）高估值和资本吸引力

新能源独角兽企业通过展示其破坏性的商业模式和技术创新，成功地吸引了包括风险资本家、私人股本和大型企业投资者的注意（Fankhauser等，2018）。这些投资者寻找的是能够带来长期增长潜力和颠覆传统行业的企业。例如，电动汽车和能源存储系统的开发者通过展示其产品对环保和能效的显著贡献，使企业估值在短时间内增长到10亿美元以上，成为市场上的热门投资对象。

（二）技术创新

这些公司在新能源领域，如太阳能、风能、电池技术等方面进行了重大技术革新。例如，使用先进的锂离子电池技术和创新的软件算法来优化电能的储存和分配（Climate Change Act，2008），不仅提高了能源利用率，也提升了用户体验。这些技术的进步不仅限于提高效率，还包括降低成本和提高系统的可靠性。

（三）可持续性和环保意识

新能源独角兽企业通常将可持续发展作为其核心价值观之一，他们的产品和服务旨在降低对化石燃料的依赖，并减少温室气体排放（Commons Library，2021）。这些企业的成功往往基于它们如何有效地将环保责任与商业模式结合起来，推动社会对可再生能源和清洁技术的接受度。

（四）快速增长和市场领导

在新能源领域，独角兽公司能够利用创新来迅速扩张其市场份额。它们通过灵活的业务策略和对市场趋势的敏锐洞察，能够在新兴市场中快速建立起领导地位（Fankhauser 等，2018）。这种快速增长通常是通过扩大生产能力、进军新市场或通过战略合作和收购来实现的。

（五）全球化视野

许多英国新能源独角兽企业不局限于本地市场，它们通过全球扩张来加强其品牌和市场地位。这包括与不同国家的企业合作，进入国际市场（Climate Change Act，2008），甚至与国际政府和非政府组织合作，以推广其可持续技术。这种国际化策略不仅增加了它们的市场潜力，也加强了全球应对气候变化的能力。

总体来说，这些特征共同定义了新能源独角兽企业在全球经济中的独特地位，它们不仅是商业成功的典范，也是推动全球可持续发展的重要力量。

新能源独角兽企业的崛起背后有着明确的市场逻辑和政策支持。随着全球能源结构的转型，新能源产业被视为英国未来经济发展的重要支柱。资本市场对新能源行业的看好，源自对其长期增长潜力和政策支持的信心（Fankhauser 等，2018），即使是资本寒冬，有限的资金仍会向有前景的新能源企业倾斜。

英国，这片孕育了工业革命的土地，如今正引领着全球新能源领域的革新浪潮。英国新能源独角兽企业的崛起，不仅是技术创新和市场拓展的成功缩影，更是推动国家和世界迈向更清洁、更可持续能源体系的关键力量。新兴的新能源独角兽企业将在未来发挥更大的作用，推动全球能源转型和经济高质量发展。这些英国新能源企业将继续在技术创新、市场拓展和可持续发展方面引领行业潮流。在政策的春风和市场的感召下，这些新兴企业犹如一颗颗充满活力的种子，在全球能源转型的沃土中茁壮成长，预示着更绿色、更美好的未来。

二、行业内独角兽企业的主要特征

（一）新能源独角兽企业引领颠覆式技术创新，重视研发

近年来，颠覆性技术创新正在不断涌现，伴随着人工智能、虚拟现实、新能源、智能汽车等领域的重大技术实现突破，掌握颠覆性技术的潜在最优技术路线的独角兽企业集中爆发，孕育出新的商业模式和业态。新能源独角兽企业把人力、物力高度投入研发科研中，重视人才引进，为研发提供了强有力的支持。为了加速创新，新能源独角兽企业还会与高校及其他科技公司合作，力求创新，加强资源整合，加速技术商业化应用（Lee，2013）。

（二）产品具有市场认可度以及良好的用户口碑

新能源独角兽企业往往处于市场需求迅速增长的领域，能够抓住市场机遇迅速扩大市场份额。新能源市场的发展受到全球环保政策和消费者环保意识提升的驱动，英国大力推进可持续发展能源经济，新能源独角兽企业因此具有广阔的发展前景。独角兽企业的产品往往能够获得用户的口碑和推荐（Fankhauser 等，2018），这是因为产品本身的优秀性能和用户体验能够赢得用户的信任和支持。通过用户的口口相传和积极地推荐，产品能够迅速在市场上传播，吸引更多用户的关注和试用。

（三）新能源企业具有强大的政策和资源支持

新能源行业受政策和法规影响较大，独角兽企业通常具备灵活应对政策变化的能力，并积极参与政策制定。英国的新能源独角兽企业中，最为突出的一个案例是新能源公司 OVO Energy。这家公司不仅在英国国内快速崛起，成为新能源领域的翘楚，还在国际市场上获得了广泛的认可。OVO Energy 的成功不仅仅源于其独特的商业模式和创新技术，还得益于英国政府的大力政策支持和丰富的资源配置（Climate Change Act, 2008）。企业与政策及法规的紧密结合不仅提升了其市场适应能力，也为其发展提供了重要保障。

（四）数据和智能化的应用

随着数字化和智能化技术的快速发展，新能源独角兽企业利用大数据和人工智能技术优化产品和服务，已成为行业转型的重要趋势。尤其在风电和光伏储能行业，这些技术的应用使得企业能够更精准地进行设备管理和维护，极大提高了运行和维护的效率。

通过引入智能化运维系统，这些企业能够实时监控风力发电机和光伏板的运行状态，及时捕捉到可能影响效率和安全的问题。系统能通过数据分析预测设备的潜在故障，从而提前进行维护，避免了大规模停机的经济损失（Commons Library, 2021）。此外，智能系统可以根据天气预报和历史数据自动调整设备运行策略，优化能源产出，进一步增强了能源生产的稳定性和可靠性。

这种技术的广泛应用不仅提升了企业的内部运营效率，还为企业开辟了新的商业模式。例如，通过对外提供智能运维和数据分析服务，企业能够为客户提供更加个性化和高价值的解决方案，从而增加了额外的收入来源。同时，这也增强了企业的市场竞争力，使其在新能源领域中更加突出，更容易吸引投资者和合作伙伴的关注。

（五）与高校和科研机构的深度合作

许多新能源独角兽企业与大学和科研机构建立了紧密的合作关系，通过产学研结合推动技术创新。例如，特斯拉与多所顶尖大学和研究机构合作，共同进行电池技术和自动驾驶技术的研发。这种合作不仅加速了技术的转化应用，也为企业培养了大量高素质的人才。英国新能源独角兽企业在与高校和科研机构的深度合作中取得了显著进展，通过联合研究项目和技术转移，加速了新能源技术的研发。例如，一些独角兽企业与剑桥大学、帝国理工学院等顶尖学府合作，开展了涉及可再生能源、电池技术和智能电网等领域的研究。

企业与科研机构的合作也在不断深化。这些企业通过资助研究项目、提供实验设备和实习机会，推动了科研成果的产业化。英国的卡文迪许实验室和弗朗霍夫研究所等机构成为企业技术创新的重要合作伙伴。

这些合作不仅限于技术层面，还包括人才培养和学术交流。企业通过设立奖学金、赞助学术会议和组织技术研讨会等方式，吸引了大量优秀的科研人才（Fankhauser 等，2018），进一步巩固了自身在新能源领域的领先地位。英国新能源独角兽企业通过与高校和科研机构的深度合作，实现了技术突破和市场拓展的双赢，为全球能源转型和可持续发展做出了积极贡献。

（六）领导团队

优秀的领导团队可以起到领头羊的作用，也是独角兽企业成功的关键。领导团队的战略眼光和执行能力决定了企业能否在激烈的市场竞争中脱颖而出。独角兽企业团队成员的背景有着高度一致性。独角兽企业的创始成员背景主要有四类：行业资深人士；高学历／强技术背景人士；连续创业者；大型企业内部孵化团队。大多数创始团队通常同时具备以上多种背景。

首先，行业资深人士能够为团队带来深厚的行业知识和网络资源，他们对市场动态有着敏锐的洞察力和丰富的实战经验，能够在战略决策中提供宝贵的指导。其次，具有高学历和强技术背景的团队成员能够推动企业技术创新，通过最新科技解决行业难题，为企业持续发展注入技术动力。再次，连续创业者以其创新思维和过往成功经验，能够有效地带领企业在创业早期阶段快速成长，他们通常对市场有极佳的洞察力，能够识别并抓住商业机会。最后，来自大型企业内部孵化的团队成员往往具备强大的资源整合能力和企业管理经验，能在企业规模扩张和运营效率提升中发挥关键作用。

这些多元化的背景合力确保了团队在各个方面都能进行有效的决策与执行，从战略制定到市场推广，从技术研发到资本运作，每一步都显得尤为关键（Lee，2013）。因此，独角兽企业往往注重团队构建，确保团队成员之间能够互补，共同推动企业朝着长期目标前进。这种团队的构建不仅增强了企业的内部凝聚力，也提升了其在全球市场中的竞争力。通过这样高效且具备前瞻性的团队运作，独角兽企业能够在不断变化的市场环境中稳健成长，实现其商业愿景和社会价值的双重目标。

（七）全球化视野和布局

由于新能源市场的全球性特点，许多独角兽企业在成立之初就着眼于国际市场，采取积极策略以确保其技术和产品能够跨境拓展。例如，比亚迪不仅在英国市场占据重要地位，还积极进军欧洲、北美等国际市场，形成了全球化的业务布局。比亚迪通过适应这些市场的特定需求和政策环境，不断调整其产品和服务，确保其技术解决方案能够在不同地区得到应用和认可。

此外，比亚迪在全球市场的扩张策略中也显示出其独特的商业智慧和前瞻性。公司通过在关键市场建立研发中心和生产基地，近距离地观察和响应当地市场的动态变化，这不仅优化了供应链管理、降低了运营成本，还加强了与当地消费者的联系。比亚迪这种灵活而高效的全球化战略，使其能够快速适应新兴市场的竞争压力，同时利用其在多个国家的业务操作来分散风险。

这种全球化视野和策略的实施，使比亚迪能够有效地在全球范围内推广其新能源解决方案，促进了品牌的全球认知度和市场份额的增长（Commons Library，2021）。通过这种方式，比亚迪不仅巩固了其作为新能源领域领导者的地位，还为企业带来了持续的业务增长和盈利能力。这显示了新能源独角兽企业通过全球化布局，如何在世界舞台上展示其创新能力和市场适应性。

（八）创新的商业模式

新能源独角兽企业往往采用创新的商业模式，以适应快速变化的市场需求。商业模式决定一个企业是否能适应市场，顺应潮流，在市场中占据一定的份额，决定了企业的扩张格局。例如，特斯拉不仅通过销售电动车盈利，还通过超级充电站网络、能源存储解决方案和软件更新服务等多元化业务实现收入增长（Fankhauser 等，2018）。这种创新的商业模式能够有效提升企业的盈利能力和市场竞争力。

英国新能源独角兽企业在技术创新、市场认可度等方面都展现出了卓越的能力。这些能力不仅推动了新能源独角兽企业的产生和发展，也为新型能源转型提供了重要的支持。英国新能源独角兽企业凭借着市场潜力、快速增长、强大的政策和资源支持、领导团队的战略眼光、可持续发展的理念以及市场认可度等特点，在推动全球能源转型和技术创新方面起着越来越重要的作用。它们不仅是技术创新的先驱，也是可持续发展理念的践行者。面对全球气候变化的挑战，这些企业展现了商业领域在解决环境问题中的潜力和责任，预示着一个更加绿色、更加可持续的未来。

三、行业内独角兽企业的分布与数量

（一）各地区独角兽企业的分布

英国作为老牌工业强国，在新能源领域积极转型，培育出了一批颇具潜力的独角兽企业。这些企业分布于英国各地，涵盖了新能源产业链的各个环节，为英国的绿色转型注入了强劲动力。英国新能源独角兽企业在地理分布上呈现出一定的集中趋势。数据显示，大部分新能源独角兽企业集中在伦敦、英格兰等传统科技中心和金融中心。

1. 伦敦及英格兰

伦敦作为英国的首都和金融重镇，凭借完善的创业环境、充足的风险投资和人才储备，吸引了大量新能源初创企业入驻。多家知名新能源独角兽企业如 Octopus Energy、Bulb 等总部均设在伦敦，Octopus Energy

成为英国最大供电商。剑桥和牛津的顶尖大学为新能源技术创新提供了强大的科研支撑（Beauhurst，2024）。

此外，英格兰东南部地区等也是新能源独角兽企业的聚集地。这些地区政府大力支持清洁能源发展，为相关创业企业提供优惠政策、专业服务和基础设施保障。两地科技园区云集了一批专注于储能、智能电网、氢能等前沿技术的新能源独角兽企业，如剑桥的 Darktrace、牛津的 Oxbotica 等（Beauhurst，2024）。

英格兰中部地区拥有悠久的工业传统和强大的制造业基础，在新能源汽车、电池技术和智能电网等领域涌现出一批独角兽企业。例如 Britishvolt（电池制造，位于诺森伯兰郡）和 Vertical Aerospace（电动航空，位于布里斯托尔）等公司。

英国新能源独角兽企业集中在具备创新优势和产业基础的发达地区，这些地方政策宽松、资源丰富、地域集聚效应显著。未来随着相关政策的持续利好和产业生态的不断完善，独角兽企业的地域分布或将更趋均衡。

2. 苏格兰

苏格兰拥有丰富的风能资源和发展清洁能源的雄心，在海上风电、氢能等领域培育了一批新兴独角兽企业。例如 ITM Power，作为氢能技术的领先公司，ITM Power 在苏格兰参与了多个氢能项目。Baillie Gifford 买入电解水制氢设备制造商 ITM Power[①]，推动清洁能源发展。公司开发的电解槽技术能够利用可再生能源生产清洁氢气，并在多个领域进行应用，如交通、工业和供暖等。ITM Power 与苏格兰的企业和学术机构合

---

① 参见：https://image.so.com。

作，推动氢能基础设施的建设和商业化（Failory，2024）。

3. 威尔士

威尔士在新能源领域也有一些亮点，特别是在海上风能和太阳能技术方面。卡迪夫市作为威尔士的首府，聚集了一些创新型企业和研究机构。虽然威尔士的新能源独角兽企业数量相对较少，但在可再生能源项目的实施和技术创新方面，威尔士仍然具备一定的竞争力（Failory，2024）。

4. 其他地区

英国不仅仅在伦敦、苏格兰、英格兰地区分布着许多独角兽企业，其他地区的新能源独角兽企业也日益崛起。例如 First Light Fusion 是一家专门做核聚变的能源公司，计划在 2030 年建立试验工厂，进一步完善技术，并逐步实现商业化运营，First Light Fusion 打造的超高速炮为核聚变能源技术创新奠定了基础[①]。First Light Fusion 已获得 4 500 万美元融资，投资方包括牛津科学创新（Oxford Sciences Innovation）、Hostplus、IP Group、Braavos Capital 以及腾讯。

英国新能源独角兽集中在具备资源丰富和创新能力强的发达地区，地域集聚效应显著。未来随着相关政策的持续推进、政府对新能源的大力支持，以及英国新能源独角兽企业的数量和分布情况等表明，这是一个快速发展的领域，各地区政府的支持政策和市场的需求是推动这些企业成长的主要因素。随着技术的进步和全球对环保意识的提升，预计新能源独角兽企业将继续在英国能源领域扮演重要的角色。

---

① 参见：https://baijiahao.baidu.com。

英国新能源行业独角兽企业分布情况，揭示了当前英国新能源行业独角兽企业的分布格局。表 5-1 详细列出了新能源行业中主要代表的独角兽企业。

表 5-1 英国新能源行业独角兽企业分布情况[①]

OVO Energy	成立于 2009 年，致力于提供最佳的客户服务和竞争性的定价策略，是英国独立的能源技术公司之一
Carbon Clean	成立于 2009 年，开发适用于难以减排行业（如水泥、钢铁等）的碳捕集解决方案
BBOXX	从伦敦帝国理工学院分离出来的企业，主要提供去中心化的能源网络，如离网太阳能板系统，致力于解决能源贫困问题
Plastic Energy	成立于 2015 年，是一家化学塑料回收公司，利用生命周期终端的塑料制造原材料，推动循环经济
GRIDSERVE	以其电动车充电网络"GRIDSERVE Electric Highway"而闻名，该网络旨在促进消费者的远距离电动车旅行
Nexeon	位于牛津的公司，生产用于锂离子电池的硅阳极，旨在创建更轻、功率更大、充电间隔时间更长的电池
Field	致力于加速可再生能源基础设施的建设，从电池储能开始，为实现碳中和提供更灵活、可靠和绿色的电网
OVO 集团	位于英国布里斯托尔的公司，包括 OVO Energy 和 SSE 等多家清洁能源公司，提供燃气和电力，并开发智能电网技术以支持能源转型

（二）企业数量和成长情况

英国作为欧洲新能源领域的先驱国家，近年来吸引了大量创新公司的涌入。其中，独角兽企业凭借其创新实力和增长潜力，成为新能源产业的佼佼者。

英国新能源独角兽企业的分布呈现出明显的区域特征。以伦敦为代表的东南部地区是英国新能源独角兽企业的密集区，超过一半的独角兽

---

① 参见：https://www.beauhurst.com/blog/top-greentech-companies;https://www.failory.com/startups/energy-unicorns。

企业总部位于此地。这一分布格局主要源于伦敦作为金融中心的优势，有利于企业获取更多融资支持。此外，伦敦周边地区科研实力雄厚，人才资源丰富，为新能源独角兽企业提供了坚实的创新基础。伦敦地区高校密布，剑桥大学、牛津大学为新能源产业发展提供了技术支持，一些高校与企业合作，有利于资源整合和人才交流。

除伦敦地区外，苏格兰、英格兰等地也孕育了不少新能源独角兽企业。这些地区储备了丰富的能源行业专业人才，并拥有完善的产业链配套，为新能源企业创新发展营造了有利环境。

在数量方面，根据最新统计，英国目前拥有20多家新能源独角兽企业。其中包括新能源发电、储能、电动汽车充电、智能电网等领域的代表性企业。随着政府加大对新能源领域的扶持力度，未来几年内英国新能源独角兽企业的数量有望进一步增加。

英国新能源企业的成长情况我们可以从以下几点进行分析。

1. 英国新能源产业背景

英国政府一直致力于推动新能源产业的发展，并制定了多项政策以实现净零排放的目标。2020年，英国政府宣布将在2030年前禁售新的汽油和柴油汽车，这是推动新能源车辆快速发展的重要举措。此外，英国政府还推出了"绿色产业革命十点计划"，旨在促进清洁能源、交通、电力、建筑和自然环境的可持续发展。

2. 英国新能源独角兽企业概述

独角兽企业通常是指估值达到或超过10亿美元的初创公司。在新能源领域，英国涌现了一批具有代表性的独角兽企业，这些公司在技术创新、市场拓展和资本运作方面表现出色。

英国政府对新能源产业的支持是独角兽企业快速成长的重要原因。英国政府采取了一系列措施来推动新能源企业的发展（Failory，2024），包括财政激励、政策支持和基础设施建设。政府提供各类补贴和税收减免，以鼓励企业进行新能源技术的研发和应用。政府制定了明确的可再生能源目标和法规，为企业提供了稳定的政策环境。例如英国政府承诺到 2050 年实现净零排放，并出台了相关的法律和规划。政府还大力投资于新能源基础设施建设，如电动车充电站、风能和太阳能发电设施等。此外，政府通过创新基金和创业加速器计划，支持初创企业的发展，提供资金和专业指导。这些政策的综合作用，为英国新能源独角兽企业的成长创造了有利条件，使其在全球新能源市场中占据重要地位。

技术创新是这些企业成功的核心驱动力。通过研发新技术和优化生产工艺，企业不仅提高了产品的竞争力，还大幅降低了生产成本（Beauhurst，2024）。例如 Arrival 的模块化设计和微工厂模式，以及 Octopus Energy 的 Kraken 平台，都是技术创新的典型案例。

充足的资本支持是企业快速扩展的重要保障。英国的资本市场对新能源产业表现出高度关注，多家独角兽企业获得了来自风险投资、私募股权和战略投资者的大量资金。这些资金不仅支持了企业的研发和生产，还帮助其开拓国际市场（Failory，2024）。

随着全球环保意识的提高和政府政策的推动，市场对新能源产品和服务的需求不断增长。这为新能源独角兽企业提供了广阔的市场空间。例如电动汽车和绿色能源的需求大幅增加，为企业的快速成长奠定了基础（Beauhurst，2024）。

随着技术的不断进步和市场需求的增长，英国新能源独角兽企业将迎来更多的发展机遇。未来，企业需要继续加强技术创新，提高产品和服务的竞争力。同时，国际市场的开拓和跨国合作将成为企业发展的重要方向。英国政府也将继续通过政策支持和资金投入，推动新能源产业的可持续发展。

英国新能源独角兽企业的成功，不仅是企业自身努力的结果，也是政策支持、技术创新、资本市场和市场需求等多重因素共同作用的结果。随着全球对可持续发展的关注日益增加，英国的新能源独角兽企业将在未来的市场竞争中占据更加重要的地位。在不久的将来，英国新能源独角兽企业有望继续保持快速增长，英国在海上风电、氢能、核聚变等领域拥有领先的技术优势，未来有望在这些领域取得更多突破。英国新能源结合当前国际局势，英国新能源独角兽企业积极开拓海外市场，在全球范围内取得更大发展。深化产业链布局，完善产业链分配，未来有望形成更具竞争力的产业集群。

四、新能源行业独角兽企业案例分析

（一）Bramble Energy[①]

1. 企业背景与发展历程

在全球寻求可持续能源解决方案的背景下，氢燃料电池技术作为一种清洁高效的能源转换方式，正受到越来越多的关注。Bramble Energy 的创始人汤姆·梅森（Tom Mason）博士，在完成伦敦大学学院的博士

---

① 参见：https://www.brambleenergy.com/。

学位后，基于对氢燃料电池技术的深入了解，发现了其商业化道路上的一大障碍——成本。为了使传统的燃料电池技术在成本上具有竞争力，需要大规模生产。这一挑战激发了他创立 Bramble Energy 的动力，Bramble Energy 是一家总部位于英国的清洁能源技术公司，致力于通过其突破性的氢燃料电池技术，推动世界向更可持续的未来转型。Bramble Energy 是清洁能源技术领域的颠覆者，拥有革命性的技术。它开发了一种独特的、受专利保护的印刷电路板（PCB）燃料电池——PCBFC™。PCBFC™ 利用了成熟的 PCB 行业现有的高效低成本生产方法和材料，降低了制造氢燃料电池的价格和复杂性。

汤姆·梅森博士于 2016 年在帝国理工学院和伦敦大学学院的研究实验室创立，通过革命性的燃料电池设计和制造技术，开发了独特的 PCBFC™[①]。一种受专利保护的燃料电池，可以在全世界几乎所有的 PCB 工厂生产。Bramble Energy 成立的初衷很简单，帮助世界实现净零排放；愿景是加速全球脱碳，使清洁能源技术得以普及。任务是通过创造最具可扩展性和灵活性的清洁能源技术解决方案来推动全球能源的变革。Bramble Energy 团队非常多元化，技术精湛。

Bramble Energy 总部位于英国盖特威克，拥有一家先进的工厂，在那里推出了便携式电源系列产品，并在同样可扩展的低成本技术平台下开发其高功率密度、液冷燃料电池系统。从最初在 UCL 的小型办公室起步，到 2020 年疫情期间的资金筹集，再到搬至更大的工厂并迅速扩大团队规模，Bramble Energy 经历了多个重要的发展阶段。其中，2020 年的资金筹集阶段尤为关键，使公司能够从 3 人小团队成长为拥有 80 名员工

---

① 参见：http://h2.china-nengyuan.com/news/178415.html。

的企业,并最终迁移到盖特威克地区拥有先进设施的工厂。这一转变标志着公司从大学衍生的初创企业到成为氢燃料电池行业的重要参与者。

2. 商业模式与技术创新

Bramble Energy是一家总部位于英国的清洁能源技术公司,专注于开发和生产低成本、可扩展的氢燃料电池。公司的创新点在于PCBFC™技术,这是Bramble Energy最核心的创新——印刷电路板燃料电池结构[1]。他们利用成熟的PCB制造技术来生产燃料电池的关键组件,如双极板和流场板。这种方法与传统燃料电池制造相比具有以下几大优势。

低成本:PCB技术是大规模生产的成熟技术,因此生产成本更低。

可扩展性强:PCB制造工艺可以轻松地扩展到更大的生产规模,以满足不断增长的市场需求。

生产周期短:与传统方法相比,PCB技术的生产周期更短,可以更快地将产品推向市场。

设计灵活:PCB技术可以实现更复杂的设计,从而提高燃料电池的性能和效率。

模块化设计:Bramble Energy的燃料电池采用模块化设计,可以根据不同的应用需求进行灵活组合。这种模块化设计也简化了维护和升级过程。

Bramble Energy的核心业务是为各种应用场景提供氢燃料电池解决

---

[1] 参见:https://auto.gasgoo.com。

方案，包括以下几个方面。

固定式发电：为家庭、企业和社区提供备用电源和离网电源。
交通运输：为重型卡车、公共汽车、火车和船舶提供动力。
便携式电源：为无人机、机器人和其他需要便携式电源的设备供电。

Bramble Energy 的技术创新和商业模式使其在快速增长的氢能市场中处于有利地位。随着全球对清洁能源需求的不断增长，该公司有望在未来几年实现快速发展。总而言之，Bramble Energy 是一家极具潜力的清洁能源技术公司，其创新性的 PCBFC™ 技术和模块化设计为氢燃料电池的普及应用铺平了道路。

3. 当前的市场表现和未来发展计划

Bramble Energy 的市场策略集中于扩大其在全球清洁能源市场的影响力。公司不仅在本土市场推广其技术，在国际上也积极寻求合作伙伴和客户，特别是在欧洲、北美和亚洲这些氢能源需求迅速增长的地区。此外，公司还专注于与汽车制造商和能源行业的大型企业合作，共同推动氢能源技术的商业应用和市场普及。

公司计划在未来几年内，建设大规模的燃料电池生产基地，满足不断增长的市场需求。并与更多的汽车制造商、能源公司和 OEM 厂商合作，共同开发基于 PCBFC™ 技术的氢燃料电池产品。一起推动建立氢燃料电池生态系统，包括氢气生产、存储和运输等基础设施建设。

Bramble Energy 的 PCBFC™ 技术不仅降低了生产成本，还通过其高度的可适应性和可扩展性，在多个领域展示了巨大的潜力。Bramble

Energy 公司最近推出了第二代 PCBFC™，该技术在能量密度和效率方面有了显著提升。此外，公司还与 EDAG 集团合作，将其燃料电池技术整合到电动车平台中，这一合作项目展示了其技术在汽车行业应用的可行性和广泛性。随着业务的快速增长，Bramble Energy 最近扩展了其设施，新建了位于盖特威克的先进总部。这座设施不仅扩大了公司的研发和生产能力，还设有一个世界领先的氢创新中心，专注于氢燃料电池及相关技术的研究和测试。

Bramble Energy 联合创始人兼首席执行官汤姆·梅森博士表示：

工业迫切需要可实现的、可持续的、清洁的能源解决方案，因此我们在 Bramble Energy 的使命是消除氢采用的最大障碍。

多年来，高成本一直阻碍着氢燃料电池行业的发展，白皮书展示了我们的 PCBFC™ 技术如何以可实现的成本提供燃料电池，以及与现有技术相比，它的实现速度。

展望未来，Bramble Energy 计划继续在技术创新上投入，尤其是在提高燃料电池的能量密度和减少成本方面。公司也在探索将其技术应用于更广泛的领域，如航空、船舶以及更大规模的固定电源系统。氢能是一种绿色环保能源，Bramble Energy 也看好氢能作为未来能源转型的关键角色。

Bramble Energy 的市场表现显示了该公司在氢燃料电池技术开发和商业化方面的强大实力和广阔前景。Bramble Energy 将继续扩大其在全球清洁能源市场的影响力。公司的 PCBFC™ 技术因其成本效益高和生产灵活性强的特点，将在更多市场领域进行拓展。随着全球对可持续能源解决方案需求的增加，公司在氢能领域的领导地位有望进一步巩固和扩大，通过不断的技术创新和战略市场扩展，Bramble Energy 有望成为全球氢能源转型的关键力量。

（二）Britishvolt

1. 企业背景与发展历程

Britishvolt 是一家成立于 2019 年的英国创新企业，是在全球能源转型和可持续发展趋势中应运而生的企业，专注于生产低碳、可持续的电池单元，主要用于电动汽车。公司的核心技术和业务模式是建立在其创新的电池技术上，旨在推动英国向脱碳经济过渡。随着全球电动车市场的快速增长和对高性能电池需求的增加，英国政府也积极推动"绿色革命"，力求减少碳排放并推进环保发展。这为 Britishvolt 等新能源企业提供了良好的发展土壤。

自成立以来，Britishvolt 迅速成为英国汽车工业未来发展的关键力量。公司的总部位于英格兰中部，且最近获批在诺森伯兰建设一座大规模的电池制造厂，即所谓的"超级工厂"[①]。这座工厂不仅对公司未来的发展至关重要，也被视为英国汽车工业转型的重要里程碑。工厂的建设对于公司来说是一项巨大的财务和技术投入，但同时也预示着其在未来电动车电池市场中的重要地位。工厂的选址利用了诺森伯兰的工业基础和对可再生能源友好的政策环境，这些因素都有利于降低生产成本和提高生产效率。

在资金和技术获取方面，Britishvolt 面临的挑战尤为突出。为了应对

---

① 参见：https://zhuanlan.zhihu.com/。

这些挑战，公司筹集了大量资金并与多家汽车制造商及电池科技供应商建立了战略伙伴关系。这些伙伴关系不仅帮助公司稳固了资本基础，也为技术发展和市场扩展提供了支持。此外，英国政府对新能源和电动车产业的扶持政策也为公司的快速成长提供了不可或缺的外部条件。

在产品开发方面，Britishvolt 主要专注于高效能、低碳排放的电池单元的研发和制造。公司投入大量资源在技术创新上，以确保产品的竞争力。这些产品主要服务于电动汽车市场，公司通过其高性能的电池解决方案，在市场中寻求差异化的竞争优势。通过不断的技术革新和质量控制，Britishvolt 希望建立起行业内的领先地位。

展望未来，Britishvolt 的持续成功将依赖于几个关键因素：一是电动汽车市场的持续增长，将直接推动对高性能电池的需求；二是公司在技术创新上的持续投入，是其产品能够持续引领市场的关键；三是全球政治经济环境的稳定，尤其是贸易政策和环境保护法规的支持。此外，随着竞争的加剧，公司还需要不断优化其运营效率和成本控制，以保持其在市场上的竞争力。

Britishvolt 的成立和初期发展是在全球新能源行业转型的大背景下进行的。公司凭借其明确的市场定位、强大的资金支持和战略伙伴关系，在短时间内建立起了强大的生产基地和研发能力。未来，随着电动汽车市场的进一步扩张和技术的不断进步，Britishvolt 有望在全球电池市场中占据重要位置。

2. 商业模式与技术创新

Britishvolt 自成立以来，一直处于全球向可持续能源转型的前沿，特别是专注于日益增长的电动汽车（EV）市场。公司的核心业务围绕开发、制造和销售高性能电池单元，这些电池对于提高电动汽车的续航里程、充电速度和整体使用寿命至关重要，符合对可靠和可持续能源解决方案日益增长的汽车行业需求。

Britishvolt 在电池技术创新方面活跃，正在积极研发固态电池，这被认为是在安全性和其他性能方面的革命性改变。电池管理系统（BMS）的改进也是其关注的焦点，这提高了充电和放电过程的精确性，延长了电池的有效使用寿命。这些创新至关重要，因为它们直接贡献于最终用户最为看重的性能指标。

除了技术努力外，Britishvolt 深入致力于可持续性，这一点贯穿于其商业模式和生产过程中。公司采纳绿色制造实践，优先使用可回收材料，并投资电池回收技术。这些实践不仅减少了环境影响，还将 Britishvolt 定位为行业内循环经济的领导者。通过最小化废物和重新使用材料，公司有效地减少了对原材料的依赖并降低了生产成本，创造了经济效益的同时维护了环境价值。

此外，Britishvolt 的增长策略包括通过战略合作伙伴关系扩大市场影响力和全球市场渗透力。与汽车制造商和科技公司的合作有助于完善其产品供应和拓宽其技术视野，确保其创新能够满足市场的特定需求。在国际上，公司旨在在英国以外建立生产基地和销售网络，这增强了其服务全球市场的能力，并更有效地响应区域需求。

制造过程的自动化和数字化代表了 Britishvolt 在创新方面的另一个发展方向。通过在生产线中整合机器人技术和人工智能，公司实现了更高的效率和更好的质量控制。这种数字化转型不仅简化了运营流程，还大大减少了人为错误，确保每一个生产单位都符合高质量标准。采用先进的制造技术促进了可扩展生产，同时保持了所有产品的一致性和质量。

总结来说，Britishvolt 在电动电池市场上是创新和可持续性的典范。公司致力于高性能产品开发的承诺，结合其对可持续实践和市场扩展的投入，构成了其商业策略的基石。随着电动汽车需求的持续增长和环境法规的日益严格，Britishvolt 的前瞻性技术和绿色制造方法可能会巩固其作为全球能源转换领导者的地位。技术的不断进步和新市场的扩展预计将推动公司的增长，使其在全球向可再生能源转型中发挥重要作用。

3. 当前的市场表现和未来发展计划

Britishvolt 通过其业务模式成功地将创新技术和可持续发展的原则融为一体。公司自成立以来，便致力于通过持续的技术研发和市场扩展，塑造电池制造行业的未来。这种前瞻性的商业战略不仅增强了其在全球市场的竞争力，还推动了整个行业向更高效和环保的方向发展。

在技术创新方面，Britishvolt 明确其核心优势，即电池技术的持续进步。公司在固态电池技术上的突破特别值得一提，与传统的液态锂电池相比，固态电池提供了更高的能量密度和安全性，使得电动汽车能够实现更长的续航里程和更低的安全风险。Britishvolt 的研发团队通过与全球多个科研机构和大学的合作，不断优化其固态电池的化学成分和结构设计，力图在市场中推出最先进的产品。

此外，Britishvolt 在 BMS 技术方面也取得了显著成就。BMS 是确保电池安全和效率的关键技术，通过精确控制电池的充电和放电过程，延长电池的使用寿命。Britishvolt 的 BMS 解决方案采用了先进的算法和传感技术，能够实时监测电池状态，预防过充和过放等问题，确保电池系统的稳定运行。

在市场表现方面，Britishvolt 通过与国际知名的汽车制造商和科技公司建立了战略合作伙伴关系。这些合作关系不仅帮助公司快速迭代技术，还大大扩展了其产品的市场覆盖范围。例如与一些欧洲豪华汽车品牌的合作，使得 Britishvolt 能够针对特定的高性能车型提供定制化的电池解决方案。这种定制化服务不仅满足了合作伙伴的独特需求，也极大地提升了 Britishvolt 的品牌形象和市场份额。

在可持续发展方面，Britishvolt 承担起了企业的社会责任，积极投入环保技术的研发中。公司不仅在生产过程中采用了低碳技术，减少了对环境的影响，还通过电池的回收和再利用项目，减少了废弃电池对环境的负担。Britishvolt 的这些举措得到了全球环保组织的高度评价，并为公司赢得了"绿色创新奖"。

从财务角度看，Britishvolt 面临着高额的研发投入和扩张成本。尽管如此，公司通过一系列资本运作成功地稳定了其财务状况，这包括从风险投资和战略投资者那里筹集资金，以及获得政府的研发补贴。这些资金的注入，不仅为公司的技术开发和市场扩张提供了强有力的支持，也增强了投资者对公司未来的信心。

展望未来，Britishvolt 计划在全球范围内扩大其生产基地，特别是在亚洲和北美市场。通过在这些关键市场内部建设生产设施，公司将能够更有效地响应市场需求，提高产品的交付效率。技术层面上，Britishvolt 也将继续投入研发，不仅在固态电池上取得更多突破，还将探索包括电池回收技术在内的新兴技术，以确保公司在技术革新的浪潮中保持领先。在环境战略方面，Britishvolt 有望成为全球电池制造业的绿色标杆。公司将进一步提升生产过程的环保效率，增加可再生材料的使用比例，并扩大电池回收计划的规模。此外，公司计划通过加强与全球环保机构的合作，推广绿色制造技术和循环经济模式，为全球的环境可持续发展做出更大贡献。

综上所述，通过其出色的市场表现和对未来的清晰规划，Britishvolt 已经展现出在全球电动汽车电池市场中的领导潜力。公司的综合实力不仅在技术创新上表现突出，更在推动全球绿色能源转型中起到了关键作用。随着全球对清洁能源的需求持续增长，Britishvolt 的发展前景广阔，预计将在未来几年内继续快速成长。

（三）浙江瀚为科技有限公司

1. 企业背景与发展历程

浙江瀚为科技有限公司（以下简称瀚为科技）成立于 2021 年，是一家集高功率电池的研发、生产、销售于一体的高新技术型企业，围绕高标准和高效率的企业核心发展理念，致力于研发后锂电池时代低成本、高功率、绝对安全的大功率储能设备，为调频、大规模储能、铁路/轨道交通动力回收等应用场景提供功率密度更高、安全性能更强、使用寿命更长的固定式储能解决方案。2014 年瀚为科技团队组建，便致力于水系能源材料的研发，以解决全球能源危机并推动能源结构的创新优化。初期，该公司集结了一批热衷于新能源技术开发的国内外顶尖科研人员，共同目标是通过开发高效、可持续的能源解决方案来改变能源使用方式。经过几年的技术积累和原型设计，瀚为科技在 2021 年实现了技术突破，团队回国并成功获得种子与天使轮融资，同时建立中试生产线和开发出首个产品原型，标志着公司在能源材料市场的初步布局已取得成功。2022 年，随着产线全面投入运行和 A 轮融资的完成，瀚为科技不仅推出了市场上的首台套水系储能系统，而且迅速获得市场认可，公司业务也由此步入快速发展轨道，图 5-1 为瀚为科技首台套水系储能系统的落地应用效果图。到了 2024 年，瀚为科技的产品和技术持续迭代，正式进入商业化阶段，营收突破近亿元。在未来规划方面，瀚为科技在 2025 年计划投资建设超级工程，预期将实现数亿元的营收，并加速规模化、商业化的进程。

图 5-1　瀚为科技推出的首台套水系储能系统①

目前，瀚为科技不断丰富、优化储能解决方案，构建起信息、资源、数据、产品、机器和人紧密联系的一体化服务系统。基于海内外多地的前瞻性落地规划，瀚为科技构建了以英国伦敦为海外基础材料开发中心，中国的浙江绍兴、广东深圳、江苏南京、湖北武汉等为产业化基地的联合格局，成为领先的具备高端制造能力的储能服务商。同时企业下设英国伦敦海外材料研发中心，并与牛津大学、伦敦大学学院、帝国理工学院等顶尖高校紧密协作，依托于欧洲最大新能源实验室 EIL 共同推进水

---

① 参见：http://www.vastechenergy.com/。

系电芯基础材料研发，拥有近200人规模的顶尖材料研究团队。企业成立至今已获得多家全球顶尖风投机构投资、多家行业头部企业深入合作以及与多家全球顶尖高校达成深入产学研合作。

在融投资方面，瀚为科技当前已获得红杉中国、真格基金等头部资本多轮股权融资，累计股权、债权融资金额即将突破3亿元。公司海内外团队累计研发投入近亿元人民币，并在Joule、Nat.Commun.、Energy Environ. Sci.、Adv. Materi.等国际权威期刊上发表领域内相关论文100余篇，获得18项国内外专利授权。此外，企业预计于2027年向北交所递交上市材料，于2029年前完成IPO。

瀚为科技的发展历程充分展示了一家具有前瞻性的科技企业如何通过不断的技术创新和市场拓展，在全球新能源领域稳步前行，同时其对可持续发展和社会责任的承诺也使其成为在全球能源转型中扮演关键角色的领导者。

2. 商业模式与技术创新

瀚为科技的核心业务为工商业、电力系统、轨道交通等多个应用场景下的客户提供本征安全、更低成本、更高效率的储能解决方案和服务。瀚为科技研发的多项技术创新实现行业瓶颈突破，水系电解液技术成就更稳定安全的储能方案，新型黏结剂配方提供超高电容量保持率，新型电极材料突破能量密度瓶颈，先进电解液配方助力高稳定、高效率循环。特别值得注意的是，瀚为科技自主研发生产的水系锌离子电池系列产品采用了独特的水系电解液技术，具有不可燃、不可爆的特点，做到了本征性安全及环保。同时，该产品支持高倍率充放电，且具有超长寿命的独特优势。第一，高功率密度：等体积下拥有更强大的性能；短时间内爆发更多的能量；第二，高倍率放电：产品可高达 40C 倍率充放电性能；第三，长循环寿命：高倍率循环寿命可达 10 000 次；第四，高安全性：高安全性材料配方，智能温控系统双重保险。该技术经中国电池工业协会认定，以陈军院士为主任委员的鉴定委员会认为该技术总体已达到国际先进水平，部分核心技术指标达到国际领先水平。

瀚为科技自研全新的电池技术路径，其安全、可靠、环保，能够填补当前特定应用场景下的储能技术空白。该技术的核心应用场景主要为工商业配储、绿色能源交通、电力系统、数据中心配套储能、工业设备电气化等大功率储能场景。第一，工商业配储：可用于工商业用电的削峰填谷和变压器增容，配合分布式光伏，实现园区低碳化，也可在数据中心或基站做"UPS+储能"一体化，做应急电源在提供应急电源的同时，通过利用电力峰谷价差进行套利，以降低整体用电成本。以节约电费。第二，绿色能源交通：支持地上/地下交通场景中的储能应用，包括充电桩扩容、光储充一体化的碳车站、轨道交通动能回收系统、通信电源和工程车辆等，旨在探索并建立城市轨道交通和能源融合系统低碳韧性发展的新模式。第三，电力系统：水系电池十分适用于电力系统中调峰调频等功能，能有效解决不断上升的可再生能源占比带来的波动和间歇等电能质量问题，保障电力系统安全稳定运行。第四，数据中心配套储能：高功率、本质性安全 UPS 系统尤其适用于与数据中心达成配套储能需求。第五，工业设备电气化：电芯技术可应用于碳中和背景下的工业设备电气化，专注于工程车辆、船舶、潜艇和无人机等产品的电气替代方案。

3.当前的市场表现和未来发展计划

在市场推广方面，瀚为科技受到了国内外多家顶尖媒体的关注和报道，如央视《新闻联播》、腾讯新闻、搜狐新闻等。这些报道突出了公司在新能源储能领域的技术创新实力，成功树立了其作为行业引领者的品牌形象。与红杉中国、真格基金、牛津大学、伦敦大学学院等国内外顶尖高校和投资机构的合作，展示了瀚为科技在产业与学术界的深度融合，及其在全球能源领域的显著影响力。

同时，瀚为科技已与电力系统（如国家电投、南方电网、国家能源集团）、多地轨道交通集团等央国企、多家高耗能行业的头部上市公司达成战略合作关系或意向，同时在地下储能、轨交再生制动能量回收、电力调峰调频、工商业储能、充电桩增容等应用场景上同步推进，根据不同场景下的客户需求分别打造了数个百千瓦至数兆瓦级的商业化示范项目，在各个场景下均形成了标准化可交付产品。公司产品解决了多类场景一直以来面临的痛点、难点，更是以质量与服务获得了广大客户的认可，截至当前，公司已获得产品订单与签约意向协议额超 2 亿元。瀚为科技采用合同加工外包（CMO）模式，与多家行业内头部电芯/集成厂商达成战略合作，委托进行水系方壳电芯规模化生产以及大型系统集成，可确保订单生产按时按质完成交付。

目前，瀚为科技拥有全球首条百兆瓦级先进水系电池自动化研发生产线，产能规模达百兆瓦，研发人员 80 余人，是全国唯一具有方壳级水系电芯生产能力的产线，为技术转移做前期铺垫。在产线规划中，5 吉瓦（GW）全自动先进高倍率电池生产基地已开工建设，将进一步奠定瀚为科技在该行业的绝对领先地位。该生产线预计 2026 年完成一期建设，2028 年整体建成。整体投入超 10 亿元人民币，占地 107 亩，园区总面积达 12 万平方米，含固资投入约 7.3 亿元人民币。该项目将分为多期，每一期项目可独立运行数条电芯生产线与储能系统组装生产线，该工厂的建设将在未来的 10 年内创造超百亿元人民币的经济效益。建成后将成为深化科技与产业融合、推动全球能源结构持续创新和优化、引领行业向前迈进的高效助推器。

在未来的发展蓝图中，瀚为科技正在布局全球化产业，特别是在美国、英国、阿联酋等国的市场加速扩张。公司计划在储能市场进行大规模产品布局和快速提升新能源储能产品的制造能力。其计划建设的超级电池工厂预计在未来 20 年内为公司创造数亿元人民币的经济收益，并成为推动科技与产业深度融合、持续创新和优化全球能源结构、引领行业发展的助推器。

在全球能源格局经历深刻变革的当下，浙江瀚为科技有限公司凭借其在电池技术领域的深厚积累，正在成为推动能源革新的关键力量。作为一家集研发、生产与销售于一体的高新技术企业，瀚为科技始终围绕高标准和高效率的企业核心发展理念，旨在为全球提供节能减排解决方案及一体化服务；通过产品及服务，帮助客户实现"低碳"目标，助推全社会步入碳中和时代。

参考文献

[1] UK Government (2008). Climate Change Act 2008. Available at: [https://www.legislation.gov.uk/ukpga/2008/27/contents] (https://www.legislation.gov.uk/ukpga/2008/27/contents) (Accessed: 29 May 2024).

[2] Commons Library (2021). UK's Climate Progress: the Committee on Climate Change's 2021 Progress Report. Available at: [https://commonslibrary.parliament.uk/research-briefings/cbp-8934/] (https://commonslibrary.parliament.uk/research-briefings/cbp-8934/) (Accessed: 29 May 2024).

[3] Fankhauser, S., Averchenkova, A. and Finnegan, J. (2018). 10 years of the UK Climate Change Act. Grantham Research Institute on Climate Change and the Environment, LSE. Available at: [https://www.lse.ac.uk/granthaminstitute/wp-content/uploads/2018/04/10-

years-of-UK-Climate-Change-Act-Summary-Policy-Brief.pdf] (https://www.lse.ac.uk/granthaminstitute/wp-content/uploads/2018/04/10-years-of-UK-Climate-Change-Act-Summary-Policy-Brief.pdf) (Accessed: 29 May 2024).

[4] Lee, A. (2013). "Welcome To The Unicorn Club: Learning From Billion-Dollar Startups," TechCrunch. Available at: [https://techcrunch.com/2013/11/02/welcome-to-the-unicorn-club/] (https://techcrunch.com/2013/11/02/welcome-to-the-unicorn-club/) (Accessed: 29 May 2024).

[5] Beauhurst (2024). Top 10 Green Energy Companies in the UK. Available at: [https://www.beauhurst.com/research/top-10-green-energy-companies-in-the-uk] (https://www.beauhurst.com/research/top-10-green-energy-companies-in-the-uk) (Accessed: 29 May 2024).

[6] Failory (2024). The 49 Unicorns Founded in United Kingdom. Available at: [https://www.failory.com/startups/unicorns-uk] (https://www.failory.com/startups/unicorns-uk) (Accessed: 29 May 2024).

第六章

英国独角兽企业的政策保障

第六章 英国独角兽企业的政策保障

英国政府出台的多重战略计划以发展英国经济为目标，而独角兽企业对于英国经济起着至关重要的作用。一项英国工业联合会（Confederation of British Industry）的调查显示，独角兽企业或有潜力发展为独角兽的高增长初创企业对英国国内生产总值的整体贡献约为1.1%、创造了2.3%的就业岗位，成为英国经济发展的重要动因[①]。因此，作为驱动英国国家经济增长的重要因素，这些企业直接或间接地受到各政府部门的政策支持。

同时，英国独角兽企业往往以创新与科技等主题为核心[②]，它们获得的政策保障与科技创新方面的政策并行。英国政府为科技创新的成功确定了三大引擎：首先是培养能够应对未来挑战的关键技能；其次是为初创企业提供有利于其发展的良好环境；最后是建立一个支持创新并增强长期商业信心的监管框架[③]。本章深入探讨英国政府为独角兽企业的形成和发展提供的政策保障，内容将覆盖"三大引擎"相关政策，分析英国政府为独角兽企业提供的多层次政策支持并详细讨论法律和监管框架、税收优惠与财政支持以及孵化器、加速器等具体内容。

---

① 参见：https://www.cbi.org.uk/articles/decacorns-unicorns-and-soonicorns/。

② 参见：https://www.cbi.org.uk/articles/decacorns-unicorns-and-soonicorns/。

③ 参见：https://science-tech-superpower.campaign.gov.uk/。

第一节　政府支持政策分析

近年来，英国政府正逐渐增加对科技创新的重视，2023年2月，英国首相创立了科学、创新和技术部（Department for Science, Innovation and Technology），其主要目标为推动创新以促进经济增长①，许多针对独角兽企业的政策由其实施。2023年3月，英国首相与科技大臣推出了旨在到2030年将英国打造成全球科技和创新超级大国的计划，计划将发起一系列推动科技发展的项目②。这些政策框架可以为独角兽企业提供一个稳定且有利的运营环境，以加速独角兽企业的形成与发展（Kenney和Zysman，2019）。

分析各级政府对独角兽企业的支持政策可以更全面地理解独角兽企业的发展背景和方向，以及这些企业如何与更广泛的经济和政策环境相互作用。本节将介绍英国各级政府对支持和培养独角兽企业的重点政策。其中，中央政府（The Central Government）是英国最高级别的政府；它由首相领导，负责全国性的政策和行政事务。地区政府（Regional Governments）为苏格兰、威尔士和北爱尔兰三个地区的政府，负责各自辖区内的事务和政策。地方政府（Local Governments）负责管理较小的

---

① 参见：https://www.gov.uk/government/organisations/department-for-science-innovation-and-technology/about。

② 参见：https://www.gov.uk/government/news/plan-to-forge-a-better-britain-through-science-and-technology-unveiled。

行政区域，其主要职责是为当地社区的正常运作和发展提供公共服务。

一、中央政府

英国中央政府一直对于将英国打造为全球领先的科技强国展现出坚定的目标和决心[①]，并通过一系列措施支持独角兽企业的成长。

（一）融资支持

为鼓励个人投资者对较小型且被视为高风险的企业进行投资，英国政府自1995年起已推出了三种投资计划：种子企业投资计划（Seed Enterprise Investment Schemes）、企业投资计划（Enterprise Investment Schemes）和风险投资信托基金（Venture Capital Trusts）[②]。这些计划为投资者提供了丰厚的税收优惠，旨在吸引投资者向这些企业注资并促进中小型创新型企业的成长。表6-1展示了三种投资计划的对比情况，主要列出了各计划对投资对象的要求、对投资者的具体税收减免、投资限额以及持有期限的要求。

表6-1 三种投资计划对比

计划	种子企业投资计划	企业投资计划	风险投资信托基金
投资对象	非常早期的初创企业	稍微成熟的中小企业	未上市的高增长企业
投资对象资产要求	投资前总资产不超过350 000英镑	投资前总资产不超过15 000 000英镑，投资后总资产不超过16 000 000英镑	不适用

[①] 参见：https://assets.publishing.service.gov.uk/media/6549fcb23ff5770013a88131/independent_review_of_university_spin-out_companies.pdf。

[②] 参见：https://www.gov.uk/guidance/venture-capital-schemes-tax-relief-for-investors。

续表

计划	种子企业投资计划	企业投资计划	风险投资信托基金
税收减免	50%的所得税减免，资本利得税减免50%	30%的所得税减免，资本利得税延期	30%的所得税减免，股息免税
投资限额	每年最多投资100 000英镑	每年最多投资1 000 000英镑，知识密集型企业可达2 000 000英镑	每年最多投资200 000英镑
持有期	至少3年	至少3年	至少5年

根据对投资对象的要求可以看出，种子企业投资计划和企业投资计划的重点对象集中在处于发展初期的企业，有助于加速中小型企业发展为独角兽企业，进入独角兽阶段后的企业可以受益于风险投资信托基金计划。

英国有大约10家独角兽企业在发展过程中或现阶段的融资主要来自企业投资计划或风险投资信托基金的支持[①]；其中，多家独角兽企业目前仍为风险投资信托基金投资组合中的重要持股企业，因此信托基金股东将对这些企业具有一定的投资敞口。为持续鼓励投资者对高速增长企业进行长期投资，英国财政大臣于2023年将企业投资计划和风险投资信托基金的期限延长至2035年[②]，潜在和现有的独角兽企业将因此持续获得这些计划带来的投资增长。

此外，英国科技部于2024年发起了名为"科技是我们的超级力量"（Science and Tech is our superpower）的宣传活动[③]，以提升英国科技类独角兽企业的形象。这项活动通过播客广告、广告牌等宣传手段，在英国

---

① 参见：https://www.wealthclub.co.uk/articles/vct-reviews/vct-eis-tech-unicorns/。

② 参见：https://www.gov.uk/government/publications/extension-of-the-enterprise-investment-scheme-and-venture-capital-trust-scheme。

③ 参见：https://www.gov.uk/government/news/british-investors-targeted-in-first-government-advertising-push-for-scale-up-boost。

主要的金融中心投资者办公地点附近及重要交通枢纽处展示英国的科技公司，以吸引更多投资者关注英国本土的投资机会、加强对投资计划的参与、确保独角兽企业获得充足的资金，避免让有前途的独角兽企业向国际竞争对手寻求资金①。

由英国财政大臣于 2023 年推出的市长官邸改革（Mansion House reforms）则鼓励以养老金市场为主的机构投资者对包括独角兽企业在内的高速增长企业进行投资。该改革调整了养老金市场的投资策略，通过契约承诺英国多家大型固定缴纳养老金企业在 2030 年前将至少 5% 的默认基金分配给未上市企业②。这一措施将显著增加独角兽企业的可用资本，提高了独角兽企业的融资流动性（Pozzoli 等，2022）。市长官邸改革还宣布将于 2024 年底通过伦敦证券交易所新设"间歇式交易场所"（Intermittent Trading Venue），以提高私人企业在公开上市前进入资本市场的机会③。"间歇式交易场所"将允许私人企业定期为新股东和现有股东提供受控且高效的公开交易功能。私人企业可以提前通知市场其开放公共交易的日期，并提供相关披露文件；在指定的交易窗口期间，这些企业将使用公共市场基础设施进行交易，随后在交易窗口结束后恢复为私人企业④。这一机制为独角兽企业提供了灵活的融资工具，帮助其在独角兽阶段获得更强的资本支持（Mantecon 和 Poon，2009），同时弥补了现有针对小型企业的投资计划在独角兽企业支持方面的不足。

---

① 参见：https://www.gov.uk/government/news/british-investors-targeted-in-first-government-advertising-push-for-scale-up-boost。
② 参见：https://www.gov.uk/government/collections/mansion-house-2023。
③ 参见：https://www.gov.uk/government/collections/mansion-house-2023。
④ 参见：https://www.marketsmedia.com/lseg-awaiting-regulatory-approval-of-intermittent-trading-venue/。

技术与科学长期投资计划（Long-term Investment For Technology and Science Initiative）为另一项鼓励机构投资者投资的计划，主要惠及科技类独角兽企业[1]。该计划通过新的投资工具，将以固定缴纳养老金为主的机构投资者聚集到英国最具创新性的科技公司，并促进英国风险投资体系的发展[2]。

（二）人才和技术支持

移民政策方面，英国政府推出了快速成长企业工作签证（Scale-up Worker Visa），即为独角兽企业或其他高速成长企业引进高技能国际人才而设立的一种特殊签证。该签证旨在帮助这些企业在成长过程中获取必要的人才支持、填补技术缺口，以保持其快速发展的势头。表6-2展示了该工作签证申请的具体要求。

表6-2 快速成长企业工作签证的具体要求[3]

要求	详细说明
确认工作机会	申请人必须获得符合条件的快速成长企业的确认工作机会，并在该企业工作至少6个月
职业列表和薪资要求	工作职位必须在符合资格的职业列表上，且薪资需达到年薪33 000英镑以上
英语水平证明	申请人需证明具备一定的英语水平，通常需要通过指定的英语语言测试来证明

同时，快速成长企业工作签证提供了多种优惠和便利，允许持有者在英国进行学习、携带配偶或子女、从事额外的工作，甚至可以选择自

---

[1] 参见：https://www.gov.uk/government/consultations/long-term-investment-for-technology-and-science-lifts-initiative-request-for-feedback。

[2] 参见：https://www.gov.uk/government/consultations/long-term-investment-for-technology-and-science-lifts-initiative-request-for-feedback。

[3] 参见：https://www.gov.uk/scale-up-worker-visa。

主创业。因此，该签证对于英国独角兽企业在"脱欧"后的环境中吸引高技能国际人才起着重要作用。

英国本土人才培养和技术发展也受到英国政府的高度重视，现有多种措施来推动这一目标的实现。为了填补各个层次的技术缺口、确保数字技能得到提升，英国政府成立了数字技能委员会（Digital Skills Council）；委员会直接与雇主合作，投资于企业培训项目以提升员工的数字技能水平[1]。对于英国高等院校，政府设立多种研究奖金以支持研究成果的商业化，确保英国独角兽企业可以获得数据科学、人工智能等方面的先进人才和技术[2]。同时，政府还资助了1 000名人工智能博士生并设立了人工智能和数据科学硕士学位的奖学金[3]。2014—2017年，英国商业、能源与产业战略部投资了1 500万英镑，在诺丁汉、利物浦、布拉德福德和布里斯托尔建立了4个试点UEZ，帮助大学与地方企业发展合作伙伴关系、共享知识和创新[4]。这些政策不断提升英国人才的技能水平和扩大人才储备，为独角兽企业的未来发展奠定了基础。

对于由高等教育机构衍生出的企业（Spin-outs），即根据大学研究产生的知识产权建立的企业，英国政府也提供了更有针对性的政策以最大化利用人才和技术。2023年，科学、创新和技术部发表了一篇由牛津大学副校长艾琳·特蕾西（Irene Tracey）教授和剑桥创新资本的管理合伙

---

[1] 参见：https://www.gov.uk/government/news/new-digital-strategy-to-make-uk-a-global-tech-superpower。

[2] 参见：https://www.gov.uk/government/news/new-digital-strategy-to-make-uk-a-global-tech-superpower。

[3] 参见：https://www.gov.uk/government/publications/uks-digital-strategy/uk-digital-strategy。

[4] 参见：https://www.ukri.org/what-we-do/browse-our-areas-of-investment-and-support/university-enterprise-zones/。

人安德鲁·威廉姆森（Andrew Williamson）博士提交的关于英国大学衍生企业的独立评审报告，并发布了对报告的回应、制定了详细的政策实施计划①。政府采纳报告建议，将通过英国研究与创新署确保其资助的所有博士生都有机会参加高质量的创业培训课程，并在当地的大学衍生企业或风险投资公司进行实习。这些措施在推动英国学术界的高质量研究成果商业化之余，也为独角兽企业提供了人才支持。

二、地区政府

除了中央政府外，苏格兰、威尔士和北爱尔兰的地区政府也为当地初创企业和独角兽企业提供资源和本地化的支持策略，其主要方式除了给予资金支持外还包括设立加速中心或创新中心、提供咨询服务等，为独角兽企业的成长提供了坚实的基础。

例如苏格兰地区政府为建立科技生态系统投资了6 000万英镑②，并投资500万英镑为初创企业提供端到端的融资、人才、高校科研等方面③。自2022年起，苏格兰政府建立了7个科技加速中心，以帮助初创企业和高增长企业建立互助和沟通的渠道、提供硅谷创业者最佳实践方面的专家建议和指导④。2024年，苏格兰承诺在机器人和空间技术等领域建

---

① 参见：https://assets.publishing.service.gov.uk/media/655e0bf7046ed400148b9e34/independent_review_of_university_spin-out_companies_government_response.pdf。
② 参见：https://www.uktech.news/partnership/regional-spotlight-scotland-tech-hub-20221220。
③ 参见：https://www.gov.scot/news/support-for-start-up-businesses/。
④ 参见：https://www.gov.scot/news/inspiring-a-new-generation-of-tech-entrepreneurs/。

立5个新的创新中心①，这些领域与苏格兰现有的独角兽企业所在的领域高度相关，为它们提供了重要的发展平台。

威尔士地区政府在资金支持方面，为面临困难的创业者提供2 000英镑的补助金，以支持小型企业的存活和成长②。另外，威尔士政府新建了网络创新中心③，可为威尔士现有的金融科技领域独角兽企业提供融资和人才与技术方面的支持。此外，威尔士政府还推出了"商业威尔士"（Business Wales）服务，提供业务规划和财务预测、品牌营销、法律法规等多方面的创业支持④。

北爱尔兰地区政府则通过北爱尔兰经济发展署为该地区的中小企业提供融资支持和建议指导，帮助企业在全球市场中竞争并实现增长。另外，该地区政府推出了"去成功"（Go Succeed）平台，为初创企业提供量身定制的指导⑤。这些措施均旨在为北爱尔兰培养未来的独角兽企业。

这些地区性的举措，为发展初期的企业的生存发展和独角兽企业的进一步壮大提供了丰富的资源和坚实的平台。

三、地方政府

英国各地方政府在支持独角兽企业方面也发挥了作用，它们的政策一

---

① 参见：https://www.gov.uk/government/news/scotlands-future-unicorns-thrive-after-decade-of-tech-success。

② 参见：https://www.ncass.org.uk/news/welsh-government-pushes-barriers-to-start-up-grant/。

③ 参见：https://www.gov.wales/new-innovation-hub-to-support-wales-become-a-global-leader-in-cyber-security。

④ 参见：https://businesswales.gov.wales/campaigns/。

⑤ 参见：https://go-succeed.com。

般广泛地适用于高增长企业或科技创新的发展，并在这一政策框架中惠及独角兽企业。其中，主要的支持政策包括创新中心、创业指导、区域合作以及在相关发展战略中进行相应的配套设施，如基础设施的建设与优化。

对于高增长企业较为集中和拥有著名高等教育机构的城市，地方政府的作用更为显著。以剑桥市为例，该市政府于2023年通过剑桥大学主导推出新的本土创新战略，对独角兽企业的发展起支持作用。这一战略的核心为"创新剑桥"（Innovate Cambridge）创新中心，由剑桥市议会、剑桥郡议会、剑桥大学、剑桥创新资本、阿斯利康、微软等200家机构支持，将推动当地科技创新生态系统的完善[①]。其中，地方政府主要起到整体规划及领导作用，通过解决交通、住房等问题，使企业、创新创业者从剑桥的创新环境中获益，这类措施对独角兽企业的作用虽然较为间接，但也有助于构建全方位的支持。

地方政府许多的商业指导服务主要通过与专业机构的合作来实现。以牛津市为例，牛津市政府通过牛津郡地方企业伙伴关系（Oxfordshire LEP）为中小企业提供商业培训指导[②]。另外，牛津的向往企业发展计划（Aspire Enterprise Development Programme）则为面临创业困难的人士提供密集的专业支持[③]。

英国地方政府的一系列措施为本地独角兽企业的形成创造了有利的生态系统，并且通过伦敦、剑桥、牛津构成的"金三角"区域将资源进行联通[④]，为更多英国独角兽企业的运作和发展打造了完善的支持体系。

---

① 参见：https://www.cam.ac.uk/news/strategy-unveiled-to-boost-innovation-in-cambridge。
② 参见：https://www.oxford.gov.uk/support-business/business-advice。
③ 参见：https://aspireoxfordshirecommunityente.eu.rit.org.uk/enterprise-development-programme。
④ 参见：https://www.bidwells.co.uk/insights-reports-events/what-is-the-golden-triangle/。

第二节　法律和监管框架

英国政府自从 2020 年脱离欧盟以来，致力于修改和完善其法律法规和监管环境，使其更符合英国人民及英国企业的利益[①]。以此为基础，英国政府出台了以支持经济增长和科技创新为目标的"明智监管"（Smart Regulation）政策文件，并制定了 5 项新的监管原则：掌握管理方法主权、走在前沿、适度性、行之有效以及引领国内和全球的高标准[②]。

高效的法律框架、争议解决机制、较简洁的创业程序以及知识产权保护系统等因素，都与独角兽企业的成功有正相关关系（Bala Subrahmanya，2022）。这些法律和监管框架为独角兽企业提供了一系列保障和指导，本节将深入探讨它们如何塑造、促进英国独角兽企业的形成和发展。

一、法律法规

法律法规是由政府正式制定并通过的法律文本，具有强制性和普遍适用性，违反则可能要承担法律责任或接受处罚。法律方面，有多项具

[①] 参见：https://www.gov.uk/government/publications/smarter-regulation-to-grow-the-economy/smarter-regulation-to-grow-the-economy。

[②] 参见：https://assets.publishing.service.gov.uk/media/620a791d8fa8f54915f4369e/benefits-of-brexit.pdf。

体条款对独角兽企业的发展起到了积极的作用,帮助它们在竞争激烈的市场环境中立足并实现可持续发展。这些法律条款主要包括公司治理与法律责任、环境保护和社会责任、技术创新与知识产权保护以及消费者保护等方面。

(一)公司治理与法律责任

独角兽企业与其他所有注册的英国企业一样,需遵循《公司法》(Companies Act 2006),这为独角兽企业提供了注册、治理结构、财务报告等方面的基本法律框架[1]。

独角兽企业需遵循公司法下的董事职责和股东权利。董事必须遵守法定的董事职责,如尽职尽责、促进企业成功、行使独立判断、避免利益冲突等[2]。对于独角兽企业来说,这些义务可具体要求在企业决策中对长期利益发展进行考虑,比如鉴于许多独角兽企业属于高科技行业,法律要求董事需评估和决定对新技术的投资,以确保公司能在行业竞争中保持领先。

同时,股东作为公司的所有者,享有一系列权利,以确保他们的投资受到保护,包括投票权、股利权(按照其持股比例获得公司分配的利润)、信息权(获取公司的财务报表和经营状况,以便对公司的管理和财务健康状况进行监督)以及召集特别股东大会的权利[3]。

除英国《公司法》外,英国独角兽企业还需要遵循《现代反奴隶制法案 2015》(Modern Slavery Act 2015)[4]。该法案要求年营业额超过 3 600

---

[1] 参见:https://www.legislation.gov.uk/ukpga/2006/46/pdfs/ukpga_20060046_en.pdf。
[2] 参见:https://iclg.com/practice-areas/corporate-governance-laws-and-regulations/united-kingdom。
[3] 参见:https://iclg.com/practice-areas/corporate-governance-laws-and-regulations/united-kingdom。
[4] 参见:https://www.gov.uk/government/collections/modern-slavery-bill。

万英镑的企业必须每年发布一份现代奴隶制透明度声明，说明企业为防止供应链和业务中的现代奴隶制所采取的措施[①]。

以上的基本企业法律框架为独角兽企业提供了清晰的设立、运营和管理路径，确保企业在合法合规的基础上进行运营，降低法律风险，增强企业治理的透明度和效率。通过严格遵守这一方面的法律要求，独角兽企业不仅能够规范自身的运营和管理，还能在市场竞争中提升企业形象和信誉。

（二）环境保护和社会责任

英国独角兽企业除了在公司治理方面外，也受一系列环境及社会责任方面的法律法规约束。独角兽企业应将改革战略整合到其核心业务中，确保从企业治理到运营各方面都体现出对环境和社会责任的承诺，这对于企业长期的竞争力和公众形象均有深远影响。在英国政府对2050年实现碳中和的"净零战略"（Net Zero Strategy）[②]的支持下，存在许多政府子部门的"净零援助政策"[③]。例如《清洁空气法》（Clean Air Act）要求所有企业，特别是制造、能源或化工领域的企业，遵守严格的空气质量标准以减少环境污染[④]。

社会责任方面，《平等法》（Equality Act 2010）确保企业在招聘、晋升及职场环境中禁止基于种族、性别、年龄等因素的歧视，保障了员工

---

① 参见：https://www.gov.uk/government/collections/modern-slavery-bill。
② 参见：https://www.gov.uk/government/publications/net-zero-strategy。
③ 参见：https://assets.publishing.service.gov.uk/media/6569cb331104cf000dfa7352/net-zero-government-emissions-roadmap.pdf。
④ 参见：https://www.legislation.gov.uk/ukpga/1993/11/contents。

的平等权利①。

将环境保护和社会责任战略融入企业核心业务对于独角兽企业实现可持续发展十分关键。环境方面的法律法规推动企业进行可持续发展，提升企业社会责任形象，同时也开辟了绿色技术创新的广阔市场。社会责任方面的法律法规不仅能增加就业机会，还能提升企业的多样性和包容性。比如确保女性在招聘和晋升中享有平等的机会这一举措不仅能吸引和留住更多的女性人才，还能激发企业内部的创新和创意；性别多样性也有助于提升企业绩效和决策质量（Tamvada，2020）。这些法律法规与企业之间存在反馈机制，能够不断与管理实践互相影响并改进。通过定期审查和报告平等法的执行情况，企业可以发现并解决潜在的问题，确保其政策和实践符合最新的法律要求和社会期望。

（三）技术创新与知识产权保护

英国的独角兽企业在技术创新和知识产权保护方面面临着一系列法律要求。特别是在数据保护和隐私领域，法律的要求尤为严格，对企业的运营和战略规划具有重要影响。

对于依赖大数据、人工智能和其他先进技术进行运营的独角兽企业而言，数据保护法不仅是法律要求，而且是商业成功的重要保障。《数据保护法》（Data Protection Act 2018）②是欧盟的通用数据保护条例（General Data Protection Regulation）在英国的实施，为这一领域的关键法律框架。法规要求企业在收集、存储和处理个人数据时必须遵循严格的法律要求，例如数据最小化、数据加密以及用户的知情同意等，且对更敏感的信息

---

① 参见：https://www.gov.uk/guidance/equality-act-2010-guidance。
② 参见：https://www.gov.uk/data-protection。

有更强的法律保护要求①。由于独角兽企业通常涉及创新的商业模式和技术，它们往往建立在处理大量用户数据的基础上，需要注意透明性与用户同意、数据安全以及跨境数据传输等方面的具体要求；这确保了独角兽企业在处理客户和用户数据时的安全性和合规性，提升了消费者的信任，可以促进企业的业务发展。

除了数据保护，知识产权保护方面的法律法规也与独角兽企业高度相关。《专利法》（Patents Act 1977）②和《商标法》（Trade Marks Act 1994）③等法律为独角兽企业提供了保护其创新成果的法律工具。《专利法》通过专利登记，企业可以防止核心技术被非法使用和复制，从而保持其技术优势，在市场公平竞争。英国的专利法律涵盖了专利家族（Patent Family）④，它是通过早期优先申请相互关联的一组专利，允许发明者通过单一的国际专利申请在多个国家申请专利保护，从而简化了流程、提高了效率、确保企业创新成果在全球范围内得到有效保护。这对于依赖技术创新的独角兽企业尤其重要，因为这类企业的竞争力很大程度上取决于其独特的技术和创新能力。因此，这些法律为独角兽企业提供了强有力的保障，确保其创新成果得到有效保护。

整体上，知识产权保护法律使得独角兽企业能够安全地开发和推出新技术和产品，而无须担心知识产权被侵害。然而，该法律对于独角兽企业也有其挑战之处。例如申请和维护专利的成本较高，尤其是在复杂

---

① 参见：https://www.gov.uk/data-protection。
② 参见：https://www.gov.uk/government/publications/the-patents-act-1977。
③ 参见：https://www.gov.uk/government/publications/trade-marks-act-1994。
④ 参见：https://assets.publishing.service.gov.uk/media/5a7479caed915d0e8bf18983/The_Patents_Guide_2nd_edition.pdf。

的专利案件中，成本可能高达75万—150万英镑[①]，这对小型和新兴企业来说可能是一个负担。这种高成本可能会抑制一些企业申请专利的意愿，从而影响其创新能力和市场竞争力。

（四）消费者权益保护

对于英国的独角兽企业的运营，有关消费者权利和保护措施的法律框架也十分重要。在英国，消费者权利主要由《消费者权利法》（Consumer Rights Act 2015）和相关的欧盟指令进行规范[②]。这些法律为消费者提供了商品和服务质量的基本保障，包括商品的质量、合适性和符合描述等方面的要求；独角兽企业必须确保其条款和条件清楚且公正，不得利用任何可能被视为不公平的合同条款来限制消费者的法定权利[③]。

通过严格遵守这些法律，企业能提供全面的消费者保护，使得消费者在选择独角兽企业时有更高的信任度，从而实现长期的经济和社会效益[④]。

二、监管环境

监管环境侧重于具体的执行和监督，通常由政府指定的监管机构负责实施。监管机构制定具体的指导方针、规则和程序，以确保法律法规

[①] 参见：https://iclg.com/practice-areas/patents-laws-and-regulations/united-kingdom。

[②] 参见：https://www.gov.uk/government/publications/consumer-rights-act-2015/consumer-rights-act-2015。

[③] 参见：https://www.gov.uk/government/publications/consumer-rights-act-2015/consumer-rights-act-2015。

[④] 参见：https://www.pinsentmasons.com/out-law/guides/the-consumer-rights-act-consolidating-uk-consumer-protection-laws。

得到有效执行。英国总体的监管原则和策略强调在监管措施中兼顾经济增长和技术创新，以推动英国经济增长和国际竞争力；政府以此为目标，强调需要减少不必要的监管负担①，在原则上优先对企业设置标准或进行指导而非直接监管，并要求各部门在各种情况下对非监管选项进行彻底考虑②。因此，英国独角兽企业所面临的整体监管环境兼具完善性和灵活性；其中，资本市场、金融服务、环境、社会及治理，以及科技创新等方面与独角兽企业尤为相关。

（一）资本市场监管

英国独角兽企业自身需遵循《资本要求法规》（Capital Requirements Regulation，CRR），满足资本充足率要求，即维持充足水平的资本以覆盖经营中的市场风险、信用风险和操作风险等风险敞口③。同时，企业须符合特定的杠杆比例要求，以限制其总债务与总资本的比率，并建立和维护一套有效的风险管理体系和内部控制机制④。

英国独角兽企业常见的融资方式如天使投资（Angel Investment）、风险资本投资（Venture Capital Investment）、私募股权投资（Private Equity Investment）均受到英国金融行为监管局的监管，该监管框架确保所有涉及风险资本的活动都符合高标准的透明度和合规性要求。对于天使投资，投资人和被投企业需符合反洗钱（Anti-money Laundering）和"了解

---

① 参见：https://assets.publishing.service.gov.uk/media/664c8e09b7249a4c6e9d38a3/smarter-regulation-delivering-a-regulatory-environment-for-innovation-investment-and-growth.pdf。

② 参见：https://www.gov.uk/government/publications/smarter-regulation-to-grow-the-economy/smarter-regulation-to-grow-the-economy。

③ 参见：https://www.legislation.gov.uk/uksi/2013/3115/contents。

④ 参见：https://www.legislation.gov.uk/ukdsi/2021/9780348225846/contents。

你的客户"（Know Your Customer）等规定①。风险资本融资通常由专业风险资本基金管理，其监管环境比天使投资更为严格，需遵守欧洲风险资本基金规则（European Venture Capital Funds）②。风险资本的投资活动需遵循透明度和披露义务要求，提供详细的财务信息和风险因素，以确保资本运作的公正性③。使用私募股权进行融资的披露义务更为严格。在英国，私募股权基金受2013年《另类投资基金经理条例》的监管，并大多自愿遵守《私募股权披露与透明度指南》（Walker Guidelines）的行为准则。私募股权支持的独角兽企业需要定期发布年度报告和半年度的发展情况概要，披露其财务状况、风险管理目标和政策、业务发展，以及任何重大的业务调整④。此外，私募股权基金和被投企业需定期接受监管审查，以确保其持续符合所有监管要求⑤。这些监管要求为独角兽企业相关资本运作的公正性和透明度提供了保障。

风投贷款成为独角兽企业融资的新途径之一。目前英国关于风投贷款的监管框架仍处于发展初期，这一环境为独角兽企业的融资带来了不确定性和潜在的障碍。根据《巴塞尔协议Ⅲ》，风投贷款的风险权重通常很高，因此英国银行面临着相对较高的监管成本⑥。另外，英国审慎监管局（prudential Regulation Authority）的"围栏"（Ring-Fencing）要求银

---

① 参见：https://guidehouse.com/insights/financial-crimes/2022/aml-investment-advisors/anti-money-laundering-rule-for-investment-advisors。

② 参见：https://www.legislation.gov.uk/uksi/2019/333/made/data.pdf。

③ 参见：https://www.handbook.fca.org.uk/instrument/2023/FCA_2023_32.pdf。

④ 参见：https://www.privateequityreportinggroup.co.uk/Portals/0/Documents/About%20the%20Guidelines/Walker-Guidelines-November-2007.pdf?ver=2019-10-29-171241-380&timestamp=1572369234454。

⑤ 参见：https://www.privateequityreportinggroup.co.uk/Portals/0/Documents/About%20the%20Guidelines/Walker-Guidelines-November-2007.pdf?ver=2019-10-29-171241-380&timestamp=1572369234454。

⑥ 参见：https://www.scaleupinstitute.org.uk/wp-content/uploads/2019/11/Scale-up-UK_Growing-Businesses_Growing-our-Economy.pdf。

行将日常零售银行业务与高风险的投资银行业务分开，从而保护投资者资金安全[①]。英国银行必须界定哪些活动在"围栏"之内和之外。就通常由投资银行部门提供的风投贷款而言，因为这些服务可能被划分在围栏的外部[②]，这可能会使独角兽企业的融资选择受到围栏隔离规则的限制。

对于准备上市的独角兽企业，英国金融行为监管局对其上市规则进行了修改，放宽了具有双级股票结构的企业，即企业创始人具有更大投票权的企业，在优质板块上市的资格规则[③]，以鼓励独角兽企业创始人将企业在伦敦证券交易所上市。

英国多样化的融资方式和严格且全面的监管框架，可以满足企业各发展阶段的资金需求，同时提高了市场透明度和投资者的信任，从而实现经济和社会效益的双赢局面。

（二）金融服务监管

金融服务监管涵盖了对金融产品以及支付系统等方面的监管，其目标是确保金融服务市场的稳定性、透明度和对消费者的保护。英国金融服务监管机构致力于在履行更广泛职责的同时，适当关注和保障企业增长和竞争力。2023年出台的《金融服务和市场法》利用了英国"脱欧"后的政策自主权，使金融服务监管更加适应英国市场的需求，以促进英国企业的发展和整体经济增长[④]。

[①] 参见：https://www.gov.uk/government/publications/ring-fencing-information/ring-fencing-information。

[②] 参见：https://www.scaleupinstitute.org.uk/wp-content/uploads/2019/11/Scale-up-UK_Growing-Businesses_Growing-our-Economy.pdf。

[③] 参见：https://www.pwc.co.uk/services/risk/insights/trying-attract-unicorn-ipos-london-regulation-changes-make-difference.html。

[④] 参见：https://www.gov.uk/government/speeches/chancellor-jeremy-hunts-mansion-house-speech。

该法案要求金融行为监管局和审慎监管局不仅要确保金融系统的安全，还要促进英国经济的增长和提升国际竞争力，具体通过增强监管灵活性、加强国际协作、投资者保护等方面实现。法案通过撤销部分欧盟留存法规在保证监管严格程度的同时简化了监管框架，预计将释放1 000亿英镑的投资，意味着独角兽企业可以更容易地获得资本以促进其创新和业务拓展。监管改革也加强了与国际金融市场的协作和开放性，使英国的独角兽企业在国际市场获得更广泛的资源和客户。

同时，这一监管框架对于金融服务行业（如金融科技领域）参与者的独角兽企业的影响也尤为重要。英国有着开创性的、世界领先的金融市场监管沙盒，即一个提供新兴金融科技产品的实验机制，可允许企业在无需完全符合当前监管规定的环境下对新技术进行测试；这可以帮助金融科技类的独角兽企业降低成本、提高效率，并在保障金融稳定性的前提下促进区块链等技术在金融服务领域的应用[①]。图6-1展示了英国监管沙盒在常规监管环境中的运作机制。另外，监管机构已着手将稳定币纳入支付立法[②]，稳定币的法律框架可以推动相关领域的发展，如区块链技术、数字资产管理和金融科技服务，这些领域的发展将间接地为独角兽企业创造更多的技术支持和合作机会。

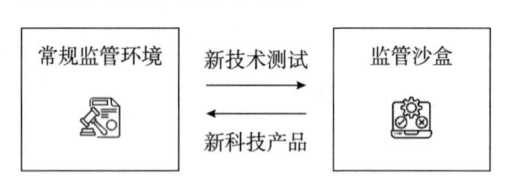

图6-1 监管沙盒运作机制

[①] 参见：https://www.parallelparliament.co.uk/bills/2022-23/financialservicesandmarkets/debates。

[②] 参见：https://www.bankofengland.co.uk/paper/2023/dp/regulatory-regime-for-systemic-payment-systems-using-stablecoins-and-related-service-providers。

（三）环境、社会及治理（ESG）监管

近年来，在英国政府的绿色金融战略[①]和"净零战略"下，英国大型私人企业在ESG报告制度方面所受到的监管要求正在提高[②]。比如在环境问题方面，英国政府根据2022年4月生效的《气候相关财务披露条例》（Climate-Related Financial Disclosure），要求大型私人企业就该条例的建议进行"遵守或解释"[③]，这些要求也在逐渐向中小企业传递。在社会及公司治理相关问题方面，英国独角兽企业所处的监管环境相比上市企业更为宽松，但存在非法定的最佳实践治理准则，如《英国公司治理法规》（UK Corporate Governance Code）[④]，许多私人企业自愿遵循这类ESG报告框架。研究显示，越来越多的消费者愿意为可持续产品支付更高的费用，企业在早期阶段就实施ESG策略并遵循监管要求，有助于吸引和留住客户，在市场竞争中占据优势（Kovacs 和 Keresztes，2022）。

ESG方面的监管也可被视为资本市场监管环境的一部分，通过对寻求融资的企业在ESG各方面的透明度进行要求来体现（Fisch，2019）。独角兽企业作为被投公司，与资本管理者的ESG监管要求间接相关。比如《与可持续性相关的披露条例》（Sustainability-Related Disclosure Regulation）要求另类投资基金经理需要就ESG因素如何被纳入投资决策和内部流程进行某些定期和合同前披露[⑤]。《分类条例》（Taxonomy Regulation）则帮助

[①] 参见：https://www.gov.uk/government/publications/green-finance-strategy/mobilising-green-investment-2023-green-finance-strategy-annexes。

[②] 参见：https://iclg.com/practice-areas/corporate-governance-laws-and-regulations/united-kingdom。

[③] 参见：https://assets.publishing.service.gov.uk/media/62138625d3bf7f4f05879a21/mandatory-climate-related-financial-disclosures-publicly-quoted-private-cos-llps.pdf。

[④] 参见：https://www.frc.org.uk/library/standards-codes-policy/corporate-governance/uk-corporate-governance-code/。

[⑤] 参见：https://www.skadden.com/insights/publications/2020/09/private-fund-managers-should-prepare。

投资者建立"绿色产品"的基准，主要基于减缓和适应气候变化、可持续利用和保护水资源、向循环经济过渡、污染预防和控制，以及保护和恢复生物多样性和生态系统等目标。投资必须对这些环境目标之一做出"重大贡献"才能被归类为"环境可持续的经济活动"[①]。因此，独角兽企业的 ESG 表现是投资者或收购者尽职调查过程中的关键，涉及领域包括能源效率、温室气体排放和碳管理、水和废水管理、劳工标准、商业道德、数据安全和隐私、人权、性别和多样性以及供应链管理等[②]。这一监管环境促使独角兽企业在 ESG 方面的表现符合投资策略，以满足吸引私募股权投资等资金的必要条件，因此将持续影响投资决策和估值，是独角兽企业实现市场竞争力和长期收益的关键因素[③]。

（四）科技创新监管

英国科技创新领域的监管环境具有前瞻性和支持性，以支持和促进高科技发展为核心，推出了多项措施以创建更为灵活的监管环境[④]。

这些措施包括前文提到的监管沙盒。监管沙盒是由英国信息专员办公室（Information Commissioner's Office）推出的免费服务，旨在支持正在创建创新产品和服务的企业。它提供了一个安全的测试环境，允许企业在市场推广前试验新技术[⑤]。这不仅帮助企业减少了创新初期的合规风

---

① 参见：https://kpmg.com/xx/en/home/insights/2023/01/the-uk-green-taxonomy.html。
② 参见：https://uk.practicallaw.thomsonreuters.com/4-500-5750?transitionType=Default&contextData=(sc.Default)&firstPage=true。
③ 参见：https://www.bain.com/insights/esg-investing-global-private-equity-report-2021/。
④ 参见：https://assets.publishing.service.gov.uk/media/664c8e09b7249a4c6e9d38a3/smarter-regulation-delivering-a-regulatory-environment-for-innovation-investment-and-growth.pdf。
⑤ 参见：https://ico.org.uk/for-organisations/advice-and-services/regulatory-sandbox/the-guide-to-the-sandbox/。

险，也为监管机构提供了评估和适应新技术的机会，确保技术发展同时保护用户隐私和数据安全。虽然监管沙盒最初主要用于金融科技领域，但已逐步扩展其重点关注领域至创新技术，如航空航天、生物信息科技等①。研究结果显示，进入沙盒的企业获得融资的概率可增加50%，且沙盒条目在企业存活率和技术创新等层面也有着显著的积极影响（Cornelli等，2024）。

英国科技创新相关行业在知识产权保护、市场准入条件、数据保护与隐私方面均有对应的监管措施。比如随着数据驱动的技术和人工智能的快速发展，英国政府出台了一系列关于数据保护和人工智能伦理的指导原则，在确保这些技术不会侵犯个人法律权利的同时释放技术创新潜能②，以支持英国的国家人工智能战略③。

综上所述，在科技创新方面，英国的前瞻性监管环境不仅提高了独角兽企业的创新效率，还确保了技术发展的合规性和对用户权益的保护，从而为企业提供了有利的发展平台。

---

① 参见：https://ico.org.uk/for-organisations/advice-and-services/regulatory-sandbox/our-current-areas-of-focus-for-the-regulatory-sandbox/#biometrics。

② 参见：https://www.gov.uk/government/publications/establishing-a-pro-innovation-approach-to-regulating-ai/establishing-a-pro-innovation-approach-to-regulating-ai-policy-statement。

③ 参见：https://www.gov.uk/government/publications/national-ai-strategy/national-ai-strategy-html-version。

第三节　税收优惠和财政支持

英国政府通过一系列税收优惠、财政支持与激励措施，积极培育具有高成长潜力的企业，构筑了一个强有力的推动创新与增长的政策框架。深入探析此类政策有助于理解这些措施对于培育未来市场领导者以及保持国家在全球高技术产业竞争中领先地位的作用。

一、各类税收优惠政策

（一）研发税收抵免

英国的研发税收减免政策可以为科技创新领域的独角兽企业提供税收优惠，允许它们申请企业所得税减免[①]，旨在支持进行科学和技术创新项目的企业。自2024年4月起，英国对所有规模的企业采用统一税收减免计划。方案提供20%的税收抵免率，适用于研发强度不少于30%的企业，即企业相关的研发支出（包括任何关联公司的支出）至少要占其总相关支出的30%[②]。

---

① 参见：https://www.gov.uk/guidance/research-and-development-rd-tax-relief-the-merged-scheme-and-enhanced-rd-intensive-support#merged-scheme--rd-expenditure-credit。

② 参见：https://www.gov.uk/guidance/research-and-development-rd-tax-relief-the-merged-scheme-and-enhanced-rd-intensive-support#merged-scheme--rd-expenditure-credit。

同时，为保护亏损的中小型企业进行研发投入，这些企业有资格获得增强版的税收抵免。这些企业可以在计算应纳税所得时，将其符合条件的研发支出的86%额外计入扣除项；若企业扣除了研发支出后仍处于亏损状态，则按14.5%的比例获得现金退款[①]。

此外，英国的专利盒（Patent Box）制度为鼓励企业在英国进行研发和商业化其专利，允许从在英国注册的专利或某些其他知识产权保护的产品所获得的利润享受较低的10%公司税率，相比常规的19%公司税率显著降低[②]。

（二）折旧税收抵免

英国中小企业也可以利用资本折旧减免（Capital Allowances），在购置和使用合资格的固定资产时减少应税利润。具体政策包括年度投资额免税额（Annual Investment Allowance，简称为AIA），即中小企业可以在购置大部分固定资产（如设备和机器）时，立即抵扣高达一定额度的费用，而不需逐年摊销[③]。2023年，年度投资额免税额的上限为100万英镑[④]。

此外，若企业在符合条件的环保或节能设备上投资，首年减免（First Year Allowances，简称为FYA）允许其在首年100%扣除这些成本。

这些灵活的资本折旧减免政策不仅可以使英国中小企业能有效降低税务负担，还能降低运营成本，为中小企业资本支出提供有利条件。

---

① 参见：https://www.gov.uk/guidance/research-and-development-rd-tax-relief-the-merged-scheme-and-enhanced-rd-intensive-support#merged-scheme--rd-expenditure-credit。

② 参见：https://www.gov.uk/guidance/corporation-tax-the-patent-box。

③ 参见：https://www.gov.uk/capital-allowances/annual-investment-allowance。

④ 参见：https://www.gov.uk/capital-allowances/annual-investment-allowance。

（三）资本增值税优惠

除了针对独角兽企业本身的税收优惠，独角兽企业也受益于针对风险投资者的资本增值税优惠，主要通过前文提到的风险投资计划提供。这些计划允许投资者在满足一定条件后，对从这些投资中获得的资本增值享受较低的税率，通常为10%。这种较低的税率比标准的资本增值税率（最高可达20%）要低得多，有助于吸引更多风险投资进入创新型企业。

（四）企业员工所得税优惠

在个人税务的优惠政策方面，英国出台了企业管理激励计划（Enterprise Management Incentives），通过为中小型企业的员工提供税收优惠来吸引和保留顶尖人才[①]，有助于这些企业发展为独角兽企业。该计划是专为英国的中小型企业设计的股权激励方案，允许合资格的企业向员工提供价值最高达 250 000 英镑的股票期权，而这些期权在授予和行使时享有税收优惠——当员工在被授予期权以及在其后的 10 年内行使期权时，无须就差额缴纳所得税或国民保险[②]。

这些政策为独角兽企业提供了有力的税务保障，确保它们能够吸引并留住关键人才，从而保持企业的持续增长和市场竞争力。

二、政府的财政支持措施

（一）政府资金支持

英国政府不仅提供税收优惠，还可能提供直接的财政补贴，投资于具

---

① 参见：https://www.gov.uk/tax-employee-share-schemes/enterprise-management-incentives-emis。
② 参见：https://www.gov.uk/tax-employee-share-schemes/enterprise-management-incentives-emis。

有突破性技术或商业模式的独角兽企业或与之相关的风险投资基金，这一措施在长期以来解决企业资金短缺问题方面取得了显著的效果（Nightingale 等，2009）。

许多核心政府资助措施由创新英国实施。创新英国作为英国研究与创新署的一部分，通过提供赠款、贷款和其他形式的资金支持，帮助独角兽企业和潜在的独角兽企业进行商业驱动的创新[①]。目前，可供企业申请的资助计划多达 40 种，表 6-3 展示了与独角兽企业高度相关的部分案例。以创新英国补助计划中的创新英国智慧补助金（Innovate UK Smart Grants）计划为例，该计划可以为进行对英国经济有重要影响的研发项目的企业提供 2 500 万英镑的补助。预计 2024—2025 年，英国用于创新与研发项目的资金总量将增至约 20 亿英镑[②]。

表 6-3　创新英国补助计划案例[③]

项目名称	资金支持	支持内容	特点
创新英国智慧补助金	最多 2 500 万英镑	对英国经济有重要影响的研发项目提供补助	帮助企业进行商业驱动的创新
未来基金：突破（Future Fund: Breakthrough）	3.75 亿英镑	投资于研发密集型的高成长企业，加速企业成长和技术商业化	政府与风险投资基金共同投资
生命科学投资计划（Life Sciences Investment Programme）	2 亿英镑	专注于生命科学领域的后期阶段融资	重点支持生命科学领域的风险成长型基金

一些特定领域的初创企业还可获得更有针对性的补助金。比如灵活

---

① 参见：https://apply-for-innovation-funding.service.gov.uk/competition/search。

② 参见：https://assets.publishing.service.gov.uk/media/655e0bf7046ed400148b9e34/independent_review_of_university_spin-out_companies_government_response.pdf。

③ 参见：https://www.ukri.org/opportunity/page/2/?filter_council%5B%5D=822。

人工智能技能提升基金（The Flexible AI Upskilling Fund）①，通过补贴小型和中型企业的人工智能技能培训成本，可帮助这些企业在技术和市场竞争中相比大型企业获得成本上和收益上的优势，使它们更有机会迅速发展为独角兽企业。

英国政府同时也通过英国商业银行的子公司——英国耐心资本（British Patient Capital）提供资助计划。其中，2021年推出的"未来基金：突破"计划专门投资于研发密集型的高成长企业②。这项计划配备了3.75亿英镑的政府资金，加速这些企业的成长和技术商业化过程③。另一项计划将投资于风险投资基金并与这些基金共同投资，对风险投资基金的支持主要针对风险成长阶段的基金，共同投资策略则能够增加后期融资轮次的规模，对于已经达到独角兽规模的企业有着更为显著的帮助④。除了核心基金和共同投资计划，英国政府还专门为生命科学领域实施了2亿英镑的生命科学投资计划，重点投资于针对后期阶段融资的生命科学风险成长型基金⑤。这些措施均旨在让更多本土的高增长企业发挥其潜力。

除此之外，为鼓励和支持非本土的企业在英国拓展业务，英国商业和贸易部（Department for Business and Trade）设置了全球科技奖项"独角兽王国：开拓者奖"。参与企业应属于人工智能、网络安全、连通和自动化移动技术以及数字贸易解决方案等领域，且计划在未来两年内在英国开

---

① 参见：https://find-government-grants.service.gov.uk/grants/flexible-ai-upskilling-fund-pilot-1。
② 参见：https://www.gov.uk/government/news/new-375-million-scheme-to-drive-investment-in-innovative-firms-of-the-future-opens-for-applications。
③ 参见：https://www.gov.uk/government/news/new-375-million-scheme-to-drive-investment-in-innovative-firms-of-the-future-opens-for-applications。
④ 参见：https://www.britishpatientcapital.co.uk/what-we-do/core-programme。
⑤ 参见：https://www.britishpatientcapital.co.uk/what-we-do/life-sciences-investment-programme。

展业务①。这一政策将吸引更多有潜力的企业在英国成长为"独角兽"。

(二)学术研发合作和资助

英国政府鼓励企业与国内外学术机构和研究中心合作,并提供资金资助以支持基础研究和应用研究的发展。这些合作机会和资助可以支持企业参与基础研究和应用研究,推动科技创新,同时培养和吸引顶尖的科研人才(Collinson 和 Quinn,2010)。

创新资金激励方案为促进该类合作的重要渠道之一,对于英国大学的衍生独角兽企业,英国研究部(Research England)提供了高等教育创新基金(HEIF),以促进高等教育机构与社会经济之间的知识互通为宗旨,加强大学和企业间的合作,并确保学术研究成果的商业化得到足够的资助和激励②。具体的实现途径包括资助研究生在中小企业的实习岗位、资助业界与实验室互相引进专家等③。

另外,政府对大学学术研究提供的资助可以对独角兽企业的研发产生积极影响(Bergeaud 等,2022)。近年来,英国各政府部门正在增强这类支持。比如英国医学研究委员会(Medical Research Council)于2024年宣布将向剑桥大学的两个医学研究单位——生物统计学单位(Biostatistics Unit)和代谢疾病单位(Metabolic Diseases Unit)提供总计3 000万英镑的资金支持,这笔资金将支持这两个单位未来5年的研究工

---

① 参见:https://www.great.gov.uk/campaign-site/Unicorn-Kingdom-Pathfinder-Awards/。
② 参见:https://assets.publishing.service.gov.uk/media/655e0bf7046ed400148b9e34/independent_review_of_university_spin-out_companies_government_response.pdf。
③ 参见:https://www.ncub.co.uk/insight/the-role-of-the-higher-education-innovation-fund-heif/。

作①。英国生物技术和生物科学研究委员会（Biotechnology and Biological Sciences Research Council）也向英国所有大学、其资助的研究所和经批准的公共部门研究企业的生物科学研究人员开放资助计划，以鼓励该方面研究的商业化②。

这些资助能促成商业和研究的协同作用，以推动独角兽企业的成长。

（三）创新担保贷款

英国政府通过创新英国提供2 500万英镑的创新担保贷款，旨在支持具有强大创新潜力的独角兽企业及其他具有高成长潜力的中小企业，满足它们在关键成长期的资金需求。这些贷款适用于创新产品、流程或服务，主要用于后期研发阶段的项目，如实验开发，最大可覆盖符合条件的项目成本的100%③。这意味着企业可以获得全额资助，无须承担额外的研发费用，从而将更多的资源投入技术创新和市场拓展中。

创新担保贷款具有低利率和较长的偿还期限等特点，旨在推动企业的技术研发和商业化进程④。目前，创新英国提供的"创新贷款"使用阶段的利率为每年3.7%，在贷款的延长期内，利息会累积但可延后支付⑤。进入还款期后，借款人需按7.4%的年利率支付剩余的贷款金额，同时需

---

① 参见：https://www.ukri.org/news/funding–boost–for–medical–research–units–at–university–of–cambridge/。

② 参见：https://www.ukri.org/opportunity/bbsrc–innovation–to–commercialisation–of–university–research–icure–discover/。

③ 参见：https://assets.publishing.service.gov.uk/media/638a176bd3bf7f327f4c7073/20221026–DIL–Innovation_Loans_FAQs–Oct_2022–O.pdf。

④ 参见：https://apply–for–innovation–funding.service.gov.uk/competition/1925/overview/8fffbe04–148b–415d–9bd8–4a6953451d71#summary。

⑤ 参见：https://assets.publishing.service.gov.uk/media/638a176bd3bf7f327f4c7073/20221026–DIL–Innovation_Loans_FAQs–Oct_2022–O.pdf。

偿还之前累积的利息和本金①。贷款的偿还期限可长达 5 年，加上最长 2 年的可选延展期，整个贷款期限不超过 7 年②。

通过这些特点，创新担保贷款可帮助企业能够在实现创新突破的同时，稳健地管理其财务。

---

① 参见：https://assets.publishing.service.gov.uk/media/638a176bd3bf7f327f4c7073/20221026-DIL-Innovation_Loans_FAQs–Oct_2022–O.pdf。

② 参见：https://assets.publishing.service.gov.uk/media/638a176bd3bf7f327f4c7073/20221026-DIL-Innovation_Loans_FAQs–Oct_2022–O.pdf。

第四节　其他支持措施的影响

本节将介绍对于英国独角兽企业的其他支持措施，特别对孵化器、加速器展开讨论。孵化器面向早期阶段的初创企业，提供包括物理空间、基础设施、商业服务和技术资源等长期支持，帮助企业建立稳固的商业基础（Hausberg 和 Korreck，2021）。加速器为孵化器模式的演变，面向已有一定发展基础的企业，通过对短期、高强度的项目提供支持，包括种子投资、密集的指导和培训以及与投资者和潜在客户的对接，旨在帮助企业迅速扩大规模，进入更大的市场或进行下一轮融资（Hausberg 和 Korreck，2021）。

孵化器和加速器是支持初创企业成长的重要平台，特别是高科技和创新驱动型企业（Leitão 等，2022），这些平台通过提供资金、资源、指导和网络支持，在推动独角兽企业成长中发挥了重要作用。

一、直接作用

英国商业、能源与产业战略部的报告表示，大多数英国初创企业认为孵化器或加速器对它们的成功具有重要意义。图 6-2 的直方图为报告显示的英国企业对于孵化器与加速器作用有效性的总体评价。图 6-3 则列出了英国孵化器或加速器项目所提供的支持种类，以及它们对于参与项目企业的普遍程度。

第六章　英国独角兽企业的政策保障

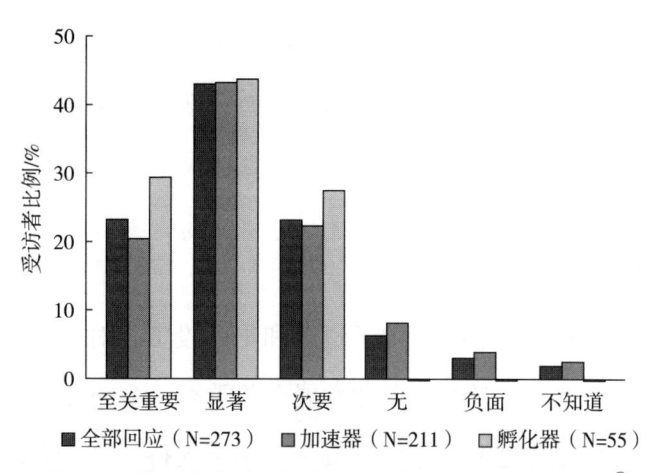

图 6-2　英国企业对于加速器和孵化器作用的总体评价[①]

注：N 为受试者人数。

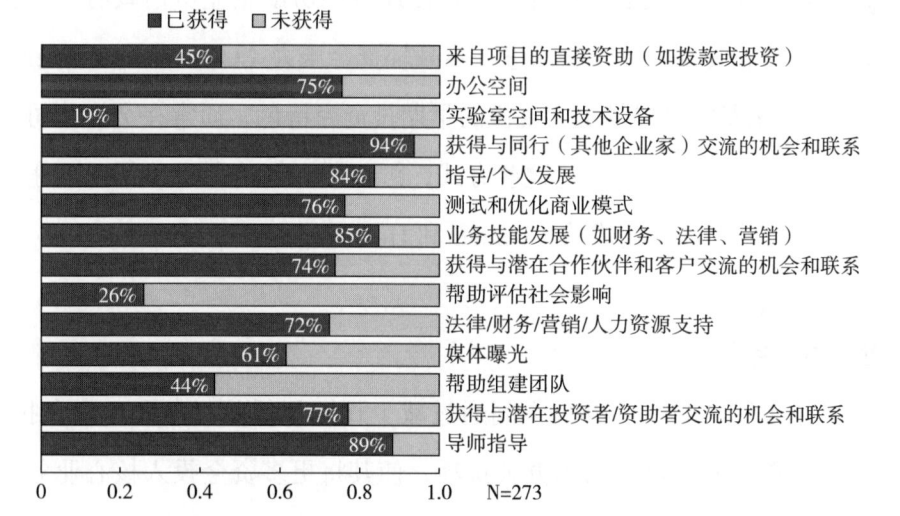

图 6-3　英国孵化器或加速器项目所提供的支持种类[②]

注：N 为受试者人数。

---

① 参见：https://assets.publishing.service.gov.uk/media/5da6eb24e5274a5cae34c00c/The_impact_of_business_accelerators_and_incubators_in_the_UK.pdf。

② 参见：https://assets.publishing.service.gov.uk/media/5da6eb24e5274a5cae34c00c/The_impact_of_business_accelerators_and_incubators_in_the_UK.pdf。

在各类孵化器或加速器的直接作用中，英国的初创公司普遍认为直接资助、办公空间、实验室空间和技术设备等实质资源是参与这类项目最有效的支持①。

（一）直接资助

孵化器和加速器通常提供种子资金和早期投资，对于初创企业早期阶段尚未产生稳定收入时的生存和发展至关重要（Aernoudt，2004）。具体而言，孵化器通常提供小额种子资金，用于支持初创企业的早期开发和运营。通过这种资金支持，企业可以在没有收入的情况下维持运转，专注于核心业务的发展。此外，孵化器还可能协助企业申请政府补助和其他形式的非股权融资，从而进一步减轻资金压力（Cohen 和 Hochberg，2014）。加速器则以提供更大规模的早期投资为特色，通常在交换公司股权的基础上提供资金。通过这些方式，孵化器和加速器可以帮助迅速提升市场地位并实现商业成功（Fehder 和 Hochberg，2015）。

（二）办公空间

研究表明，共享的办公空间通过减少长期租赁的财务和后勤负担，可以为初创企业提供灵活的办公选项，使其将更多资金投入核心业务发展中（Berbegal-Mirabent，2021）。同时，这些空间的开放环境和定期举办的社交活动，显著促进了企业间的协作和创新（Spinuzzi，2012）；位于同一办公空间的企业可以分享想法和反馈，使创新解决方案和问题解决更加高效。

---

① 参见：https://assets.publishing.service.gov.uk/media/5da6eb24e5274a5cae34c00c/The_impact_of_business_accelerators_and_incubators_in_the_UK.pdf。

（三）实验室空间和技术设备

先进的技术设备和工具（如高性能计算机、实验仪器和专业软件等）可以帮助企业加速研发进程。这方面的资源对于部分领域的企业格外重要，比如生物科技领域。然而，随着英国生物技术和其他科技领域的企业数量的增长，孵化器和加速器对建立和进行实验室工作的空间产生了更多需求，这导致伦敦等地区的实验室空间短缺[①]。为了应对这一挑战，一些孵化器和加速器正在与位于伦敦的高校（如帝国理工学院和伦敦大学学院）进行合作以创建更为灵活的实验室空间[②]。与高校合作的方式惠及科技、数字和生命科学等领域[③]，为多种类型的独角兽企业提供更为全面的帮助。

这些资源支持直接满足了企业在早期发展阶段的迫切需求，帮助它们克服了资金短缺和基础设施不足的问题，进而专注于产品研发和市场拓展。同时，它们还提高了其运营效率和专业化水平。图6-4为企业对各项作用重要性评价的具体调查结果。

除了上述实质资源外，孵化器和加速器还提供了一系列其他支持，通过构建一个强大的网络社区，帮助独角兽企业获取更多的资源和机会，比如商业技能发展、人脉网络建立以及商业模式优化[④]。

---

① 参见：https://www.labiotech.eu/in-depth/scale-space-white-city/。
② 参见：https://www.labiotech.eu/in-depth/scale-space-white-city/。
③ 参见：https://www.labiotech.eu/in-depth/scale-space-white-city/。
④ 参见：https://assets.publishing.service.gov.uk/media/5da6eb24e5274a5cae34c00c/The_impact_of_business_accelerators_and_incubators_in_the_UK.pdf。

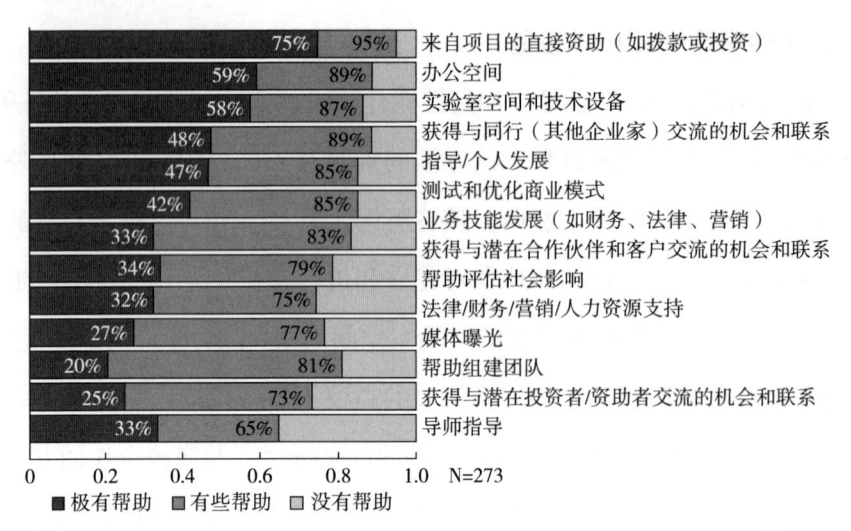

	极有帮助	有些帮助	类别
	75%	95%	来自项目的直接资助（如拨款或投资）
	59%	89%	办公空间
	58%	87%	实验室空间和技术设备
	48%	89%	获得与同行（其他企业家）交流的机会和联系
	47%	85%	指导/个人发展
	42%	85%	测试和优化商业模式
	33%	83%	业务技能发展（如财务、法律、营销）
	34%	79%	获得与潜在合作伙伴和客户交流的机会和联系
	32%	75%	帮助评估社会影响
	27%	77%	法律/财务/营销/人力资源支持
	20%	81%	媒体曝光
	25%	73%	帮助组建团队
	33%	65%	获得与潜在投资者/资助者交流的机会和联系
			导师指导

N=273 ■极有帮助 ■有些帮助 □没有帮助

图 6-4 英国加速器和孵化器的各类型支持对于初创企业的重要性[①]

（四）商业技能发展

孵化器和加速器可通过培训和指导帮助企业的创业者提升商业技能，包括战略规划、市场营销和财务管理等（Lesakova，2012）。经过系统的培训，企业管理者可以学会如何制定有效的战略规划，明确企业的发展方向和目标，从而在竞争激烈的市场中占据优势。此外，市场营销培训帮助企业了解市场动态、消费者需求和竞争对手策略，进而制定出有效的市场推广方案，提高产品或服务的市场占有率（Kuratko，2011）。财务管理培训则使企业能够更好地掌握财务资源的分配与使用，优化现金流管理，提升财务透明度和稳健性。这不仅有助于企业提高内部管理效率，还能增强外部投资者的信心（Barney，1997）。通过这些多方面的技能提升，初创企业不仅能够提高运营效率，还能增强市场竞争力和可持续发展能力。

---

① 参见：https://assets.publishing.service.gov.uk/media/5da6eb24e5274a5cae34c00c/The_impact_of_business_accelerators_and_incubators_in_the_UK.pdf。

（五）人脉网络建立

建立强大的人脉网络对初创企业的成功至关重要。通过参加孵化器和加速器项目，企业可以获得与潜在投资者见面的机会，这些互动不仅能帮助企业筹集后续资金，还能为企业的发展提供宝贵的建议和指导。通过与投资者建立联系，企业可以更容易地获取所需的资本支持，从而实现快速扩展（Radojevich-Kelley 和 Hoffman，2012）。

此外，人脉网络还促进了企业间的交流和合作。初创企业可以通过这些平台分享经验和资源，互相学习，克服共同的困难。这种合作不仅有助于企业在早期阶段获得支持，还能在长期发展中形成稳定的合作伙伴关系（Hoang 和 Antoncic，2003）。

（六）商业模式优化

商业模式优化则通过专业的指导，帮助企业测试和优化其商业模式。这些指导通常包括详细的市场分析、业务建议以及对企业运营模式的全面评估。通过这样的优化过程，企业能够识别并解决潜在问题，调整其战略以适应市场需求，从而提高业务效率和市场成功率（Bergek 和 Norrman，2008）。

这些相对非物质的帮助是孵化器和加速器所提供的重点支持，但调查结果显示企业对这些机会的重视程度却相对较低[①]。

[①] 参见：https://assets.publishing.service.gov.uk/media/5da6eb24e5274a5cae34c00c/The_impact_of_business_accelerators_and_incubators_in_the_UK.pdf。

二、影响结果

影响结果为孵化器与加速器提供的服务和资源对企业长远发展的实际效果。孵化器与加速器对于企业的影响主要表现于三个结果指标：初创企业生存率、员工成长和筹集资金能力[①]。

（一）提升企业生存率和成功率

研究表明，得到加速器支持的初创企业，其生存率和成功率显著高于未得到支持的企业（Bergek 和 Norrman，2008）。根据一项研究，加速器支持的企业其生存率提高了 23%，这主要归功于加速器提供的全面支持和资源（Butz 和 Mrożewski，2021）。

（二）促进员工成长和就业

这一影响具体体现在员工总人数的增加以及拥有学位的员工数量的增加。孵化器与加速器创造的环境不仅有助于留住优秀人才，还能吸引更多高素质的专业人士加入企业，从而增强企业的竞争力。参与孵化器或加速器项目的英国企业在员工规模分类中上升大约一个级别，即由平均 5 人上升至 11 至 50 人的规模[②]。成功的孵化器或加速器项目不仅自身创造了大量就业机会，还通过其供应链和合作伙伴带动了相关产业的发展，对经济体的整体就业产生积极影响（Lukeš 等，2009）。

[①] 参见：https://assets.publishing.service.gov.uk/media/5da6eb24e5274a5cae34c00c/The_impact_of_business_accelerators_and_incubators_in_the_UK.pdf。

[②] 参见：https://assets.publishing.service.gov.uk/media/5da6eb24e5274a5cae34c00c/The_impact_of_business_accelerators_and_incubators_in_the_UK.pdf。

（三）促进企业融资

孵化器和加速器除了直接提供资金支持，也通过提供市场对接帮助企业面向更广泛的投资者进行融资。孵化器和加速器通过组织路演和投资对接活动，帮助企业更有效地展示其潜力和市场价值，从而吸引更多的投资（Bøllingtoft 和 Ulhøi，2005）。图 6-5 展示了孵化器和加速器帮助企业融资的途径。调查显示，英国的企业通过参与这些项目，融资总规模大约可以提升 77.6%[①]。

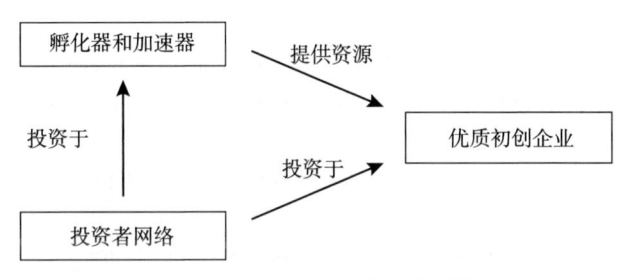

图 6-5 孵化器和加速器促进企业融资的途径

在英国，传统的孵化器和加速器模式在近年来经历了多样化的发展，出现了许多新兴变体，以满足不同创业阶段和行业的需求。其中，预加速器计划为未来打算加入加速器计划的企业家提供非常早期的支持；虚拟加速器和孵化器则旨在在线提供与实体加速器和孵化器类似的支持，如指导和培训等服务[②]。

展望未来，孵化器和加速器将继续在英国创新生态系统中扮演重要角色，为更多高成长企业提供坚实的支持。通过持续创新和优化服务模

[①] 参见：https://assets.publishing.service.gov.uk/media/5da6eb24e5274a5cae34c00c/The_impact_of_business_accelerators_and_incubators_in_the_UK.pdf。

[②] 参见：https://assets.publishing.service.gov.uk/media/600ed7838fa8f56551364ffd/business-incubators-accelerators-uk-report.pdf。

式，孵化器和加速器将助力更多初创企业在激烈的市场竞争中脱颖而出，推动整个创业生态系统的繁荣和发展。

参考文献

［1］ AERNOUDT, R. 2004. Incubators: tool for entrepreneurship? *Small business economics*, 23, 127-135.

［2］ BALA SUBRAHMANYA, M. H. 2022. Competitiveness of high-tech start-ups and entrepreneurial ecosystems: An overview. *International Journal of Global Business and Competitiveness*, 17, 1-10.

［3］ BARNEY, J. B. 1997. Gaining and sustaining competitive advantage. *(No Title)*.

［4］ BERBEGAL-MIRABENT, J. 2021. What do we know about co-working spaces? Trends and challenges ahead. *Sustainability*, 13, 1416.

［5］ BERGEK, A. & NORRMAN, C. 2008. Incubator best practice: A framework. *Technovation*, 28, 20-28.

［6］ BøLLINGTOFT, A. & ULHøI, J. P. 2005. The networked business incubator—leveraging entrepreneurial agency? *Journal of business venturing*, 20, 265-290.

［7］ COHEN, S. & HOCHBERG, Y. V. 2014. Accelerating startups: The seed accelerator phenomenon.

［8］ FISCH, J. E. 2019. Making Sustainability Disclosure Sustainable. *All Faculty Scholarship*.

［9］ HOANG, H. & ANTONCIC, B. 2003. Network-based research in entrepreneurship: A critical review. *Journal of business venturing*, 18, 165-187.

［10］ KENNEY, M. & ZYSMAN, J. 2019. Unicorns, Cheshire cats, and the new dilemmas of entrepreneurial finance. *Venture Capital*, 21, 35-50.

［11］ KOVACS, I. & KERESZTES, E. R. 2022. Perceived consumer effectiveness and willingness to pay for credence product attributes of sustainable foods. *Sustainability*, 14, 4338.

［12］ KURATKO, D. F. 2011. Entrepreneurship theory, process, and practice in the 21st century. *International Journal of Entrepreneurship and Small Business*, 13, 8-17.

［13］ LESAKOVA, L. 2012. The role of business incubators in supporting the SME start-up. *Acta Polytechnica Hungarica*, 9, 85-95.

［14］ MANTECON, T. & POON, P. 2009. An analysis of the liquidity benefits provided by secondary markets. *Journal of Banking & Finance*, 33, 335-346.

［15］ POZZOLI, D., JENSEN, S. E. H., PINKUS, D. & BEETSMA, R. 2022. Pension Fund Investments Raise Firm Productivity and Innovation.

［16］ RADOJEVICH-KELLEY, N. & HOFFMAN, D. L. 2012. Analysis of accelerator companies: An exploratory case study of their programs, processes, and early results. *Small Business Institute Journal*, 8, 54-70.

[17] SPINUZZI, C. 2012. Working alone together: Coworking as emergent collaborative activity. *Journal of business and technical communication*, 26, 399-441.

[18] TAMVADA, M. 2020. Corporate social responsibility and accountability: a new theoretical foundation for regulating CSR. *International Journal of Corporate Social Responsibility*, 5, 2.

第七章

英国独角兽企业与他国独角兽企业的对比

第一节　英国独角兽企业与美国、中国独角兽企业的对比分析

一、各国独角兽企业的数量和分布

（一）美国

作为全球科技创新的前沿国家，美国拥有数量最多的独角兽企业。根据《2024年全球独角兽指数》和CB Insights 2023的数据，截至2024年，美国至少拥有650家独角兽企业，占全球总数的48%。Google、Facebook、Uber等独角兽企业不仅颠覆了各自领域的商业模式，还推动了全球科技产业的发展。除了硅谷，纽约、波士顿、洛杉矶等城市也有许多独角兽企业，这些地区拥有丰富的资本、技术和人才资源，助力企业快速成长。

目前，美国市场估值最大的独角兽企业包括SpaceX、Databricks和Stripe。位于加利福尼亚州的旧金山以190家独角兽企业继续蝉联"世界独角兽之都"的称号。美国近40%的独角兽企业位于旧金山，这里是全球独角兽企业的中心。尽管该地区的商业核心经济活动有所下滑，但旧金山仍然拥有44%的独角兽企业，以及超过一半（57%）的美国独角兽企业（估值在50亿美元或以上的公司）。旧金山仍然是新独角兽企业的区域中心，这表明该地区的创业生态系统具有持久的实力。

与质疑旧金山是否已失去其作为创新中心优势的报道相反，该地区

仍然占据新独角兽企业的 39%。自去年年初以来，美国估值达到 10 亿美元的 161 家新公司中，旧金山占 64 家，是第二高地区（纽约大都市区）的 2 倍多（见图 7-1）。

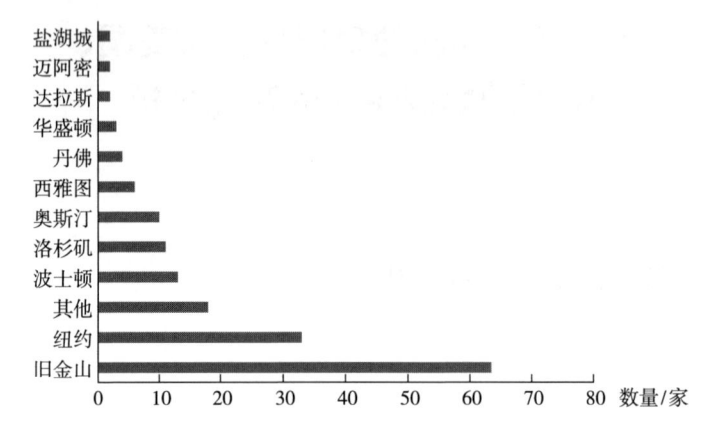

图 7-1　美国各地区新独角兽公司（估值超过 10 亿美元的私营公司）数量
（2022 年 1 月—2023 年 10 月）

旧金山将自己定位为超越硅谷的区域领导者。在旧金山的 64 家新独角兽公司中，37 家位于旧金山，22 家在硅谷，5 家在东湾。其中规模最大的包括位于旧金山的在线视觉协作平台 Miro，估值达 175 亿美元，以及位于旧金山的人工智能安全和研究公司 Anthropic，估值 44 亿美元。在 2022 年估值达到 10 亿美元的前 20 大公司中，近一半的总部设在旧金山（McNeill，2016）。

（二）中国

中国是全球第二大独角兽企业集中地。在刚刚结束的 2024 中关村论坛（ZGC 论坛）上发布的一份中国独角兽企业发展报告显示，中国拥有 369 家独角兽公司（估值超过 10 亿美元的初创公司），占全球独角兽企业总数的 1/4 以上。相关报告指出，中国的独角兽企业中超过 1/4 从事蓬勃发展的人工智能（AI）和半导体行业，巩固了其作为技术创新中心的地位。这份报告由毕马威、中关村独角兽公司发展联盟、长城企业研究所等5家知名机构联合发布，并在北京举行的中关村年度论坛上公布。报告显示，这些中国独角兽企业的平均估值高达38亿美元。中国的369家独角兽公司横跨16个行业，其中人工智能和集成电路领域处于领先地位，平均估值为67.6亿美元，紧随其后的是金融科技公司，估值为65.7亿美元。值得注意的是，在369家独角兽企业中，人工智能和半导体行业分别占14.1%和12.2%。尽管中国的独角兽企业数量显著增长，但在整体数量上仍落后于美国。

对于中国各地独角兽企业的地理分布，北京以114家独角兽企业领先，其次是上海的63家，最后是广东省南部科技中心深圳的32家。中国独角兽企业数量的增加恰逢香港、上海和深圳等主要金融市场IPO的低迷。几家公司推迟了上市计划，包括阿里巴巴集团控股公司，该公司最近搁置了菜鸟智能物流网的上市计划。

此外，中国大型科技公司在培育独角兽企业方面也起到了重要作用，其中25家独角兽企业是由腾讯控股、阿里巴巴和百度等行业巨头孵化的。"中国独角兽企业发展最关键的三个核心竞争力是创新、高质量的交付和持续创新的能力。"XtalPi联合创始人赖立鹏表示。XtalPi是一家由人工智能和机器人技术驱动的中国独角兽公司。

在ZGC论坛2024年年会"全球独角兽公司大会"上，发布了《中国独角兽企业发展报告（2024）》（以下简称《报告》）。报告显示，从地域上看，中国的独角兽企业占全球总数的1/4以上，在这方面仅次于美国。值得注意的是，超过60%的中国独角兽企业集中在北京、上海、深圳、广州和杭州。北京拥有114家独角兽企业，居全国之首，被誉为中国"独角兽之城"。

北京的字节跳动[①]、小米等通过中关村科技园的支持和丰富的创业资源迅速崛起。上海作为金融中心，为独角兽企业提供了便捷的融资渠道和丰富的国际化资源。深圳的腾讯、华为等企业通过技术创新和市场开拓，成为国际知名的独角兽企业。

北京市科学技术委员会副主任张宇蕾表示，北京已经培育了40多家上市独角兽企业，如小米、京东、美团等，总市值约3万亿元人民币（约合4 220亿美元）。在自动驾驶、新能源存储和机器人领域，像Mech-Mind这样的中国独角兽公司，专注于工业3D相机和智能机器人人工智能软件，已经在全球积极开展研发布局和业务扩张。据悉，北京独角兽企业总体特点是实力雄厚、注重硬技术、探索新路、国际化水平高。报告指出，通过利用数字经济带来的重大机遇，引领和推动全球经济增长，中国的独角兽公司已经成为工业数字化转型的推动力。在估值排名前100的独角兽公司中，78%的业务与数字经济密切相关，涵盖工业互联网、大数据、人工智能医疗和企业服务等多个领域。

"我特别感谢北京这片肥沃的土地。如果没有北京，小米不可能取得这样的成绩，也不可能诞生。"小米创始人兼首席执行官雷军在论坛开幕式上说。北京正在积极构建一个长期的生态系统，以支持独角兽公司的成长。2023年，在创新支持、人才落户、资金支持、市场培育等方面，最大限度释放独角兽企业的政策红利。与此同时，首都设立了4个总规模为500亿元的政府直接投资基金，分别在人工智能、医药健康、机器人和信息等行业，更多地投资于创新型企业，特别是独角兽公司。梅花

---

① 参见：https://sputniknews.cn/20231124/1055218809.html。

创投创始合伙人吴世春认为，未来 3—5 年，人工智能、新能源、新材料有望成为独角兽企业最多的领域。

二、各国企业的成长路径和成功因素

（一）美国企业成长路径

Endeavor Insight 研究团队对比了美国 100 位顶级独角兽创始人和主要新兴市场中 100 多位独角兽创始人的创业路径。尽管这项研究关注了顶级独角兽公司的估值，但估值并不是衡量成功的唯一标准。独角兽公司不仅通过扩大规模取得成功，还通过激励和支持下一代企业家，启动了一个被称为乘数效应的良性循环。在这项研究中，几乎所有的独角兽公司都曾激励员工创办自己的公司，许多独角兽公司的创始人还担任导师和天使投资人。

美国拥有全球最完善的风险投资市场和强大的风险投资生态系统。硅谷的风险投资公司如红杉资本（Sequoia Capital）和 Andreessen Horowitz 为初创企业提供了大量资金支持，使得这些企业能够在早期阶段专注于技术研发和市场扩展。由于其庞大的规模，独角兽投资者通常是私人投资者或风险投资家，这意味着散户投资者难以参与其中。尽管并非所有独角兽公司都需要上市，但许多公司通过自身努力已成功上市。成立于 2002 年的 SpaceX[①]，通过技术创新和对市场需求的精准把握，迅速成为全球商业航天领域的领导者。SpaceX 成功的关键在于其颠覆性的技术突破，如可重复使用火箭技术，这大幅降低了发射成本。同时，SpaceX 得

---

① 参见：https://www.shutterbug.com/content/how-shoot-spacex-rocket-launch-one-photographers-story。

到了来自风险投资公司的大量资金支持，其创始人埃隆·马斯克（Elon Musk）个人的持续投资也起到了重要作用。

55%的美国独角兽创始人是移民或第二代移民，这些企业家的主要原籍国是印度、以色列、中国、乌克兰、加拿大和俄罗斯。创业移民在新兴市场也是一种普遍现象。新兴市场顶级独角兽创始人中有32%是移民或第二代移民。这种现象在南南移民中也十分常见，例如，一位创始人在拉丁美洲国家之间迁移并开展创业活动。创业者还可以通过在国外学习或工作来培养全球视野。这项研究中60%的创始人在国外学习或工作，获得了宝贵的知识。

在打造独角兽公司的道路上没有捷径。这项研究发现，独角兽创始人在本科毕业后平均积累了10年的经验。多项研究表明，典型的成功创始人既不是特别年轻，也不是大学辍学生。Endeavor Insight的研究进一步表明，成功的创业者通常会积累丰富的创业经验，并随着时间的推移建立起广泛的人脉。

研究发现，61%的创始人在本科阶段主修科学或工程学，只有19%的人主修商科类专业。计算机科学、电子工程和数学是最受理工科学生欢迎的专业。理工科研究生毕业的人数超过了MBA和博士学位获得者，大多数人选择了计算机科学。美国拥有世界一流的大学和研究机构，如斯坦福大学和麻省理工学院，这些机构不断为市场输送创新技术和高素质人才。硅谷的科技公司与这些高校紧密合作，共同推动技术进步和商业应用。以硅谷的代表企业Google为例，其成功离不开斯坦福大学的技术支持。创始人拉里·佩奇（Lawrence Page）和谢尔盖·布林（Sergey Brin）在斯坦福大学攻读博士学位期间开发了PageRank算法，这一技术创新奠定了Google搜索引擎的基础。哈佛大学肯尼迪政府学院教授约瑟夫·奈（Joseph Nye）认为："美国的创新生态系统不仅依赖于风险投资和市场规模，还包括高校的科研实力和开放的创业文化，这些因素共同推动了独角兽企业的快速崛起。"

在新兴市场的独角兽公司中，金融科技、电子商务和物流/运输公司占据了主导地位。相比之下，美国的独角兽创始人更倾向于在各种高科技领域创业，包括风险投资推动的区块链和加密货币等新兴领域。新兴市场的独角兽公司通过改善金融普惠、拼车和超级应用等领域，影响数百万人的日常生活，产生了更广泛的社会影响。像 Clip、Careem 和 Rappi 等公司的创始人的经历验证了上述许多发现。研究成功创业者的创业历程可以为人们提供宝贵的知识。对于所有估值高的独角兽公司的创始人来说，成功之路上并没有一条镀金的、闪闪发光的捷径。这项研究表明，新兴市场的创始人与美国等更成熟的创业生态系统中的创始人之间存在一些明显的差异。正如我们对不同地区创业生态系统的研究所显示的那样，创业生态系统在各地的发展和变化具有独特的特点。

（二）中国企业成长路径

技术创新是中国独角兽企业成功的核心驱动力。以字节跳动、华为和阿里巴巴为代表的科技巨头，通过持续的技术研发和创新，推出了许多具有市场竞争力的产品和服务。例如字节跳动的短视频平台抖音凭借其强大的人工智能算法和用户推荐系统，迅速在全球范围内获得了大量用户。此外，华为在 5G 技术方面的领先地位，使其成为全球通信设备市场的重要参与者。

中国政府高度重视科技创新，并通过多种政策措施支持企业的研发活动。国家高新技术企业认定政策是其中一项重要举措，符合条件的企业可以享受税收减免、研发费用加计扣除等优惠政策，从而大幅降低企业的研发成本。政府还设立了大量科技创新基金，支持初创企业进行技术研发和成果转化。中国的消费者市场庞大且对新技术接受度高，为独角兽企业提供了广阔的市场空间。中国拥有全球最大规模的消费市场，这为独角兽企业的快速成长提供了肥沃的土壤。以电商领域为例，阿里巴巴和京东等企业通过不断创新商业模式，满足了中国消费者日益增长的在线购物需求。阿里巴巴的天猫"双十一"购物节[①]已经成为全球最大的购物狂欢节，单日交易额屡创新高。

除了电商，金融科技也是中国独角兽企业的重要领域。蚂蚁集团旗下的支付宝，通过提供便捷的移动支付和金融服务，迅速吸引了大量用户，推动了中国从现金社会向无现金社会的转变。这一过程中，企业利用庞大的用户基数和数据资源，不断推出新的金融产品和服务，满足不同用户的需求。中国政府通过一系列政策（如创新驱动发展战略）大力支持初创企业，尤其是在技术研发和市场推广方面提供了大量资金和资源。同时，随着知识和资源的逐步积累，中国在科技人才方面也取得了显著进展。到2012年，中国科技人才总量达到了2.554亿人，居世界领先地位。在技术创新的早期阶段，高素质的专业人员受到高度追捧。如今，在实施和数据处理阶段，专业知识的质量和数量都得到了匹配。

中国独角兽企业的快速崛起离不开资本市场的支持。中国拥有全球第二大资本市场，各类投资机构积极参与初创企业的融资活动。风险投资和私募股权投资在中国初创企业的发展中发挥了关键作用（Cheng 和 Schwienbacher，2016）。大量的资本涌入使得企业能够迅速扩展业务，进

---

① 参见：https://www.vjshi.com/watch/6653630.html。

行技术研发和市场推广。中国政府也积极推动多层次资本市场建设，通过设立科创板、新三板等，为科技创新企业提供更多的融资渠道。科创板作为中国资本市场的重要改革创新，为科技创新企业提供了快速上市的通道，吸引了大量高科技企业在国内上市融资。这不仅增强了企业的资金实力，而且还提升了其在国际市场的竞争力（Jinzhi 和 Carrick，2019）。

中国政府在推动科技创新和独角兽企业发展方面采取了多项政策措施。除了高新技术企业认定政策，政府还出台了《国家中长期科学和技术发展规划纲要（2006—2020年）》和《"十三五"国家科技创新规划》等重要政策文件，明确了科技创新的战略方向和重点任务。政府通过设立各类专项基金，支持企业进行技术研发和成果转化。例如国家自然科学基金、国家高技术研究发展计划（863计划）和国家科技重大专项等，为企业的创新活动提供了重要的资金支持。此外，各地方政府也纷纷出台相应的扶持政策，如设立科技创新园区、提供创业补贴和税收优惠等，营造了良好的创新创业环境。

为推动企业的数字化转型，中国政府出台了一系列政策措施。《中国制造2025》和《"互联网+"行动计划》等政策文件，明确了推动制造业智能化和服务业数字化的方向和任务。政府还通过设立智能制造示范区、支持企业"上云用数"等措施，推动传统产业的转型升级。高新技术企业认定政策是中国政府鼓励科技创新的重要举措。符合条件的企业可以享受15%的企业所得税优惠税率，比一般企业低10个百分点。此外，企业的研发费用可以实行加计扣除，有效降低了企业的研发成本，激励企业加大研发投入。

科创板和新三板的设立为科技创新企业提供了更多的融资渠道。科创板作为资本市场的重要改革创新,为科技创新企业提供了快速上市的通道。企业通过上市融资,能够迅速提升资金实力,进行技术研发和市场扩展。同时,科创板的设立也吸引了更多的投资机构关注科技创新企业,推动了整个资本市场对创新型企业的支持力度。国家自然科学基金、国家高技术研究发展计划(863计划)、国家科技重大专项等基金的设立,极大地激发了企业的创新活力,推动了技术进步和产业升级。

第二节　各国政策和市场环境比较

美国在创业方面，商务部一直处于领先地位，推动了几项新举措，以强化美国作为全球经济领导者的地位。商务部积极参与一年一度的全球创业峰会（Global Entrepreneurship Summit），吸引世界上最重要的创新者齐聚一堂，交流最佳实践经验，向同行学习，并听取成功和鼓舞人心的商业领袖的故事。美国拥有世界上最好的生态系统来支持初创企业和商业创造者，创业精神是美国最大的资产之一（Fan，2016）。

2012年，美国总统巴拉克·奥巴马（Barack Obama）签署了《创业企业融资促进法案》（JOBS Act，一下建成为JOBS法案），该法案旨在加速IPO。JOBS法案汇集了国会曾尝试过的许多不同法案，旨在让年轻公司，尤其是科技初创公司，更容易上市。由于减少了报告要求，该法案的目的是减轻大部分监管负担和部分上市成本。尽管IPO市场有所复苏，但JOBS法案的实际影响不一。根据复兴资本（Renaissance Capital）的数据，2017年美国提交的IPO交易总数为160笔，高于2016年的105笔。数据显示，在JOBS法案通过后的最初两年，IPO的数量有所增加。然而，2017年的上涨是相对的，因为2016年的IPO市场跌至2008—2009年金融危机以来的最低点，这是最终导致JOBS法案出台的原因之一。

不过，JOBS法案带来的影响可能并不完全积极。该法案削减了披露要求，允许公司向美国证券交易委员会（SEC）秘密提交上市的初步意向，仅需报告2年的财务报表，而不是3年，并且只披露3位高管的薪酬。这使得投资者在做出投资决策时获得的公司信息比过去少得多，导致他们在购买IPO时更加谨慎。SEC前总会计师林恩·特纳（Lynn Turner）表示："我们所知道的是，IPO的数量并没有真正上升……它取消了对投资者的保护，但并没有带来IPO的增加。"从这个角度来看，JOBS法案未能达到预期的效果。

在独角兽科技初创公司中，对IPO的回避尤为明显，如优步、爱彼迎、帕兰提尔（Palantir Technologies）和Pinterest等公司都尽可能长时间地保持私有化。资金的易得性是这些公司推迟IPO的一个主要原因，部分原因是JOBS法案对企业股东人数的规定进行了重大调整，再加上私人资金来源的爆发式增长。弗吉尼亚大学达顿商学院教授苏珊·查普林斯基（Susan Chaplinsky）指出："他们能够以一种前所未有的方式筹集资金。"她合著的一项研究发现，JOBS法案并没有降低公司的上市成本。"上市的首要原因是他们需要筹集资金，而私营部门的大量资金已经解决了这个问题。"总的来说，美国拥有世界上最好的生态系统来支持初创企业和商业创造者，创业精神是美国最大的资产之一。

30年前，中国的创业环境并不是一个令人兴奋的研究课题。许多社交媒体平台如Facebook、Twitter和YouTube，以及在线服务如易贝（eBay）、Groupon、Uber、BuzzFeed和贝宝（PayPal），甚至搜索引擎如雅虎（Yahoo）和Google，都被直接复制。布林、佩奇、杨和卡兰尼克的模仿者借用了他们的基本概念、目标广告系统、配色方案和设计，并选择了相似的名字。

模仿美国的创业模式帮助萌芽中的中国网络行业获得、巩固和发展新的技能和技术。这些模仿者在激烈的国内竞争中，通过调整和优化它们的项目，成长为世界级的公司。到2010年，中国企业积累的经验使中国成为专利申请数量的全球领导者。中国已经连续10年保持世界第一的位置，其中大部分专利申请是由个体企业提交的。分析人士表示，大多数中国独角兽公司都得到了阿里巴巴、腾讯、百度、京东、小米、奇虎360、联想和复星等科技巨头的支持。这些巨头通过提供完善的基础设施和充足的投资，培育新一代的初创企业，而年轻的独角兽则通过引入外部潜力和专业知识，加速巨头的成长，并通过获取外部资源增加资本。例如中国估值最高的金融科技初创公司蚂蚁金服于2011年从阿里巴巴剥离；同年，金融市场陆金所（估值380亿美元）从平安剥离；京东数字（原京东金融，估值190亿美元）和京东物流（估值120亿美元）分别于2013年和2004年从京东剥离。

创业项目的技术和商业实施，引入具有变革潜力的新想法和建立新商业模式的活跃阶段，需要大量的人力资源。北京市政府提出了一系列措施，以解决中国科技独角兽企业的"迫切需求"，帮助企业为中国国内和海外公开上市做准备。在经济复苏乏力之际，有关部门正从监管审查转向促进增长。包括技术促进机构、发展和改革委员会、金融和市场监管局在内的11个北京市不同职能的机构，携手制定了他们所谓的"独角兽十项措施"。根据北京市科学技术委员会在官方网站上发布的一份声明，这一范围广泛的政策旨在帮助独角兽公司在人才获取、营销、创新、融资和上市等方面取得成功。市政当局将推动跨机构合作，发掘更多的科技独角兽企业，特别是那些在"核心技术"领域运营的独角兽企业，将它们与各种市场和技术资源联系起来，以促进创新。优惠政策支持将包括一个更加"宽容谨慎"的监管环境，重要的焦点将是促进独角兽企业在国内外股市公开上市。

独角兽公司将获得在北京证券交易所快速上市的机会，北京证券交易所是中国第三家于 2021 年成立的交易所，旨在满足创新型中小企业的需求。根据 Dealogic 对上海证券交易所自 2022 年以来定价的 IPO 数据，在上海主板上市从提交申请到定价平均需要 580 天，而以科技为重点的科创板上市平均需要 345 天。根据市场研究公司长城战略咨询的一份报告，目前中国有超过 357 家独角兽公司是在过去 10 年里成立的。这些措施还包括慷慨的融资选择，例如为承担原始创新和关键技术"国家战略重点项目"的企业提供高达 1 亿元人民币（约 1 370 万美元）的融资。这还包括通过金融机构与风险资本基金合作的"风险债务和直接投资"组合，在流入中国的风险资本减少之际，为它们提供急需的"长周期、低成本"金融支持。

第三节　对英国独角兽企业发展的启示

通过对比英国、美国和中国独角兽企业的发展情况，我们可以获得许多关于如何促进英国独角兽企业成长的宝贵启示。

一、增强风险投资生态系统

美国拥有全球最完善的风险投资生态系统，硅谷的成功离不开风险投资公司的支持。红杉资本和 Andreessen Horowitz 等投资公司不仅提供大量资金支持，还为初创企业提供战略指导和资源对接。中国的独角兽企业也受益于强大的风险投资市场，科技巨头如阿里巴巴和腾讯通过投资初创企业，推动了整个科技生态系统的发展。

英国政府可以设立专项基金，鼓励私人资本投入初创企业。现行的企业投资计划（EIS）和种子企业投资计划（SEIS）可以进一步扩展，通过提供更多的税收优惠和资金支持，吸引更多天使投资和风险投资。此外，英国可以鼓励大企业设立风投部门，投资初创企业，这不仅有助于初创企业获得资金，还能通过资源整合和业务协同，加速其发展。在伦敦以外的城市，如曼彻斯特和爱丁堡，建立更多风投网络，吸引风险资本流向更多地区的初创企业，促进全国范围内的创新创业。

二、加强科技创新和研发投入

美国的独角兽企业高度依赖技术创新和研发投入。硅谷周围的大学和研究机构，如斯坦福大学和加州大学伯克利分校，提供强大的技术支持和人才输出。中国也在大力推动科技创新，通过"国家高新技术企业认定政策"等措施，鼓励企业进行研发投入，取得了显著成效。

英国政府应加大对基础研究和应用研究的资金支持，通过设立专项科研基金，鼓励企业与高校和科研机构合作进行技术研发。借鉴美国硅谷模式，推动企业与高校和科研机构的紧密合作，促进科研成果的商业化。设立科技园区和创新中心，提供企业孵化服务，帮助初创企业获得技术支持和人才资源。此外，政府应加大对科技人才的引进和培养力度，通过提供签证便利和创业补贴等措施，吸引全球顶尖科技人才来英国创业，同时加强本土科技人才的培养，提升整体科技创新能力。

三、营造良好的政策和市场环境

美国和中国的成功经验表明，政府政策和市场环境对独角兽企业的发展至关重要。美国通过灵活的市场机制和完善的法律体系，为企业创新提供了良好环境。硅谷的成功很大程度上归功于宽松的监管环境和强有力的知识产权保护。美国政府采取"少管制、多支持"的策略，鼓励市场自我调节，减少行政障碍，确保企业在公平竞争的环境中快速成长。SEC近年来对IPO法规进行改革，降低了中小企业进入资本市场的门槛，这些措施为科技初创企业的融资和成长提供了有力支持。

中国政府则通过一系列支持政策，如税收优惠和融资便利，积极推动科技企业的发展。中国的"国家高新技术企业认定政策"对符合条件的科技企业提供税收减免和资金补助,极大地激励了企业进行技术创新。政府还通过设立各类专项基金和引导基金,解决科技初创企业的融资难题。中国政府的积极介入和支持政策为初创企业提供了稳定的成长环境,使得大量新兴科技企业快速成长为独角兽企业。

因此,英国政府应进一步简化创业和投资相关法规,为企业和投资者提供更加便捷的服务。优化审批流程,简化企业注册和审批等行政手续,提升政府服务效率。通过在线服务平台提供一站式行政服务,减少企业在创办初期所需耗费的时间和精力。降低中小企业和初创企业进入市场的门槛,鼓励更多创业者投身科技创新领域。借鉴美国对IPO的改革,降低企业进入资本市场的难度,帮助企业获得更多融资机会(Brown和Wiles,2020)。

英国政府还应进一步扩大对初创企业和投资者的税收优惠政策,减轻企业负担,吸引更多资本进入科技创新领域。参考中国的高新技术企业认定政策,对符合条件的科技企业提供税收减免和资金补助,具体包括企业所得税和增值税等方面的减免,增强企业的资金流动性。建立健全知识产权保护机制,确保企业的创新成果得到有效保护。健全专利法和商标法等知识产权保护相关法律法规,确保法律条款完备和可操作性,提高违法成本,遏制侵权行为。为中小企业和初创企业提供知识产权法律援助服务,帮助企业维护自身权益。设立知识产权保护基金,资助企业进行专利申请和维权活动。

英国政府应采取措施,营造有利于创新和创业的市场环境,促进企业之间的公平竞争和合作。加强市场监管,维护市场秩序,防止垄断和不正当竞争行为,确保各类企业能够在公平环境中竞争和发展。通过设立产业联盟和创新联盟等形式，促进企业、科研机构和高校之间的合作，共同推动技术进步和产业升级。

四、培育创业文化和精神

美国的硅谷以其独特的创业文化和创新精神著称，吸引了全球最优秀的创业者和科技人才。中国的深圳也因其开放包容的创业氛围，成为全球创新创业的热土。

为了增强英国的创业文化和精神，可以通过举办创业大赛和创新论坛等活动，激发年轻人的创业热情。政府和企业可以共同组织各类创业活动，提供创业指导和资源支持，营造良好的创业氛围。在高校和中小学开设创业课程，培养学生的创业意识和创新能力。通过与企业合作，开展创业实训项目，让学生在实践中提升创业能力。政府和相关机构应为创业者提供全方位服务支持，包括法律咨询、市场推广和融资对接等。通过设立创业服务中心，为创业者提供一站式服务，解决创业过程中的实际问题。

通过对英国、美国和中国独角兽企业发展的比较分析，可以看出，风险投资生态系统、科技创新和研发投入、政策和市场环境、全球化发展、区域创新、数字化转型以及创业文化和精神是推动独角兽企业发展的关键因素。借鉴国际经验，英国可以通过增强风险投资生态系统、加强科技创新和研发投入、营造良好的政策和市场环境、培育创业文化和精神，进一步促进独角兽企业的发展。

参考文献

[1] Fan, J.S., 2016. Regulating unicorns: disclosure and the new private economy. *BCL Rev.*, 57, p.583.

[2] Brown, K.C. and Wiles, K.W., 2020. The growing blessing of unicorns: The changing nature of the market for privately funded companies. *Journal of Applied Corporate Finance*, 32 (3), pp.52-72.

[3] McNeill, D. (2016) "Governing a city of unicorns: technology capital and the urban politics of San Francisco", *Urban Geography*, 37 (4), pp. 494-513. doi: 10.1080/02723638.2016.1139868.

[4] Cheng, C. and Schwienbacher, A., 2016. Venture capital investors and foreign listing choices of Chinese companies. *Emerging Markets Review*, 29, pp.42-67.

[5] Jinzhi, Z. and Carrick, J., 2019. The rise of the Chinese unicorn: An exploratory study of unicorn companies in China. Emerging Markets Finance and Trade, 55 (15), pp.3371-3385.

第八章

未来展望与发展建议

第一节　英国独角兽企业未来的发展趋势

随着数字化经济的蓬勃发展，创新型创业模式不断涌现，在高新技术产业中出现一批发展爆发力强、资本集聚、掌握领先核心技术、估值及收入达到一定程度的创新创业企业。与传统工业经济的线性产业组织成长道路相比，即"微型企业—小型企业—中型企业—大型企业"，新型产业组织成长路径"初创企业—瞪羚企业—独角兽"越来越受该类创新创业企业的青睐（Wang 和 Zhang，2023；Xu，2023）。

作为全球领先创新创业中心的英国，境内拥有多家独角兽企业，在全球顶尖前沿技术领域扮演重要角色（Goumagias，2020）。英国独角兽企业一般主要依靠推出颠覆传统行业经营模式、专利技术和人力资源管理在市场上获得优势竞争力。这些企业自身具有成长潜力大、无形资产比重高、高收益率的特点（Kotha 等，2022）。因此，对英国独角兽企业进行未来发展趋势展望，与传统企业比，需要着重关注创新和技术驱动、高速成长、资金筹集、资本构成、风险与机遇、营销规划、企业氛围、治理模式的影响。鉴于目前英国独角兽企业的生存情况，相信未来与之相关的财政政策将不断改善，新兴科技带来的衍生品种类将更加丰富，对于英国独角兽企业而言，未来充满了发展的机会与潜在的挑战，下面将从技术和市场趋势，以及新兴领域的独角兽企业的潜力两个方面，结合政府报告和权威资料进行详细分析。

一、未来的技术和市场趋势

（一）金融科技

1. 虚拟银行和数字支付

虚拟银行和数字支付指的是将数字技术应用到银行和支付平台中去，特别是金融科技公司提供的创新产品（Shermukhamedov 和 Tulaganova，2021；Chaimaa 等，2021）。其中包括在线银行服务、开放银行、在线支付、移动支付、加密货币支付等。

英国拥有全球领先的金融科技行业背景，截至目前在虚拟银行方面，英国本土企业 Revolut 和 Monzo 已经在全球范围内获得广泛的客户基群；而在数字支付业内，也拥有像 Checkout.com 这样的知名企业。为此，相信未来独角兽企业在虚拟银行和数字支付方面仍然保持热度。根据 CFIT 的报告指出，开放金融使英国每年 GDP 增加 305 亿英镑。[①] 同时，2023 年英国金融科技获得了超过 50 亿美元的投资。[②] 巨大的市场潜力为金融科技企业的发展带来新机遇，金融科技发展前景一片光明。

随着数字货币以及加密货币使用者数量的增加，在金融科技业内进行区块链技术融合具有重要意义，可以帮助提高金融交易的时效性及安全性。全球区块链市场规模预计将迎来飞跃式增长，2024—2031 年的预计复合年增长率为 80.8%。[③] 同时，在金融领域应用人工智能和机器学习，

[①] 参见：https://cfit.org.uk/2035-2/。
[②] 参见：https://www.innovatefinance.com/capital/fintech-investment-landscape-2023/。
[③] 参见：https://www.marketwatch.com/press-release/blockchain-market-to-expand-at-80-8-cagr-through-2031-skyquest-technology-edd7289d。

有助于在检测欺诈、客户服务和提供私人定制化投资建议方面进行提高。改善金融科技企业的服务质量，提高用户服务体验感。据普华永道报告指出，人工智能将与金融服务融合，融合预计主要在资产财富管理、银行及资本和保险服务方面。①

2. 普惠性金融服务

全球目前总人口达 81 亿，②其中新兴经济体中有 20 亿人无法储蓄和信贷，而早在 2014 年有将近 80% 的成年人拥有手机，但当中只有 55% 的人拥有金融账户。③发达经济体虽普及度优于新兴经济体但亦有普及空间。因此普惠性数字金融服务具有广阔市场空间。而普惠性金融服务与传统银行体系相比，需要降低其运营成本和提高服务辐射范围，为更多潜在的客户群提供便捷的金融服务。目前英国政府也在大力推广普惠金融，相信借助政府层面推出的福利政策，将进一步促进金融科技企业的发展，也为金融科技领域的潜在及现存的独角兽企业带来更多的发展机会及潜能。④

（二）医疗科技

随着新型冠状病毒感染等疫情的催生以及技术的进步，远程医疗等数字化进程在英国医疗行业内逐步发展。鉴于未雨绸缪及医疗行业的实

---

① 参见：https://www.pwc.com/gx/en/issues/analytics/assets/pwc-ai-analysis-sizing-the-prize-report.pdf。
② 参见：https://www.worldometers.info/world-population/。
③ 参见：https://www.mckinsey.com/~/media/21A102FA85A541BCABEA1F6B04F7E136.ashx。
④ 参见：https://assets.publishing.service.gov.uk/media/639c91f4d3bf7f37618b5c5d/Financial_Inclusion_Report__002_.pdf。

际需要,预计远程医疗和数字健康监测等将在英国医疗市场拥有强劲发展潜能。

1. 远程医疗

首先,得益于人工智能和机器学习技术的逐渐成熟,将两者运用到远程医疗行业并实现商业化指日可待,例如目前在影像诊断、个性化虚拟健康辅助系统等方面已经开始将上述技术运用到其中。而根据 MarketWatch 的报告,2031 年全球医疗领域与人工智能融合的市场规模预计将达到 1 764 亿美元。[①] 其次,从潜在客户量来看,远程医疗预计成为市场大热。如陶尔哈姆莱茨的慢性肾病电子诊所的案例,得益于电子诊所的建立,改善了慢性肾病的管理并减少终末期肾病患者的数量,肾门诊预约平均时间有效降低至 5 天,大大提高就诊效率。[②] 而基于市场对医疗服务的强大需求,因此类似电子诊所等远程医疗的用户量庞大。同时,在新冠疫情期间,通过远程医疗咨询的人数大幅上升。[③] 预计这种趋势将持续下去,远程医疗用户数量将显著攀升。最后,远程医疗的发展也受到英国政府政策的扶持。根据英国政府发布的《长寿社会战略》报告,其中强调了在医疗行业中提升技术科技的重要性。[④]

[①] 参见:https://www.marketwatch.com/press-release/healthcare-artificial-intelligence-market-to-be-worth-176-4-billion-by-2031-exclusive-report-by-meticulous-research-r-3b60da42。

[②] 参见:https://www.longtermplan.nhs.uk/online-version/chapter-1-a-new-service-model-for-the-21st-century/4-digitally-enabled-primary-and-outpatient-care-will-go-mainstream-across-the-nhs/。

[③] 参见:https://www.cnbc.com/2020/04/09/telemedecine-demand-explodes-in-uk-as-gps-adapt-to-coronavirus-crisis.html。

[④] 参见:https://www.longtermplan.nhs.uk/。

2. 数字健康监测

数字健康监测产品，包括医院信息系统及个人数字健康设备。首先，该类产品的现存用户基群大。根据 Statista 的预计，英国市场上的智能手表用户数量将在 2028 年达到 443 万人。① 同时，随着人口老龄化的加剧，市场对数字健康监测产品的需求将进一步增加。其次，随着可穿戴设备以及移动健康应用的不断进步，目前已经可以实现检测心率、步数、睡眠质量等健康数据，但其精准度及时效性仍然有待提高。市场对数字健康监测产品的需求在不断提高。

综上所述，金融科技和医疗科技在未来英国市场具有强大的发展潜能，潜在用户数量、预计市场价值等都印证了这一观点。相信通过技术创新、政策扶持和市场需求等推动，将使上述未来技术涉及的领域推陈出新，市场前景一片光明。

二、新兴领域的独角兽企业的潜力

（一）教育创新科技

1. 虚拟实境和增强现实

虚拟实境和增强现实技术在教育领域的应用，为传统教授模式带来新鲜血液。其优点众多，有且不仅限于让抽象的概念可视化，增加师生互动感，沉浸式学习，给学生安全的虚拟环境进行实操，以及远程教学等。有赖上述优点，虚拟实境和增强技术在教育和培训行业的应用备受

---

① 参见：https://www.statista.com/forecasts/1370214/number-of-smartwatch-users-uk。

推崇，并受到英国政府的支持。①

同时，英国本土教育科技企业也已尝试在教育领域应用上述技术，如 Blippar 通过将虚拟实境技术应用到其教育平台中，实现了教学内容与现实世界的结合，增强了学生的学习兴趣。

2. 在线教育

受到新型冠状病毒感染疫情的驱动，加速了在线教育的发展进程。2023 年全球教育科技市场规模估计为 1 423.7 亿美元，预计未来 7 年的复合年增长率为 13.4%，②市场发展空间巨大。目前，在英国市场上已存在不少教育科技企业，它们在在线教育方面显现出发展潜能，如 FutureLearn。相信未来，英国的教育行业将出现人工智能的融入，有利于教育领域中的智能学习助手、个性化学习方案制定等的优化。

（二）物联网技术

1. 物联网设备

物联网技术将现实世界的物理设备通过互联网连接起来，使各设备之间实现数据交互、智能协作等功能（Mouha，2021）。物联网设备在智能家居、智能制造等领域的应用逐渐增加③（见图 8-1），由于物联网设备给社会带来各种积极作用，例如提高生活便捷性、工作效率。独角兽企业未来在该领域的潜能并非空穴来风，从全球物联网市场支出预测来

---

① 参见：https://www.gov.uk/government/publications/uks-digital-strategy/uk-digital-strategy#s3。
② 参见：https://www.grandviewresearch.com/industry-analysis/education-technology-market。
③ 参见：https://www.linkedin.com/pulse/internet-things-iot-mohammad-alyasfo/。

看，到 2028 年将达到 22 270 万亿美元，并将持续提升。① 同时，在英国市场上已经有在该领域探索并获得领先的物联公司，如 ARM Holdings，其在低能耗智能家居和工业制造自动化方面表现突出。

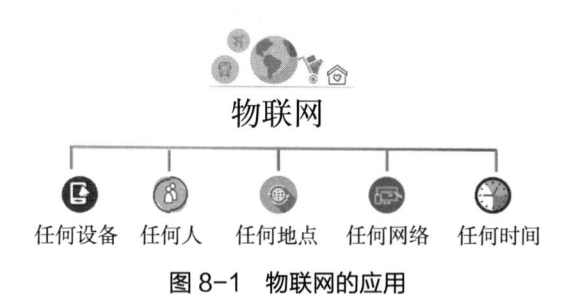

图 8-1 物联网的应用

2. 智能城市解决方案（主要基于物联网技术）

随着人类社会的不断进步，人口逐渐向城市聚集，特别是在超大型城市（如英国伦敦、澳大利亚悉尼、中国上海）。人口迅速膨胀为城市管理带来巨大挑战。而将物联网、人工智能等技术整合并应用到城市管理中，将有效提高城市管理效率以及居民生活品质（Kirimtat 等，2020）。而智能城市建设所创造的市场规模不容忽视，据 Markets and Markets 的研究成果表明，自 2022 年以来，全球智能城市的市场规模在不断扩张，预计在 2028 年将达到 11 144 亿美元，该市场的规模在几年间增长率达 124%。② 得益于智能城市建设带来的潜在发展空间，企业若能抓住市场风口，将获得巨大红利。而目前英国市场上已经有公司敢于创新，在该领域进行探索，如科技公司 Improbable，在虚拟城市规划方面进行了尝试，市场反应良好。

综合上述，英国在教育创新科技、物联网技术应用等新兴领域具有

---

① 参见：https://www.statista.com/outlook/tmo/internet-of-things/worldwide。
② 参见：https://www.marketsandmarkets.com/Market-Reports/smart-cities-market-542.html。

强大的独角兽企业潜力。未来，英国政府和企业需要持续在创新技术方面进行投入，通过政策扶持和国际合作，促进其在创新领域的发展。同时面对越发激烈的国际间市场竞争，掌握新兴技术的英国独角兽企业要利用好自身优势和抓住外部机遇，提升核心竞争力，并致力于技术输出和国际合作，使其在国际市场竞争中获得优势地位，并为全球经济发展做出自己的贡献。

第二节　针对不同阶段企业的成长建议

一、初创企业的成长策略

（一）多元化融资渠道

如何获得大量资金以支持初创阶段的资金需求是独角兽企业生存、发展的关键。清晰的融资策略有助于初创企业满足其资金需求，而多元化融资渠道便是答案之一（Ye，2023）。多元化融资有利于企业降低融资成本、分散风险。而多元化融资渠道，意味着企业在不同的阶段选择不同的融资方法（Oranburg，2020）。第一，在初创企业的最早期阶段，需要资金对概念进行验证或进行市场测试时种子轮融资可适用。第二，在种子轮融资之后可以寻求个人投资者和天使投资基金的融资帮助（Cotei 和 Farhat，2017）。第三，在企业的初创阶段，风险投资能够为其提供资金支持，但企业需权衡未来可能面临的股权高度集中或被投资方过度控股的风险。同时，企业也面临来自投资者的尽职调查。第四，与高校合作，企业可以通过参与孵化器项目获得融资（Chang 和 Cheng，2024）。第五，债务融资也是初创企业的融资手段之一，与股权融资相比，可以有效降低企业股权稀释。第六，目前，英国政府鼓励高新初创企业的发展，出台政策对其进行扶持，相关初创企业可以利用政府提供的补助和支持计划来筹集资金（Cowling 和 Dvouletý，2023）。第七，私募股权也是初创企业融资的方式，具有灵活融资条件、无须公开披露公司信息的优势（Lerner 和 Leamon，2023）。综合上述，多元融资可以降低企业的融资成本和风险，并建立稳健的资本基础，为企业未来发展保驾护航。

（二）审慎对待"对赌协议"

对于在初创阶段，具有较强发展潜力的企业而言，与投资人签署"对赌协议"是常见的融资手段。鉴于对赌协议一般设置了明确的业绩目标和时间限制，未达标可能对企业的财务带来巨大压力，并且可能导致企业股权稀释，影响企业控制权（Yang，2019）。因此，初创企业面对"对赌协议"需采取审慎而明智的策略，确保协议能促进投资人加大投资额，同时当企业未达标时，不会造成重大负面影响。

在与投资人签订"对赌协议"时，可以遵循以下几点来应对。第一，设置具有可实现性的业绩目标。目标的设定要基于企业当前市场环境和增长潜力，以防目标设置过于理想化，并合理设置阶段性目标，确保目标的可控性（Yin 等，2023）。第二，增加灵活调整条款，允许企业在市场环境、政策环境发生重大变动时，有目标调整的操作空间。第三，提前制定备用计划，包括当企业未能达到既定目标时，如何调整业务，优化资源利用效率等，以降低对企业的负面影响。第四，在条款中，尽量规定当初创企业增加公司注册资本时，该资本部分或全部由投资人认购，将其当作一种奖励投资人的机制。第五，合理设置奖励和惩罚机制，在采取正向激励的同时，采取适度的惩罚（Li，2024）。第六，立足企业发展的长期目标，确保"对赌协议"目标与企业长期发展战略一致。

（三）组建人才团队

人才与团队建设是初创阶段独角兽企业的发展重心，优秀的人力资源是推动初创企业快速发展并走向成功的关键点（Yadav，2024）。为此，提出以下建议。第一，招募具有创新精神、愿意承担风险并具有创始人精神的成员。吸引并留住行业内顶尖人才，特别是技术、产品方面的专业人才。关注核心团队成员。第二，建立积极的团队文化，团内成员互帮互助、协力进步、攻克难关。第三，明确目标并设立合理的激励机制，激励成员为共同目标而努力。第四，建立开明、及时的沟通机制，确保团队内沟通顺畅，成员畅所欲言，信息共享，为团队目标出谋划策（Krenzi，2020）。

（四）注重产品与市场契合

产品研发过程中，缺乏对所研发产品的准确定位，可能造成产品在各研发阶段各自为政的情况，亦可能出现研发出的产品的市场定位模糊不清的情况（Ruan，2018）。产品研发定位的准确性，直接影响产品研发是否能获得商业化的成功。产品的商业成功对初创企业至关重要，将有限的时间和资金成本投入产品研发，能否获得相应的商业收益并保持可持续的拓展是初创企业能否在激烈市场中生存并成长为独角兽企业的关键。在产品设计研发过程中，贯彻落实产品与市场契合的理念将有助于初创企业在市场中占得一席之地（Johansson，2017）。

产品与市场契合，意味着企业计划进入的是一个好的市场，并且企业的产品也与该市场高度契合。好的市场意味着该市场拥有大量的潜在客户群，市场空间广阔，企业进入该市场时可以享受风口带来的红利（Hanson 等，2023）。同时，当初创企业进入风口市场时，其初代产品可以不那么完美，可以通过产品与市场的不断磨合，逐渐将产品打造得相对最优，抓住巨大流量给企业带来的市场回报。产品研发之初，也要精准定位目标客户群的需求，生产符合风口市场需求的产品，确保产品受到客户的欢迎（York，2018）。在产品推出市场后，要持续进行市场反馈调查，根据反馈意见进行及时调整，逐渐对产品进行升级。

二、成熟企业的拓展和升级

（一）多元化产品和服务

多元化战略为独角兽企业提供了更广泛的市场覆盖和收入来源，降低了对单一市场的依赖，从而增强了企业对风险的抵御能力。独角兽企业有着快速增长和高估值的特点，但同时也伴随着特殊的挑战，特别是当涉及维持并扩展已有的成功时。在这一层面上，多元化不仅是战略部署，而且更是不可或缺的要素。它代表了一种多维度的策略，涉及产品线的拓展、市场的多元化以及收入流的增加，确保公司的发展不再依赖于单一产品的兴衰或特定市场的经济波动。这种策略不仅降低了风险，还能使公司借助自身优势，积极探索新的增长机遇。[①] 同时，多元化经营策略不仅推动了企业的技术创新和市场创新，而且还显著提升了企业的竞争力。根据研究，产品多元化对企业绩效具有积极的推动作用，特别是当企业在信息技术投入上加大力度时，这种正面效果更加明显（Ravichandran 等，2009）。在追求产品和服务多元化的过程中，企业还需确保高质量标准与卓越客户体验并行不悖，从而巩固品牌忠诚度，促进长期增长。有研究显示，产品多元化和客户多元化的结合能为企业绩

---

① 参见：https://fastercapital.com/content/The-Role-of-Product-Diversification-in-Unicorn-Startup-Growth.html。

效带来正面影响，而地域多元化则可能与企业绩效呈负相关关系。此外，合同制造模式不仅与企业绩效呈正相关关系，而且还在产品多样性和企业绩效之间发挥着调节作用（Hsu 和 Liu，2008）。另一项研究更是明确指出，企业的多元化程度与其业绩表现呈正相关关系，反映出多元化企业在市场中拥有显著的竞争优势和溢价优势。该研究还揭示了绩效与总体多元化之间的正相关关系，表明优秀的绩效往往会促使企业进一步拓展多元化战略（Bhatia 和 Thakur，2018）。然而，企业也需警惕，过度的多元化可能导致资源分散和管理难度增加，进而影响经营效率。

（二）实施全球化战略

相同的企业产品可能会在不同的文化下产生共鸣，拓展新市场使这些公司能够获得更大的客户群并增加收入来源，从而给企业产生新的经济效益。研究证明，全球化战略被证实能有效提升企业的绩效表现。其中，市场导向和国际经验被视为全球营销战略的核心驱动力，这对组织绩效具有显著影响。扩展的全球营销战略模型揭示了企业在全球竞争中需关注的关键战略层面，如营销计划的统一化、营销活动的协同以及竞争策略的整合。从资源基础观角度出发，企业执行全球化战略时，应充分发掘并利用自身资源，如技术、品牌和渠道等，以获取在全球市场上的竞争优势。这些资源将直接决定企业在全球舞台上的表现（Wu，2011）。向全球扩张还可以帮助公司吸引新人才、获得新技术并获得优于竞争对手的竞争优势。[①] 英国独角兽企业应该积极寻求国际市场，特别是亚洲和美洲。当然，企业需要注意，产品多元化与国际多元化或许不

---

① 参见：https://kitfolio.com/unicorn-companies/global-expansion-strategies/。

适合同时发展，有研究证明这两项战略同时发展可能使企业绩效呈现倒U形曲线（Arte 等，2022），甚至会产生负面效应，尤其对于高科技行业（Gu 等，2018）。

（三）增加研发投资

研发投资对企业绩效增加的重要作用，它可以促进创新、提升生产力、创造就业机会、增强经济韧性以及带来长期显著回报。研究显示，研发投资可以显著提升企业的市场竞争力和盈利能力，为企业持续成长和应对全球挑战提供了坚实基础。[①] 已有文章通过实证分析强调了研发投资对企业绩效增加的重要作用，指出企业自身资助的研发项目相比政府资助的项目更能显著提升市场绩效，包括销售增长、成本降低和整体盈利能力（Liu 和 Chen，2010）。对于成熟的独角兽企业而言，这些理论的应用体现在它们更倾向于自主投入大量资源进行研发活动，以开发出具有竞争优势的新技术和产品，从而在市场中保持领先地位并实现高速增长。正是通过有效的研发投资策略，不断推动创新并转化为市场优势，独角兽企业最终可以实现企业的快速发展和绩效提升。调查显示，研发投资是独角兽企业实现快速增长和长期价值创造的关键驱动力。通过合理的财务灵活性管理并高研发投资，能有效提升企业科技创新能力，从而带动业绩增长。成熟的独角兽企业如科大讯飞等，通过持续高比例的研发投入，不仅增强了科研实力，而且还显著提升了市场竞争力和盈利能力。这些企业通过内部高效利用资金、低成本融资和公平收益分配等方式，有效应对高研发风险，实现了技术突破与商业成功的双赢。

---

① 参见：https://royalsociety.org/-/media/policy/projects/investing-in-uk-r-and-d/2020/Investing-in-UK-RD.pdf。

第三节　政府和企业在促进独角兽企业成长中的角色

一、政府的政策建议

（一）优化税收和财政政策

为了增强独角兽企业的市场竞争力，降低其运营成本，英国政府应当持续优化税收政策体系。税收政策通过直接影响企业的税后成本及投资项目的净现值，有效引导企业的投资决策方向。具体而言，实施较低的税率策略能够显著降低企业的投资成本，提升项目吸引力，进而激励企业加大在研发及市场拓展方面的投资力度。这一效应在独角兽企业中尤为显著，因为它们正处于快速成长期，急需大量资金支持以推动创新与发展。此外，通过财政补贴、税收抵免等直接财政支持手段，企业可获取额外资金用于高风险、高回报的创新项目，这对于依赖创新驱动增长的独角兽企业而言至关重要。综合这些财政与税收政策的协同效应，独角兽企业能够获得更充裕的资金支持，从而提升整体绩效与市场竞争力（Khan等，2020）。

为进一步缓解独角兽企业的财务压力，政府可实施贷款担保及税收优惠政策，降低其融资成本。这些措施为企业创造了稳定的发展环境，有利于技术创新与产业升级的推进。例如在2023年的财政预算报告中，英国政府已采取了多项针对性措施，包括提高研发税收抵免比例以激励企业增加研发投入、延长研发税收抵免有效期，为长期研发活动提供稳定支持，以及对研发设备实施加速折旧以降低企业税负成本。[①] 展望未来，政府还可考虑对独角兽企业员工实施个人所得税优惠，吸引顶尖人才加入；同时，对技术转让与知识产权交易给予税收优惠，以加速技术创新与成果转化进程。

此外，英国政府已展现出对独角兽企业实质性的财政支持力度，通过设立创新基金直接资助企业研发活动。这些资金不仅促进了研发项目的开展，还助力企业购置先进研发设备、引进高端人才。[②] 为进一步拓宽独角兽企业的融资渠道，政府可积极引导社会资本流入，推动形成多元化的融资生态。同时，设立专项投资机构，对有潜力的独角兽企业进行直接投资或参与其融资过程，也是促进独角兽企业快速成长的有效途径。

（二）加强创新生态系统建设

创新生态系统是独角兽企业茁壮成长的坚实基石。英国政府应当深化高校、科研机构与企业之间的协作与交流，推动产学研一体化的深度融合，从而强化科技创新的整体效能。此外，加强科技创新基础设施建设，对于提升科技创新能力和水平至关重要，能够为独角兽企业的技术创新活动奠定坚实基础。同时，严格的知识产权保护和管理机制，将为独角兽企业的创新成果提供强有力的法律保障，进一步激发其创新潜能。

现有研究成果强调了政府政策在塑造有利的制度环境方面的关键作用，这对独角兽企业的蓬勃发展尤为关键。中国政府通过一系列创新政策，如设立专项创新基金、实施税收优惠等措施，成功构建了一个支持

---

① 参见：https://www.gov.uk/government/publications/spring-budget-2023/spring-budget-2023-html。

② 参见：https://www.gov.uk/government/news/uks-thriving-tech-sector-promoted-to-american-entrepreneurs-and-investors。

创新和高科技产业发展的生态系统，显著降低了企业的创新成本，激发了全社会的创新活力。同时，中国还积极推进科技园区建设，强化知识产权保护，为企业创新创造了优越的外部环境（Poon 等，2024）。

对于英国政府而言，这些实践经验提供了宝贵的借鉴。鉴于英国已成为继美国和中国之后，全球第三个科技部门规模达万亿美元的国家，①这充分证明了政府通过创新政策能够有效营造促进创新和高科技产业发展的制度环境。展望未来，英国政府应继续加大力度，推动科技园区和孵化器的发展，为初创企业提供全方位的支持。此外，强化知识产权保护，确保创新成果得到充分认可与保护，是激发企业创新动力、推动独角兽企业持续成长的关键一环。通过吸收并借鉴中国政府的成功策略，英国政府有望更加高效地促进独角兽企业的蓬勃发展，进一步巩固其在全球科技领域的领先地位。

（三）拓展国际市场

多边主义外交政策（强调国际合作和遵守国际规则）与保护主义政策（强调国家利益和单边行动）会对跨国企业的行为和国内企业的绩效产生不同影响。多边主义通过维护稳定的国际贸易和投资环境，有助于促进跨国企业的国际化和国内企业的绩效提升（Temouri 等，2023）。在 2024 年 2 月第 78 届联合国大会第 54 次全体会议上，英国政府明确表示，多边主义是应对 21 世纪共同挑战的最佳工具。②通过强调国际合作和遵守国际

---

① 参见：https://www.gov.uk/government/news/uks-thriving-tech-sector-promoted-to-american-entrepreneurs-and-investors。

② 参见：https://www.gov.uk/government/speeches/the-united-kingdom-is-clear-that-multilateralism-is-the-best-tool-to-tackle-the-shared-challenges-of-the-21st-century-uk-statement-at-the-un-general。

规则，多边主义有助于维护一个稳定的国际贸易和投资环境，降低企业面临的贸易壁垒和关税，减少因政策变动带来的不确定性风险，从而提升企业绩效。① 同时，还有助于引进先进技术和管理经验，推动企业的技术进步和产品升级，提高企业的经营效率和市场竞争力。英国政府官方研究报告中指出，外交政策中的国际投资协定通过提供市场准入、投资保护、法治环境信号、争议解决机制、资源获取与成本效率、政策稳定性和可预测性等方面的支持，以及通过促进企业与东道国的合作和文化适应，间接或直接地影响了企业的绩效。② 政府已通过鼓励企业参与国际贸易展览、搭建国际合作平台等方式，支持企业开拓海外市场。③ 同样，政府还可以积极与其他国家和地区建立合作关系，为独角兽企业拓展国际市场提供有力支持。例如可以与其他国家签订自由贸易协定或投资保护协定，为独角兽企业在海外市场的投资和经营提供便利；可以组织独角兽企业参加国际展览、论坛等活动，提高其国际知名度和影响力。这些举措可以促进企业的国际化发展，提升企业在全球范围内的竞争力。

二、企业的战略建议

（一）构建人才激励机制

英国企业在人才战略方面面临着诸多挑战和机遇。在 2021—2022 年，

---

① 参见：https://assets.publishing.service.gov.uk/media/659fb20ae8f5ec000f1f8b6f/impact-of-iiias-on-outward-direct-investment.pdf。

② 参见：https://www.gov.uk/government/publications/impact-of-international-investment-agreements-on-uk-outward-direct-investment。

③ 参见：https://www.lbbonline.com/news/the-great-campaign-launches-the-worlds-first-ever-changing-statue。

英国42%的毕业生完成了STEM学科的学习。英国每10万名20—34岁人口中，有1 393人获得了STEM领域的第一个大学学位，获得该学位的人数比例高于美国、印度和中国。①这显示英国在STEM毕业生生产方面表现相对较好，能为企业的创新和技术发展提供重要的人才储备，但在关键的技术和制造业领域，毕业生比例相对较低，2022年超过一半的英国STEM毕业生（52%）选择了与健康相关的学科。而在工程、制造和建筑领域的STEM毕业生比例仅为9.1%，这可能影响到这些行业的人才供应和长期发展。2023年底，英国记录了934 000个空缺职位，其中46%与STEM领域相关，对比制造业和信息通信技术行业，分别有12%和6.9%的公司表示存在劳动力短缺。这表明劳动力市场上存在显著的STEM技能缺口，这要求企业采取更加积极的人才战略，包括培训现有员工、吸引国际人才和加强与教育机构的合作。通过加大对STEM教育的投资、改善劳动力市场的技能匹配、提高工程专业的吸引力、加强研发投入与人才战略的协同、推动自动化与技能转型以及加强国际合作与人才流动，英国企业可以更好地应对未来的人才需求挑战并实现可持续发展。

同时，企业应提供个性化的薪酬和福利方案，以满足不同员工的需求和偏好。②每个员工都有独特的需求和价值观，通过定制化的福利计划，如灵活工作时间、远程工作选项、健康保险、职业发展规划等，可以更有效地吸引和留住人才。这种策略基于对员工个人偏好的深刻理解，有助于提高员工的工作满意度和忠诚度。还可以通过对员工的内在激

---

① 参见：https://www.ciip.group.cam.ac.uk/wp-content/uploads/2024/03/UK-Innovation-Report-2024_FINAL-20.03.24.pdf。

② 参见：https://www.cipd.org/uk/views-and-insights/thought-leadership/insight/compensation-revolution/。

励，如提升他们对组织使命和目标的认同感，将他们留在组织中（Byun，2022）。内在激励指的是员工出于对工作本身的热爱、对组织目标的认同和成就感等内部因素而愿意付出努力。当员工认同组织的使命和价值观，并感到自己的工作对组织有重要意义时，他们会更加投入工作，也更有可能长期留任。此外，内在激励与外在激励（如薪酬、奖金）相辅相成，能够共同提升员工的工作满意度和忠诚度。

（二）建立定制化服务机制与政策支持

企业应积极与地方政府和相关部门合作，建立独角兽企业服务库，提供定制化服务。政策的有效实施依赖于对实施过程的细致理解和支持（Hudson 等，2019）。类似地，企业在为独角兽企业或特定客户群体提供服务时，通过建立定制化服务机制，有助于企业精准定位客户需求，避免"一刀切"的服务模式带来的效率低下和资源浪费。同时，通过定制化服务，企业能够建立起与客户之间的紧密合作关系，增强客户忠诚度。研究表明，在动荡的市场和技术环境中，定制化服务能够帮助企业增强与客户的联系，创造基于能力的转换成本（capability-based switching costs），从而提高客户忠诚度。定制化服务通过满足客户的个性化需求，建立起难以替代的关系，使得客户在面临转换成本时更倾向于保持与企业的合作关系（Frank 等，2022）。同时，企业可以建立研发和经营情况跟踪服务机制，及时解决独角兽企业在发展中遇到的问题。

参考文献

[1] Arte, P. and Larimo, J. (2022) Moderating influence of product diversification on the international diversification-performance relationship: A meta-analysis. *Journal of*

business research. [Online] 1391408-1423.

[2] Bhatia, A. and Thakur, A. (2018) Corporate diversification and firm performance: an empirical investigation of causality. *International journal of organizational analysis* (2005). [Online] 26 (2), 202-225.

[3] Byun, S. (2022) The role of intrinsic incentives and corporate culture in motivating innovation. *Journal of banking & finance*. [Online] 134106325-.

[4] Chaimaa, B., Najib, E., and Rachid, H. (2021). E-banking overview: concepts, challenges and solutions. *Wireless Personal Communications*, 117, 1059-1078.

[5] Chang, Y., and Cheng, Q. (2024). Entrepreneurial mentoring, financial support and incubator patent licensing: evidence from Chinese incubators. *European Journal of Innovation Management*, 27 (1), 290-309.

[6] Cotei, C., and Farhat, J. (2017). The evolution of financing structure in US startups. *The Journal of Entrepreneurial Finance*, 19 (1), 4.

[7] Cowling, M., and Dvouletý, O. (2023). UK government-backed start-up loans: Tackling disadvantage and credit rationing of new entrepreneurs. *International Small Business Journal*, 41 (7), 714-733.

[8] Goumagias, N. (2020). The Internet of Things in Europe: In Search of Unicorns. The Internet of Things Entrepreneurial Ecosystems: Challenges and Opportunities, 31-55.

[9] Gu, J., Yang, Y. and Strange, R., (2018). Firm diversification and financial performance: Evidence from manufacturing firms worldwide. Contemporary Issues in International Business: Institutions, Strategy and Performance, pp.297-315.

[10] Hanson, M. A., Osman, N., Goldberg, J. M., and Wessler, J. D. (2023). Creating the perfect telehealth product. In Emerging Practices in Telehealth, pp. 117-130. Academic Press.

[11] Hsu, C. and Liu, H. (2008). Corporate Diversification and Firm Performance: The Moderating Role of Contractual Manufacturing Model. *Asia Pacific Management Review*. 13 (1), 345-360.

[12] Hudson, B., Hunter, D. and Peckham, S., (2019). Policy failure and the policy-implementation gap: can policy support programs help?. Policy design and practice, 2 (1), pp.1-14.

[13] Johansson, H. (2017). Finding the Product/Market fit: Lean Canvas framework as a tool for establishing customer-validated market orientation in early-stage startup businesses.

[14] Khan, U. et al. (2020). The Role of Taxes in the Disconnect Between Corporate Performance and Economic Growth. *Management science*. [Online] 66 (11), 5427-5447.

[15] Kirimtat, A., Krejcar, O., Kertesz, A. and Tasgetiren, M.F., (2020). Future trends and current state of smart city concepts: A survey. *IEEE access*, 8, pp.86448-86467.

[16] Krenzi, L. (2020). How to optimize the Talent Acquisition Strategy and Recruitment

Process in Swiss startups and young ventures to build a winning team?.

［17］ Kotha, S., Shin, S. J., and Fisher, G. (2022). Time to unicorn status: An exploratory examination of new ventures with extreme valuations. *Strategic Entrepreneurship Journal*, 16 (3), 460-490.

［18］ Lerner, J., and Leamon, A. (2023). Venture capital, private equity, and the financing of entrepreneurship. John Wiley & Sons.

［19］ Li, RC. (2024). Risk identification and prevention measures of the enterprise gambling agreement financing model. Legal Expo (11), 63-65.

［20］ Liu, T. C. and Chen, Y. J. (2010) Research and development investment strategy and market performance. Social behavior and personality. [Online] 38 (2), 227-236.

［21］ Mouha, R. A. (2021). Internet of things . *Journal of Data Analysis and Information Processing*, 9 (2), 77-101.

［22］ Oranburg, S. C. (2020). Start-up financing. In Start-Up Creation (pp. 59-79). Woodhead Publishing.

［23］ Poon, T.S.C., Wu, C.H. and Liu, M.C., (2024). Developing entrepreneurial ecosystem: a case of unicorns in China and its innovation policy implications. *Asian Journal of Technology Innovation*, 32 (1), pp.20-36.

［24］ Ravichandran, T., Liu, Y., Han, S. and Hasan, I., (2009). Diversification and firm performance: Exploring the moderating effects of information technology spending. *Journal of Management Information Systems*, 25 (4), pp.205-240.

［25］ Ruan, CH. (2018). Research on product innovation design methods based on the concept of product-market fit (Master's degree thesis, China Academy of Art).

［26］ Shermukhamedov, B., and Tulaganova, M. (2021). Innovations in banking: digital banking. Theoretical & Applied Science, 102, 880-887.

［27］ Temouri, Y., Pereira, V., Delis, A. and Wood, G., (2023). How does protectionism impact multinational firm reshoring? Evidence from the UK. *Management International Review*, 63 (5), pp.791-822.

［28］ Wang, W,F., and Zhang, S. (2023). Research on countermeasures to accelerate the cultivation and development of unicorn enterprises: Taking Qingdao as an example. China Prices (11), 125-128.

［29］ Wu, C. W. (2011) Global marketing strategy modeling of high tech products. *Journal of business research*. [Online] 64 (11), 1229-1233.

［30］ Xu, GL. (2023). Research on the growth mechanism of Chinese unicorn enterprises under the background of digital economy (PhD dissertation, Dongbei University of Finance and Economics).

［31］ Yadav, P. (2024). Human Capital Challenges in Sustainability Start-ups-Attracting, Retaining, and Developing Talented Individuals. *Global Journal of Management and*

Business Research, 24 (A2), 23-32.

［32］ Yang, Q., Ji, G., and Yang, JR. (2019). Strategic research on cooperation between start-ups and venture capital. Business News (12), 41-43.

［33］ Ye, AZ. (2023). A brief analysis of the countermeasures to the financing difficulties of small and medium-sized enterprises under the new economic normal. Caixun (22), 134-136.

［34］ Yin, Y., Tang, Z., Zhao, J., and Zhao, X. (2023). Research on Gambling Agreement in Private Equity Financing. In SHS Web of Conferences (Vol. 154, p. 02014). EDP Sciences.

［35］ York, J. M. (2018). Putting Lean Startup into perspective: A novel approach for discovering and developing a successful business model. *Archives of Business Administration and Management.*

结　语

结 语

一、总结

我们在本书中系统地分析了英国独角兽企业的成长路径、成功因素以及面临的挑战。通过定量和定性研究方法相结合，综合多种数据来源，深入探讨了独角兽企业在创新、融资、人才培养、政策支持等方面的表现。

英国的创业环境和文化对独角兽企业的发展起到了至关重要的作用。英国以其开放、包容、多元的社会环境和稳定的经济基础，为独角兽企业提供了良好的成长土壤。从历史上看，英国是工业革命的发源地，科技创新一直处于世界前列。近年来，英国在经济、文化等方面持续保持全球领先地位，这些因素共同促进了独角兽企业的快速成长和国际化。

英国的独角兽企业在一个健康的创新生态系统中得以蓬勃发展。这个生态系统不仅包括充足的资金支持，还涵盖了丰富的人才资源和广阔的市场需求。独角兽企业通过技术创新和市场策略的灵活应用，显著提升了英国在全球科技创新领域的竞争力。金融市场的成熟和多元化的融资渠道为独角兽企业提供了强大的资本支持。近年来，风险投资和私募基金在独角兽企业的成长过程中扮演了关键角色，特别是在金融科技和清洁科技等领域，英国的风投活动尤为活跃。

在金融支持和投资趋势方面，英国不仅拥有稳定的资本市场，而且还吸引了全球大量的投资者。风险投资和私募基金的支持使得许多独角兽企业能够快速获得所需的资金，从而在市场上迅速扩展。特别是在清洁科技和人工智能等新兴领域，风险投资的活跃度显著提高。这种资本的流入不仅推动了技术创新，还促进了市场竞争，使得英国在全球独角兽企业的版图中占据重要位置。

英国的高等院校和研究机构在独角兽企业的成长过程中发挥了至关重要的作用。通过提供高质量的教育和培训，这些机构不仅为企业输送了大量的专业人才，还通过研究和创新成果直接推动了企业的发展。英国大学的研究和创新能力成就了英国的企业，这体现在科技、医疗、商业等各个领域。大学的研究成果不仅吸引了各地的投资，还为企业提供了商业、金融和技术建议，产生了长远的积极影响。英国大学联盟的研究表明，大学通过共享专业知识和提供生源支持，提高了整个英国的生产力。此外，大学还通过政府的支持，为英国企业提供成长和支持。

在人才培养方面，英国不仅有着深厚的历史基础，同时不断更新的教学政策也为现代高等教育改革提供了强有力的支持。通过现代学徒制和实践导向的教育，英国培养了大量具备实际应用能力的毕业生。现代学徒制旨在实现国家层面的统一规范和管理，以高效培养技能型人才为目的，融合了师徒传授与正规职业教育的形式。此外，英国的高等教育通过与行业合作，引入实践导向的教学和职业培训，培养了大量具备实际应用能力的毕业生。

在政府政策与法规支持方面，英国政府通过一系列政策和法规，积极支持独角兽企业的发展。政府认为技术和创新将成为英国未来经济的核心，着力在研究和开发上大力投资，以帮助巩固英国作为该领域世界领先者的地位。例如《英国创新战略：通过创造引领未来》提出了到2035年将英国打造成为全球创新中心的目标，并增加研发投入以支持这一战略。政府还通过创建鼓励和支持所有企业创新的生态系统，促进私营资本对创新的投资，为企业提供有针对性的公共投资，支持高增长、创新型企业的发展。此外，政府加强了对创新产品的公共采购，促进企业创新成果的市场化。

创新与融资是独角兽企业成功的关键因素，英国独角兽企业的成功主要依赖于强大的创新能力和充足的资本支持。技术创新和市场策略的灵活应用，使得这些企业在激烈的国际竞争中脱颖而出。英国的高等院校和研究机构通过提供高质量的教育和研究支持，为独角兽企业的发展提供重要的人才和技术支持。这些机构不仅培养了大量的专业人才，还通过创新研究直接推动了企业的发展。

英国政府通过一系列政策和法规，积极支持独角兽企业的发展。这些政策不仅提供了必要的资金和税收优惠，还通过市场准入和监管措施，保障了企业的健康发展。独角兽企业的成功往往依赖于新兴技术的应用和市场需求的变化。因此，未来的研究应持续关注技术创新和市场动态，及时更新研究结论，确保研究结果的前瞻性和实用性。

尽管本书通过多种方法和多来源的数据收集，力求全面和深入地分析英国独角兽企业的发展路径和成功要素，但仍然存在一定的局限性。数据的可获得性与代表性、研究方法的局限性以及时间和地理限制等都是需要注意的问题。未来的研究应考虑更多国家和地区的独角兽企业，采用更广泛的样本选择标准和更为动态的分析工具，以全面理解独角兽企业的成长路径和成功因素。

综上所述，本书通过对英国独角兽企业的深入分析，揭示了这些企业在创新、融资、人才培养和政策支持方面的成功因素，同时也指出了研究的局限性和未来改进的方向。未来的研究应在数据获取、研究方法、多国比较、行业覆盖和政策跟踪等方面进行改进，以提供更为全面和准确的分析。通过不断完善研究方法和扩展研究范围，将更好地理解独角兽企业的复杂性和多样性，为政府、投资者和企业提供有价值的参考和指导。

二、主要发现和结论

　　本书第一章旨在阐释独角兽企业的定义及其研究价值，并评估英国在全球创新创业版图中的重要地位，为后续对英国独角兽企业发展状况和成长机理的深入探讨奠定基础。独角兽企业是指那些估值超过 10 亿美元，但尚未上市的创新型科技公司，它们凭借颠覆性的创新理念和商业模式，实现了爆发式的高速增长，成为投资者和大众瞩目的焦点。独角兽企业代表着一个国家或地区最前沿的创新动能和未来发展潜力，是科技创新转化为现实生产力的重要载体。因此，研究独角兽企业不仅具有重要的理论价值，也蕴含巨大的现实意义。

　　对于投资者而言，研究独角兽企业有助于洞悉最前沿的科技创新趋势，把握潜在的投资机遇；对于创业者而言，研究独角兽企业的成长历程和发展机理，可以获得宝贵的创业经验和借鉴；对于求职者而言，了解独角兽企业所处的行业领域及其人才需求状况，有利于做出职业生涯规划。英国作为仅次于美国硅谷的全球第二大创新创业中心，在吸引和培育独角兽企业方面具有独特优势。英国拥有悠久的创新传统和顶尖的高等教育资源，每年都能为当地创新生态输送大量高端人才；加之良好的创业环境、完善的金融体系、有利的税收政策等软硬件的支持，英国已经成为最具吸引力的创新创业沃土。近年来，英国在人工智能、金融科技、生命科学等诸多前沿领域涌现出一批"独角兽新星"，充分展现了英国创新实力的雄厚。

本书第二章主要揭示了英国经济的复苏和未来增长主要依赖于创新驱动和有效的政策支持。面对新冠疫情、高通胀以及地缘政治风险等挑战，英国在人工智能、生物工程、量子技术和新能源等领域的技术突破，成为其经济持续增长的核心动力。

一是服务业在英国经济中占据主导地位，是保持经济稳定的重要支柱。服务业占英国总经济产出的80%左右，涵盖了零售、酒店、金融以及公共服务等多个领域。服务业的稳定发展为英国经济提供了坚实的基础，特别是在新冠疫情期间和后疫情时代表现出强劲的复苏能力，成为经济回升的重要推动力。

二是政府通过积极的财政和货币政策调控，有效促进了经济的复苏和稳定增长。在财政政策方面，英国政府实施了一系列措施，包括大规模的政府支出、税收减免和企业补贴，以支持受新冠疫情影响的企业和个人。在货币政策方面，英国央行通过降低利率和量化宽松政策，增加市场流动性，提振了投资和消费信心。这些政策不仅在短期内缓解了新冠疫情带来的经济冲击，还为长期的经济发展奠定了基础。

三是创新集群的地理分布和产业布局进一步强化了英国的经济竞争力。伦敦、剑桥和牛津等地的创新集群，不仅在本地经济中发挥重要作用，还在全球科技创新领域占据重要位置。这些创新集群依托顶尖的高校、科研机构和企业，通过协同合作和资源共享，形成了良好的创新生态系统，进一步提升了英国在全球经济中的竞争力。

综上所述，英国经济的未来增长前景良好。持续的技术创新、强有力的政策支持以及各地创新集群的协同发展，将确保英国在全球经济中的重要地位。通过发挥创新驱动的优势，英国有望实现更高质量的经济增长和更强的国际竞争力。政府和企业应继续加大对创新的投入，优化政策环境，支持科技研发和产业升级，以保持经济的持续繁荣和发展。

本书第三章详细探讨了英国独角兽企业的成长生态系统，涵盖创业环境与文化、成功创业者的角色和影响、金融支持与投资、人才与教育资源、政府政策与法规支持等关键方面。英国作为全球科技和创新的中心，其独特的商业环境和政策支持为独角兽企业提供了肥沃的土壤。在创业环境与文化方面，英国长期以来维持着开放、包容且多元的社会形象，这为国内外创业者提供了广阔的舞台。英国的科技历史悠久，自工业革命以来便一直走在科技前沿，这种深厚的工业基础和开放的文化环境，使其成为许多国际企业的首选地。例如中国的华为和长安汽车等均在英国设立子公司，表明英国对外国直接投资的吸引力。在金融支持与投资方面，英国具有活跃的风险投资市场，这对于创业公司尤为关键。据统计，2021年英国市场上宣布的投资案例数量和总投资金额均显著增加。伦敦作为英国乃至欧洲的金融中心，为初创企业提供了极高的估值和资金支持。此外，英国政府也通过各种基金和投资计划，比如英国商业银行和其他风投机构，积极支持科技创新和创业。在人才与教育资源方面，英国的高等教育机构在培养创新人才和支持技术商业化方面发挥着重要作用。英国的大学不仅是学术研究的中心，也是企业创新的催化剂。商学院和技术学院通过与行业的紧密合作，培养了大量既懂技术又具备商业洞察力的人才。政府的教育政策也支持这种模式，通过提供资金支持和政策优惠，鼓励学术机构与企业合作。政府政策与法规支持是英国成为全球创新中心的另一个关键因素。英国政府提供了包括税收优惠、研发资金,以及对创新企业有利的法规环境,来吸引并保持创业公司。例如科技创新政策和公共采购政策不仅支持本地创新,还鼓励国际企业参与英国的科技项目。此外,英国的独角兽企业在全球市场中表现出色,多个行业领域如金融科技、健康科技、人工智能等都有突破性发展。这些企业不仅推动了本土经济的增长,也提升了英国在全球的竞争力。

无论是从英国独角兽企业的创业环境、融资情况,还是政策福利上,英国都处于一个较为稳中向好的状态。从历史的角度说,英国是最早发动工业革命的国家,有着深厚的经济基础,且是发达的资本主义国家,对于本国企业和工厂的运作有着相对成熟的机制。从投资环境的角度看,即使处于新冠疫情期间,英国依旧能够保持着较为稳定的投资状态,投资规模一直位于世界前列。在人才培养和保留方面,首先,英国拥有多所百年名校,教育资源在国际上也有着举足轻重的地位,学生培养方面有着较高的质量。其次,一方面英国的教育资源也吸引了众多留学生来英深造;另一方面,政府也颁布了相关工作签证制度,为各国留学生留英提供机遇,也为各大独角兽企业提供高质量的就业人员,为企业的发展提供充足的驱动力。从创业的经验积累上,英国有着很多成功的创业者,以 Quantexa 和 Sythesia 为例,其中 Quantexa 是一家致力于银行业务的人工智能数据分析的初创公司,估值 14.2 亿英镑,融资额为 2.929 亿英镑;Sythesia 则是一家生成式人工智能公司,估值大约为 10 亿美元。这两家独角兽企业都成功扮演着创业者的角色,同时在创新生态方面,英国独角兽企业的成功是英国创新和创业生态系统方面的健康状态的一种反映。这种生态系统为创新提供了必要的土壤,包括资金、人才、市场等资源,使得企业能够快速发展并取得成功。独角兽企业作为新兴经济业态的代表企业，既是衡量国家创新发展的重要风向标，也是国家竞争力的重要组成部分。在技术进步的推动上，独角兽企业通过其独创性的颠覆性技术，推动了英国在关键领域的技术进步。这些技术不仅提升了英国的产业竞争力，也为社会带来了新的产品和服务，改善了人们的生活质量。在国际竞争力的提升上，独角兽企业的成功也提升了英国在国际上的竞争力。这些企业在全球范围内的成功，展示了英国在科技创新和商业领域的实力，吸引了国际上的关注和投资。

本书第四章揭示了独角兽企业的崛起轨迹呈现出一些共性和规律。它们通常都经历了种子期、初创期、成长期、扩张期和成熟期这五个关键发展阶段，在每个阶段都实现了必要的里程碑目标。在种子期和初创期，独角兽企业重点完成产品和商业模式的验证，借助风险投资等外部融资渠道获取资金支持。成长期则是通过产品优化、市场开拓和品牌建设实现快速扩张。扩张期企业进一步扩大市场份额、拓展新业务领域，并逐步实现盈利。最终进入成熟稳定期。

在这一成长过程中，独角兽企业展现出卓越的商业模式创新能力。它们善于根据市场和技术变革及时调整和优化商业模式策略，灵活采用如共享经济模式、订阅模式、平台模式等创新型商业模式，切合用户新兴需求从而在竞争激烈的市场中保持领先优势。这种商业模式的创新不仅体现在盈利方式上，还包括价值创造、用户互动、供应链管理等多个方面，形成独特的竞争壁垒。同时，独角兽企业十分重视技术创新和研发投入，将大量资金投入基础研究和前沿技术攻关中，不断推出颠覆性创新产品和服务，引领行业发展趋势。这种持续的技术创新不仅帮助企业保持产品竞争力，还能够开拓新的市场空间，为企业的长远发展提供动力。独角兽企业在国内外市场扩展方面也有独特之处。它们通常先在

结 语

国内市场摸索出成功路径,在本土市场站稳脚跟后再制定国际化战略,通过全球统一运营、本地化营销服务等策略快速进入海外市场。

在整个发展历程中,独角兽企业坚持创新驱动、高效迭代的理念,持续推进技术突破和商业模式优化,最终在全球范围内占据领先地位。独角兽企业的成功之路,为其他企业树立了典范。

第五章旨在阐释英国的新能源产业在全球能源转型中扮演着重要角色,其发展主要受益于政策驱动、技术进步、市场动态等多个因素。2008年,英国通过了《气候变化法》,并在2019年承诺到2050年实现净零排放目标,这些法律和政策为新能源产业提供了坚实的基础。政府推出的可再生能源义务(RO)、上网电价补贴(FiTs)和合同差价(CfD)等政策极大地激励了对可再生能源项目的投资。此外,英国签署了《巴黎协定》,承诺将全球平均气温升幅控制在2摄氏度以内,并努力将升幅限制在1.5摄氏度以内。

截至2022年底,英国风光发电装机容量达4 342万千瓦,占总装机的62.8%。风光发电量为941亿千瓦·时,占比28.9%,而燃煤发电量仅为1.5%,显示出英国在能源结构优化方面的显著成效。英国在海上风电领域取得了显著成就,拥有世界上最大的海上风电市场,项目如Hornsea Project One和Dogger Bank在全球范围内享有盛誉。尽管陆上风电的增长相对缓慢,但其仍是可再生能源的重要组成部分。太阳能技术的进步和成本下降使其在英国得到广泛应用,特别是屋顶光伏系统和大型光伏电站的普及。

储能技术的发展显著提高了电力系统的稳定性和灵活性,尤其是锂离子电池技术的进步和规模化应用。氢能作为未来能源系统的重要组成部分,英国在氢能生产、储存和应用方面进行了大量投资和研发。智能电网的建设通过信息通信技术与电力系统的深度融合，实现了电力生产、传输和消费的智能化管理，提升了能源效率和系统稳定性。

英国的新能源市场呈现出多元化的融资渠道，绿色金融市场的发展为新能源产业提供了充足的资金支持。市场上涌现出一批领先的新能源企业，如 Orsted、SSE Renewables 和 ScottishPower 等，这些企业在风能、太阳能和储能领域开展了广泛的业务。活跃的新能源初创企业生态系统也为技术创新提供了强大动力。

未来，英国计划到 2030 年将可再生能源在电力供应中的比重提高到 50% 以上，继续大力发展风能、太阳能和储能项目，到 2050 年实现净零排放目标。能源系统将全面转型为以可再生能源为主的绿色能源体系。技术创新将在包括海洋能、氢能和先进储能技术等新兴领域持续推动产业发展。数字化技术将进一步融入能源系统，实现更高效的能源管理和优化，提升整体系统的灵活性和可靠性。

新能源独角兽企业是推动全球可持续发展的重要力量。它们具备高估值和强大的资本吸引力，通过展示破坏性商业模式和技术创新吸引投资者。在技术方面，这些企业在太阳能、风能和电池技术等领域取得重大突破，提高了能源利用效率，降低了成本，提升了系统可靠性。可持续性和环保意识是其核心价值观，这些企业致力于减少对化石燃料的依赖和温室气体排放。快速增长和市场领导力使它们能够迅速扩张市场份额，通过扩大生产能力、进军新市场和战略合作实现快速发展。全球化视野则帮助它们在国际市场上建立品牌和地位，通过与国际企业和组织的合作，推广可持续技术。这些特征共同定义了新能源独角兽企业在全球经济中的独特地位，它们不仅是商业成功的典范，更是推动全球能源转型的重要力量，预示着更绿色、更美好的未来。

结　语

　　新能源独角兽企业通过颠覆性技术创新和高度重视研发，迅速崛起。它们不仅投入大量资源进行研发，还与高校和科技公司合作，加速技术商业化。产品在市场上获得广泛的认可和良好的用户口碑，反映出其优秀性能和用户体验。强大的政策和资源支持使这些企业能够灵活应对政策变化，确保发展稳定。数据和智能化技术的应用优化了产品和服务，提高了运营效率和可靠性。同时，与高校和科研机构深度合作，推动技术创新并培养高素质人才。最后，优秀的领导团队通过战略眼光和执行力，确保企业在激烈的市场竞争中脱颖而出。

　　英国的新能源独角兽企业主要分布在具备创新优势和产业基础的发达地区，体现出地域集聚效应。伦敦及英格兰东南部是新能源独角兽企业的主要聚集地，借助完善的创业环境、充足的风险投资和顶尖大学的科研支持，涌现出如 Octopus Energy 和 Bulb 等知名企业。英格兰中部地区凭借悠久的工业传统和强大的制造业基础，在新能源汽车和电池技术领域崭露头角，出现了 Britishvolt 和 Vertical Aerospace 等独角兽企业。苏格兰以丰富的风能资源和清洁能源，培育了如 ITM Power 这样的氢能技术领先企业。威尔士在海上风能和太阳能技术方面也有一些创新型企业和研究机构。其他地区如 First Light Fusion 等公司在核聚变技术领域也有重要进展。整体来看，英国的新能源独角兽企业在政策支持、市场需求和技术创新的推动下快速发展，未来将继续在全球能源转型中扮演重要角色。

　　英国作为欧洲新能源领域的先驱，吸引了大量创新公司的涌入，培育出 20 多家估值超过 10 亿美元的新能源独角兽企业，主要集中在伦敦及周边地区。这些企业在新能源发电、储能、电动汽车充电和智能电网等领域表现出色。英国政府通过财政激励、政策支持和基础设施建设，为这些企业创造了有利的发展环境。技术创新是企业成功的核心驱动力，许多企业通过研发新技术和优化生产工艺，提高了产品竞争力并降低了生产成本。资本市场对新能源产业高度关注，为企业提供了充足的资金支持，帮助其开拓国际市场。全球环保意识的提高和政府政策的推动，为企业提供了广阔的市场空间。未来，英国新能源独角兽企业需要继续加强技术创新和国际市场开拓，政府将继续通过政策和资金支持，推动产业的可持续发展。这些企业不仅代表了英国在全球能源转型中的领先地位，也为全球可持续发展做出了重要贡献。

Bramble Energy 是一家总部位于英国的清洁能源技术公司，致力于通过其突破性的氢燃料电池技术推动全球向更可持续的未来转型。公司由汤姆·梅森（Tom Mason）博士创立，基于其在氢燃料电池技术方面的深入研究，开发了独特的印刷电路板燃料电池（PCBFC™），利用成熟的 PCB 制造技术，大幅降低了成本和生产复杂性。Bramble Energy 的商业模式围绕低成本、可扩展的氢燃料电池解决方案，应用于固定式发电、交通运输和便携式电源等多个领域。公司在技术创新、模块化设计和市场扩展方面表现出色，得到了风险资本和政府补助的大力支持，融资数千万英镑。当前，Bramble Energy 积极拓展全球市场，与汽车制造商和大型能源企业合作，推动氢能源技术的商业应用。未来，公司计划继续加强技术研发和市场扩展，以在快速增长的氢能市场中占据有利地位，助力全球能源转型和可持续发展。

Britishvolt 是一家成立于 2019 年的英国创新企业，专注于生产低碳、可持续的电池单元，主要用于电动汽车。公司通过在诺森伯兰建立超级工厂，成为英国汽车工业未来发展的关键力量。自成立以来，Britishvolt 筹集了大量资金，并与多家汽车制造商及电池科技供应商建立了战略合作伙伴关系，推动了其在高效能、低碳排放电池技术上的发展。公司的

结 语

核心业务围绕开发、制造和销售高性能电池单元，专注于提高电动汽车的续航里程、充电速度和使用寿命。Britishvolt 的技术创新包括研发固态电池和改进电池管理系统，同时注重绿色制造实践和电池回收技术，减少环境影响并降低生产成本。公司的增长策略还包括通过战略合作伙伴关系扩大市场影响力，并在国际上建立生产基地和销售网络。通过制造过程的自动化和数字化，Britishvolt 实现了更高的效率和质量控制。随着电动汽车需求的持续增长和环境法规的日益严格，Britishvolt 有望在全球电池市场中占据重要位置，推动全球能源转换和可持续发展。

瀚为科技是一家成立于 2021 年的高新技术企业，专注于研发、生产和销售高功率电池，特别是低成本、高效率、绝对安全的大功率储能设备。公司致力于通过技术创新解决全球能源危机，推动能源结构优化。自 2014 年开始，瀚为科技在水系能源材料方面进行研发，并于 2021 年实现技术突破，推出了首个产品原型，标志着公司的初步成功。随着产线的全面投入和 A 轮融资的完成，公司业务迅速步入快车道，预计 2025 年将实现数亿元营收，并计划 2027 年上市。

瀚为科技的商业模式围绕为工商业、电力系统、轨道交通等多个应用场景提供安全、高效、低成本的储能解决方案。公司自主研发的水系锌离子电池技术具有高功率密度、高倍率充放电、长循环寿命和高安全性等特点，其主要应用场景包括工商业配储、绿色能源交通、电力系统和数据中心配套储能等，通过这些应用场景，公司为客户提供稳定、安全、环保的储能解决方案。

在技术创新方面，瀚为科技不断突破行业瓶颈，开发出多项核心技术，如水系电解液技术、新型黏结剂配方和新型电极材料。公司还与顶尖高校合作，形成了强大的研发团队和全球化的产业布局。瀚为科技的成功不仅展示了其在技术创新和市场拓展方面的实力，也体现了其在全球能源转型中扮演的关键角色。随着全球对可持续发展的关注增加，瀚为科技有望在未来的市场竞争中占据重要地位，推动全球能源结构的优化和可持续发展。

本书第六章通过深入分析英国政府在支持独角兽企业发展方面所采取的多层次政策措施，展示了这些政策如何形成完整的支持体系，直接或间接地推动独角兽企业的形成与发展。

英国中央政府通过各部门制定并实施了一系列战略计划，为独角兽企业提供融资支持、市场推广和人才技术等方面的政策保障。苏格兰、威尔士和北爱尔兰的地区政府则通过设立创新中心、提供资金支持和专业咨询服务，推动本地区独角兽企业的发展。同时，地方政府在优化基础设施、提供公共服务等方面也发挥了重要作用，并与优质的高等教育资源进行合作。

在法律和监管方面，与独角兽企业高度相关的具体法律规定包括公司治理、环境保护和社会责任、技术创新与知识产权保护以及消费者保护等方面。这些法规为企业提供了稳定、公平、受保护的运营环境，也帮助企业赢得认可和信任。英国的监管环境则具有全面性和灵活性等特点，可以保护和增强独角兽企业的创新能力。

在税收优惠与财政支持方面，英国政府实施了研发税收减免、资本折旧减免以及直接财政补贴等措施，有效减轻了独角兽企业的税务负担。此外，直接补贴、创新贷款以及资助学术合作等多种财政支持措施则进一步支持了独角兽企业的持续创新能力和市场竞争力。

孵化器和加速器通过提供资金、实质资源和指导，帮助初创企业在早期阶段克服发展障碍，加速成长为独角兽企业。这些支持措施不仅提高了企业的生存率和融资能力,还促进了员工成长,为企业的长远发展奠定了坚实基础。

综上所述,英国政府为独角兽企业提供了多层次、多维度的政策支持,涵盖法律、财政、监管等多个方面,并通过孵化器和加速器等平台提供了关键支持。通过这些举措,英国可以较为成功地推动独角兽企业的形成与发展,确保这些企业在全球市场中占据重要地位,实现国家在科技创新和经济发展方面的战略目标。

本书第七章主要阐述的内容包含美国是全球独角兽企业数量最多的国家,其独角兽企业主要集中在硅谷、纽约等科技与金融中心。中国紧随其后,独角兽企业集中在北京、上海和深圳等主要城市。英国的独角兽企业数量相对较少,主要分布在伦敦。这种分布反映出各国在科技创新和资本聚集上的不同优势与资源配置。

美国独角兽企业的成功主要依赖于完善的风险投资生态系统、强大的科技创新能力和全球顶尖大学的支持。中国的独角兽企业则受益于政府的大力支持和本土科技巨头的助力。相比之下,英国独角兽企业更多依靠伦敦的金融中心地位和开放的市场环境,但在政府支持和科技研发投入方面还有提升空间。

美国的灵活市场机制、完善的法律体系和强有力的知识产权保护为独角兽企业提供了优越的发展环境。中国通过一系列支持政策和专项基金,积极推动科技企业的创新与扩展。英国在政策支持方面虽有一定成效,但与美中两国相比,仍需在吸引国际科技人才和促进科技创新方面加强力度。

从国际对比中可以看到,完善的风险投资生态系统、强大的科技创新能力、良好的政策支持和开放的市场环境是推动独角兽企业成功的关键因素。英国需要借鉴美国和中国的成功经验，进一步增强其风险投资生态系统，增加科技创新和研发投入，优化政策和市场环境，培育鼓励创新的创业文化。这些措施将有助于英国独角兽企业在全球竞争中取得更大的成功，推动英国成为全球科技创新的领先国家之一。通过深入分析英国、美国和中国独角兽企业的发展路径和成功因素，我们可以为英国独角兽企业的发展提供清晰的指导方向。完善的资本支持、强大的科技研发和创新能力、良好的市场环境和政策支持将是推动英国独角兽企业崛起的重要保障。

本书第八章通过深入分析英国独角兽企业的未来发展趋势与发展建议，得出了几个关键结论。

一是在技术和市场趋势方面，金融科技和医疗科技展现出强大的发展潜能。虚拟银行和数字支付领域的创新产品，如在线银行服务、移动支付和加密货币支付等，将继续引领金融科技的发展潮流。随着数字货币和加密货币用户的增加，区块链技术和人工智能在金融科技中的应用将更加广泛，进一步提升金融交易的时效性和安全性。此外，普惠性金融服务的推广将扩大金融服务的覆盖范围，为更多潜在客户提供便捷的金融服务。医疗科技方面，远程医疗和数字健康监测在新型冠状病毒感染疫情的推动下取得了显著进展，预计未来将继续保持强劲的发展势头。

二是在新兴领域的独角兽企业的潜力不容忽视。教育创新科技中的虚拟实境和增强现实技术为教育领域带来了全新的教学方式和体验，而在线教育在新冠疫情的推动下实现了快速增长。物联网技术在智能家居、智能制造和智能城市等领域的应用日益广泛，为企业提供了丰富的市场机会。英国独角兽企业在这些新兴领域具有显著的发展潜力。

三是在针对不同阶段的企业，在这一章节中提出了具体的成长策略。

初创企业应注重多元化融资渠道以降低融资成本和风险，审慎对待对赌协议以避免财务压力和股权稀释，同时组建优秀的团队并注重产品与市场契合。成熟企业则应通过多元化产品和服务实施全球化战略及增加研发投资来拓展和升级业务，以应对市场变化和挑战。

四是政府和企业在促进独角兽企业成长中扮演着重要角色。政府应优化税收和财政政策以降低企业运营成本，加强创新生态系统建设以推动产学研一体化融合，并拓展国际市场以支持企业国际化发展。企业应构建人才激励机制以吸引和留住优秀人才，并建立定制化服务机制与政策支持以满足客户需求并提升企业竞争力。

综上所述，第八章强调了英国独角兽企业在未来技术和市场趋势以及新兴领域中的发展潜力，并提出了针对不同阶段企业的成长策略以及政府和企业在促进独角兽企业成长中的角色和措施。

第九章对整个研究报告的主要发现和结论进行了全面总结，同时也揭示了研究的局限性以及未来可能的研究方向。

首先，技术创新被确认是英国独角兽企业成功的核心驱动力。这些企业通过持续的研发投入和技术突破，实现了市场的快速扩展和竞争优势的巩固。其次，充足的资金支持是独角兽企业快速成长的重要保障。英国活跃的风险投资市场为初创企业提供了丰富的资金来源，尤其是伦敦作为全球金融中心，为独角兽企业的发展提供了极高的估值和充足的资金支持。

此外，政府的政策支持在独角兽企业的发展过程中也起到了重要的促进作用。英国政府通过一系列政策措施，如税收优惠、创业孵化器和科研资助，有效地降低了企业的运营成本和风险，推动了独角兽企业的快速成长。政府政策不仅提供了直接的财政支持，还通过优化法律和监管环境，为企业创造了良好的发展条件。

市场需求的准确把握和快速响应是独角兽企业成功的另一关键因素。企业通过市场调研和用户反馈，不断调整产品和服务，以满足客户需求。这种敏捷的市场反应能力，使得英国独角兽企业能够在竞争激烈的市场中脱颖而出，保持持续的增长动力。

然而，第九章也指出了此项研究面临的诸多挑战和局限性。数据的可获得性与代表性、研究方法的局限性、时间和地理限制以及行业偏差等因素，均可能对研究结论的普遍性和准确性产生影响。

当展望未来的研究时，需要在数据获取、研究方法、多国比较、行业覆盖和政策跟踪等方面进行改进。通过扩展数据集和时间范围，引入实时数据分析，发展新兴理论和跨学科研究，深入探讨技术趋势和创新转移，并持续跟踪独角兽企业的长期表现，可以更全面地理解独角兽企业的复杂性和多样性，为政府、投资者和企业提供有价值的参考和指导。

综上所述，本书通过多种方法和多来源的数据收集，力求全面和深入地分析英国独角兽企业的发展路径和成功要素。这些企业不仅推动了本土经济的增长，也提升了英国在全球的竞争力，为其他国家和地区的独角兽企业提供了宝贵的借鉴经验。

三、研究的局限性和未来研究方向

（一）研究的局限性

1. 数据的可获得性与代表性

研究过程中遇到的一个主要挑战是数据的可获得性与代表性。独角兽企业由于其私密性和快速变化的特性，许多关键数据并未公开，特别是财务数据和战略信息。这导致我们在数据收集上面临较大的限制，无法完全掌握企业的全貌。此外，尽管我们使用了多种数据来源（包括政府报告、行业研究、企业财报和专家访谈），但这些数据的代表性仍可能存在偏差。例如某些企业可能因为数据披露政策或商业机密而选择不公开其核心数据，这使得我们的分析可能无法完全反映所有独角兽企业的实际情况。

2. 研究方法的局限性

我们的研究采用了定量和定性相结合的方法，然而每种方法都有其局限性。定量研究依赖于统计数据和模型，这些模型虽然能提供宏观趋势的洞察，但可能无法捕捉到个别企业的细微差异和独特性。定性研究虽然通过专家访谈和案例研究提供了深度的见解，但由于样本数量有限，结果可能不具有普遍适用性。因此，我们的结论在某些情况下可能无法推广至所有独角兽企业或适用于其他国家的独角兽企业。

3. 时间限制

研究的时间范围也是一个重要的限制因素。本书内容的时间跨度主要集中在最近的10年内。然而，独角兽企业的发展速度极快，技术创新和市场变化也非常迅速。我们可能无法及时捕捉到最新的行业动态和技术趋势。因此，研究结论可能在一定程度上滞后于当前实际情况，无法全面反映独角兽企业的最新发展态势。

4. 地理限制

虽然本书重点分析了英国的独角兽企业，但由于地理和文化的差异，研究结果可能不完全适用于其他国家或地区。英国独角兽企业的发展环境、政府政策、市场条件和文化背景具有独特性，这些因素共同影响了独角兽企业的成长路径和成功要素。因此，未来的研究应考虑更多国家的独角兽企业进行比较研究，以更好地理解全球独角兽企业的发展规律和共性。

5. 行业偏差

本书主要聚焦于技术创新驱动的独角兽企业，特别是在金融科技、生命科学和新能源等高科技领域，尽管在部分章节中涉及生命科学领域的公司如牛津纳米孔技术公司和牛津生物医学公司，但对其他行业如消费品领域的研究仍显不足。这种局限性可能导致我们的研究在某种程度上存在行业偏差。未来的研究应扩大行业覆盖面，纳入更多不同行业的独角兽企业，以全面理解独角兽企业的复杂性和多样性。

6. 政策和法规的动态性

政府政策和法规的动态变化也是影响研究结果的重要因素。英国政府在支持科技创新和独角兽企业发展方面采取了多项政策和措施，这些政策的实施效果和变化将对企业的发展产生直接影响。然而，政策的变化具有不确定性，未来可能会出现新的政策或调整现有政策，这将影响独角兽企业的发展轨迹。因此，本书的政策分析具有时效性，未来的政策变化需要持续跟踪和分析。

7. 样本选择偏差

在进行企业选择时，我们主要依据企业估值和行业影响力进行筛选，选择了具有代表性的独角兽企业进行研究。然而，这种选择方法可能会导致样本选择偏差，未能全面涵盖所有具有潜力但尚未达到"独角兽"标准的企业。未来的研究可以考虑采用更广泛的样本选择标准，纳入更多处于不同发展阶段的企业，以更全面地了解企业成长路径。

8. 创新和技术发展的不可预测性

独角兽企业的成功往往依赖于创新和技术的发展，但技术创新具有高度的不确定性和不可预测性。尽管我们在研究中尽力识别和分析了当前的技术趋势和创新路径，但未来技术的发展方向和速度仍可能超出我们的预期。这种不确定性可能影响我们对独角兽企业未来发展的预测和评估。

因此，尽管本书通过多种方法和多来源的数据收集，力求全面和深入地分析英国独角兽企业的发展路径和成功要素，但仍然存在上述局限性。未来的研究需要在数据获取、研究方法、多国比较、行业覆盖和政策跟踪等方面进行改进，以提供更为全面和准确的分析。此外，研究者应持续关注技术和市场的最新动态，及时更新研究结论，确保研究结果的前瞻性和实用性。通过不断完善研究方法和扩展研究范围，我们将更好地理解独角兽企业的复杂性和多样性，为政府、投资者和企业提供有价值的参考和指导。

（二）未来可能的研究方向

1. 扩展数据集和时间范围

未来研究应涵盖更多地理区域和更长时间跨度，以捕捉全球独角兽企业的发展动态。尤其是将新兴市场的数据纳入研究范围，可以提供更为全面的视角，帮助理解不同经济环境下独角兽企业的成长模式。当前的研究大多集中在发达市场，而新兴市场如印度、巴西等国家的独角兽企业正迅速崛起，具有重要的研究价值。例如印度的 Flipkart 和巴西的 Nubank 等独角兽企业在全球市场中崭露头角，它们在不同经济和文化背景下的成长经验值得深入研究。

另外，也应采用更多实时数据和动态分析工具，以便更加及时地反映市场变化和企业行为。通过大数据技术和机器学习算法，未来研究可以实时监测独角兽企业的市场表现和创新活动，提供更具前瞻性的研究成果。例如利用社交媒体分析、在线交易数据和其他实时数据源，可以更加精准地捕捉市场趋势和消费者行为的变化，提升研究的精确性和实用性。实时数据分析不仅能够捕捉市场的瞬时波动，还可以揭示长期趋势和结构性变化，为政策制定和企业战略提供科学依据。

2. 新兴理论和跨学科研究

引入和发展能够解释独角兽企业现象的新兴理论，如复杂性理论、生态系统理论等，探索独角兽企业在动态市场中的生存和发展机制。这些理论有助于揭示企业内部资源与外部环境之间的复杂互动关系。例如复杂性理论可以解释企业如何在不确定和动态环境中灵活应对和调整战略，而生态系统理论则强调企业与其外部环境之间的互动和协同作用。复杂性理论指出，独角兽企业在快速变化的市场中，必须具备高水平的适应性和灵活性，才能保持竞争优势。而生态系统理论则强调，独角兽企业的发展不仅依赖于自身的资源和能力，还需要与外部合作伙伴共同构建和谐的创新生态系统。

另外，结合经济学、管理学、社会学等多学科的方法，以便进行更加综合的研究。经济学的定量分析与管理学的案例研究相结合，提供更丰富和多元的视角。跨学科研究不仅能够揭示独角兽企业的经济效益，还能深入探讨其社会影响和文化意义，从而为全面理解独角兽企业提供多维度的视角。例如社会学的研究可以揭示独角兽企业在文化和社会结构上的影响，而管理学的研究则可以探讨其内部管理和组织结构的创新。

3. 技术趋势和创新转移

深入研究新兴技术（如人工智能、区块链、量子计算）对独角兽企业发展的影响，探索这些技术如何驱动商业模式创新和市场竞争格局的改变。通过案例研究和定量分析，可以揭示不同技术在不同产业中的应用效果和市场潜力。例如人工智能在医疗、金融、制造等领域的应用，已显示出巨大的变革潜力，能够显著提升企业效率和客户满意度。区块链技术则可以通过增强数据透明度和安全性，革新传统的金融和供应链管理模式。

研究独角兽企业的技术转移和创新扩散机制，了解其对整个产业链和经济系统的影响。技术转移不仅涉及技术本身的传播，还包括知识、技能和管理经验的分享，对提升整个产业的创新能力和竞争力具有重要意义。例如分析独角兽企业如何通过技术合作和产业联盟，实现创新成果的广泛应用和商业化。技术转移和创新扩散可以通过多种途径实现，如技术许可、联合研发、产业合作和战略投资等。

4. 长期表现和可持续发展

跟踪和分析独角兽企业的长期发展轨迹，揭示其成长路径中的关键因素和挑战。未来将考虑采用纵向研究设计，持续跟踪独角兽企业的表现，分析其在不同市场环境和政策背景下的表现差异。这不仅可以揭示企业在不同生命周期阶段的战略调整和资源配置，还可以提供长期成功的决定性因素。例如通过长期跟踪分析，可以发现独角兽企业在初创期、成长中期和成熟期的不同发展策略和管理重点。

另外，也应注重研究独角兽企业在ESG方面的表现，探索其在可持续发展中的作用。特别是关注企业在应对气候变化、资源管理和社会责任等方面的创新实践，评估其对可持续发展的贡献。独角兽企业在快速增长的同时，也需要承担相应的社会责任，确保其发展对环境和社会的负面影响最小化。例如研究可以分析独角兽企业如何通过绿色技术创新、循环经济模式和企业社会责任（CSR）计划，促进可持续发展目标（SDGs）的实现。

综上，未来英国独角兽企业的发展研究将面临数据集扩展、理论和模型发展、技术和创新、长期发展和可持续性等多方面的挑战，但也同时诞生了更多机遇和潜在的研究方向。例如：通过扩展数据集和时间范围，引入实时数据分析，可以提高研究的全面性和准确性；通过发展新兴理论和跨学科研究，可以更全面地理解独角兽企业的成长机制和影响因素；通过深入探讨技术趋势和创新转移，可以帮助独角兽企业抓住技术变革的机遇，提升竞争力；通过跟踪独角兽企业的长期表现，研究其可持续发展问题，可以为新兴企业提供更全面的指导，促进整个经济的可持续发展。

术语表

AIFMD（Alternative Investment Fund Managers Directive）：欧盟的一项指令，旨在规范管理另类投资基金（如对冲基金、私募股权基金等）的基金经理，确保这些基金的管理符合统一的标准和规范，增加市场透明度并提供更好的投资者保护。

GP Bullhound：一家国际性的投资银行，专注于为科技公司提供财务咨询和投资服务。

首次公开募股（IPO）：公司首次向公众投资者发行股票并在证券交易所上市交易的过程。通过IPO，公司可以筹集大量资金以支持其扩展和发展。

PCB（Process Control Block）：为了描述控制进程的运行，系统中存放进程的管理和控制信息的数据结构称为进程控制块，它是进程实体的一部分，是操作系统中最重要的记录性数据结构。它是进程管理和控制的最重要的数据结构，每一个进程均有一个PCB，在创建进程时建立PCB，伴随进程运行的全过程，直到进程撤销而撤销。

STEM学科：STEM是科学（Science）、技术（Technology）、工程（Engineering）和数学（Mathematics）四门学科的英文首字母缩写，STEM教育强调这四门学科的交叉融合，旨在培养学生的科学素养、技术素养、工程素养和数学素养。

保护主义政策：侧重于国家利益和单边行动，通过实施关税壁垒、非关税壁垒等措施来限制外国商品和服务的进口，以保护本国产业和市场。

财政政策（Fiscal Policy）：政府通过调整税收和公共支出以影响经济活动的政策工具，用于实现经济增长、稳定物价和增加就业等目标。

产品多元化：企业生产或销售多种不同的产品，这些产品可能属于不同的类别、市场或用途，以满足不同顾客的需求，从而扩大市场份额和收入来源。

超级独角兽企业：一般指成立不超过10年，估值超过100亿美元的企业。

成果转化（Commercialization）：将技术研发成果转化为具有市场价值的产品或服务，实现商业化运作。

成熟期（Maturity Stage）：企业发展的稳定期，企业将更多精力集中于提升运营效率、保持技术领先优势和开拓新的收入增长点。

成长期（Growth Stage）：企业进入快速增长的关键时期，重点是通过产品优化、市场开拓和品牌建设实现规模扩张。

初创期（Startup Stage）：企业正式运营的初始阶段，主要任务是开发最小可行产品，建立初始客户群体，并探索可行的商业模式。

创新集群（Innovation Cluster）：在某一地理区域内，相关产业、研究机构、技术和人才等高度集中的区域，彼此之间通过协同效应促进创新和经济增长。

创新中心：为支持科技创新和企业发展而设立的机构，提供资源、指导和网络支持。

创业孵化器：是以服务大众创新创业，促进科技成果转化，优化创新创业生态环境，培育企业家精神为宗旨，面向科技型创业企业和创业团队，提供物理空间、共享设施和专业化服务的科技创业服务载体。

创业加速器（Start-Up Accelerator）：为初创企业提供集中培训、导师指导、资金支持和资源网络，以帮助其快速成长和成功地短期孵化项目。

创业投资减免（SEIS）：英国政府为支持初创企业发展，向投资这些企业的个人投资者提供的税收减免激励计划。

订阅模式（Subscription Model）：企业向客户提供产品或服务，并按周期（如每月、每季、每年）收取费用。

独角兽企业（Unicorn Companies）：特指那些估值达到或超过10亿美元的私人科技初创公司，用以描述这类快速成长且估值极高的企业。

对赌协议：一种常用于风险投资和私募股权投资的协议，设定投资方与被投资方在未来某些条件下进行业绩对赌的条款。

多边主义外交政策：强调国际合作和遵守国际规则，主张通过多边机制（如联合国、世界贸易组织等）来协调各国行动，共同应对全球性挑战，实现共同利益。

多元化：企业在经营过程中，为了分散风险、抓住新的市场机会、利用内部资源或应对外部环境变化，而在产品、服务、市场、技术、投资等方面采取多种策略或行为的做法。

风险投资（Venture Capital）：具备资金实力的投资家对具有专门技术并具备良好市场发展前景，但缺乏启动资金的创业家进行资助，帮助其圆创业梦，并承担创业阶段投资失败的风险的投资。投资家投入的资金换得企业的部分股份，并以日后获得红利或出售该股权获取投资回报为目的。

风险投资公司：专门投资于高增长潜力的初创企业的公司，提供资本、专业知识和资源，以期在企业成长和成功后获取高额回报。

风险投资生态系统：由风险投资公司、天使投资人、孵化器、加速器和其他支持初创企业的机构和网络组成的体系，旨在为初创企业提供资金、资源、指导和战略支持,帮助其快速成长和成功。

风险资本(Venture Capital):投资者提供给初创企业或小企业的资金,以换取其股权或部分所有权,通常用于支持高风险高回报的项目。

孵化器:一种为初创型小企业提供所需的基础设施和一系列支持性综合服务,使其成长为成熟企业的机构或组织,以协助企业成长,降低创业企业的风险和成本,将创造出成功的企业、实现财务资助和独立经营为最主要的目的。

服务多元化:企业在提供服务方面采取多样化的策略,可能包括扩展服务范围、提升服务质量、引入新的服务模式等,以满足客户对多样化服务的需求。

服务业(Service Sector):提供无形产品或服务的行业,包括零售、酒店、金融、教育、医疗等,是现代经济中的主要行业之一。

个人所得税:是对个人(自然人)取得的各项应税所得征收的一种税。它根据个人的收入水平来确定应纳税额,是调节个人收入分配的重要手段。

共享经济模式(Sharing Economy Model):企业依托互联网和移动技术,将个人拥有的闲置资源与需求方连接,实现资源共享和价值创造。

股票期权:买权所有者可以取得能在规定时间内按价格买卖某项资产的权利,因此届时可以选择履约以赚取利益,也可以放弃产生有限损失。

股票上市:即首次公开募股,指企业依照法定条件和程序,在证券交易所公开挂牌交易以募集资金的法律行为。

固定缴款养老金:一种退休计划,雇员和雇主均向为每位参与雇员设立的个人账户缴款。

关税:进出口商品在经过一国关境时,由政府所设置的海关向进出口商所征收的税收。关税是国家税收的一种,是国际贸易中的一种重要调节手段。

国际化战略(Globalization Strategy):企业针对其进军国际市场制定的全面战略规划,包括目标市场选择、本地化营销、供应链布局等。

国际货币基金组织（International Monetary Fund，IMF）：旨在促进全球货币合作、保障金融稳定、促进国际贸易、促进就业和经济增长，并减少贫困。

国内生产总值（Gross Domestic Product，GDP）：衡量一个国家或地区在一定时期内（通常为一年）生产的所有最终产品和服务的市场价值总和，是反映一个国家经济状况的重要指标。

国内生产总值：一个国家在特定时间内生产的所有最终产品和服务的市场价值总和，常用来衡量一个国家的经济表现。

双边差价合同：双边差价合同是2020年公布的电力名词，指在电力市场发展到多买方阶段后，由合同双方协商签订的一种差价合同。

合同制造模式（Contract Manufacturing）：企业与其他公司签订合同，根据对方的规格和要求制造产品，而不涉及品牌或市场营销活动。这种模式允许企业专注于生产流程，同时利用其他公司的品牌和市场渠道。

环比（Quarter-on-Quarter，QoQ）：与前一个季度相比的数据变化，通常用于经济数据的短期分析。

环境、社会及治理：一种评估和衡量公司在环境保护、社会责任以及企业治理方面表现的指标和方法。

货币政策（Monetary Policy）：中央银行通过控制货币供应量和利率以影响经济活动的政策工具，主要用于实现稳定物价和促进经济增长。

季度GDP：一个国家或地区在一个季度内生产的所有最终产品和服务的市场价值总和，通常用于分析经济的短期波动和趋势。

间歇式交易场所：伦敦证券交易所新设的一种交易机制，允许私人企业定期为新股东和现有股东提供受控且高效的公开交易功能。

监管沙盒：由监管机构创建的一个安全测试环境，允许企业在特定的监管放宽条件下试验新产品和服务。这有助于减少创新初期的合规风险，推动技和商业模式的创新。

尽职调查：在收购过程中收购者对目标公司的资产和负债情况、经营和财务情况、法律关系以及目标企业所面临的机会与潜在的风险进行的一系列调查。

经济增长率（Economic Growth Rate）：一个国家或地区在一定时期内（通常为一年）的国内生产总值的增长百分比，是反映经济增长速度的重要指标。

净零战略：净零意味着将温室气体排放量尽可能减少到接近零，任何剩余的排放量都能从大气中被重新吸收，例如被海洋和森林重新吸收。英国《气候变化法案》设立了到2050年将温室气体净排放减少到零的长期法定目标。

净现值（Net Present Value，NPV）：项目未来现金流的现值减去项目初始投资成本后的余额。如果NPV大于0，表示项目是有盈利能力的；如果NPV小于0，则表示项目不值得投资。

开放银行：通过银行开放API访问权限，允许第三方开发者访问银行客户数据，以建立与银行合同的应用软件，为客户提供更灵活的金融服务产品。

可流通证券集合投资计划（UCITS）：一种欧盟监管的投资基金框架，允许基金在整个欧盟自由流通，同时确保高水平的投资者保护和标准化的监管。

可再生能源义务（Renewables Obligation，RO）：政府或监管机构对能源供应商设定的法规或政策，要求他们在其能源供应中包含一定比例的可再生能源。这种政策旨在促进可再生能源的发展和使用，以减少温室气体排放，改善环境质量，推动可持续发展。

客户忠诚度：客户对企业产品或服务的依赖程度和再购买意愿。忠诚的客户通常会持续购买企业的产品或服务，并向他人推荐，从而为企业带来稳定的收入来源和良好的口碑效应。

扩张期（Expansion Stage）：企业开始进入成熟阶段，主要目标是进一步扩大市场份额、拓展新业务领域，并逐步实现盈利和现金流正向循环。

量子技术（Quantum Technology）：基于量子力学原理的新兴技术，包括量子计算、量子通信、量子传感等，具有高效计算、安全通信等优点。

另类投资：投资于传统的股票、债券和现金之外的金融和实物资产，如房地产、证券化资产、对冲基金、私人股本基金、大宗商品、艺术品等。

贸易壁垒：一国政府为保护本国产业和市场，对进口商品和服务采取的各种限制措施。贸易壁垒可以分为关税壁垒和非关税壁垒两大类。

模块化设计：简单地说，就是程序的编写不是开始就逐条录入计算机语句和指令，而是首先用主程序、子程序、子过程等框架把软件的主要结构和流程描述出来，并定义和调试好各个框架之间的输入、输出链接关系。逐步求精的结果是得到一系列以功能块为单位的算法描述。以功能块为单位进行程序设计，实现其求解算法的方法称为模块化。模块化的目的是降低程序复杂度，使程序设计、调试和维护等操作简单化。改变某个子功能只需改变相应模块即可。

内在激励与外在激励：内在激励是指个体从工作本身获得满足感和成就感，如工作挑战性、自我实现感等；而外在激励则是指通过外部因素（如金钱、职位晋升等）来激发个体的工作积极性。

年度 GDP：一个国家或地区在一年内生产的所有最终产品和服务的市场价值总和。

欧盟另类投资基金管理人指令（AIFMD）：欧盟的法规，用于监管在欧盟境内运营的另类投资基金管理人，确保其运营透明并保护投资者利益。

平台模式（Platform Model）：企业创建平台，将供需双方连接起来，促成交易和互动而不直接生产产品或提供服务。

企业投资计划（EIS）和种子企业投资计划（SEIS）：英国政府推出的鼓励投资于小型高增长潜力企业的税收优惠政策，旨在支持初创企业的发展。EIS 和 SEIS 通过提供税收减免和其他激励措施吸引私人资本投资。

轻资产经营模式：企业通过减少固定资产投入，依靠品牌、知识产权、管理和技术等无形资产进行经营和发展的商业模式。

全球化战略：企业在全球范围内配置资源、组织生产和营销活动，以充分利用不同国家和地区的比较优势，实现全球范围内的资源整合和市场拓展。

人工智能（Artificial Intelligence，AI）：计算机系统模拟人类智能的技术，包括机器学习、自然语言处理、计算机视觉等，用于提高生产率和创新能力。

商业模式：企业的核心战略，即其创造收入和利润的计划。

上网电价补贴（Feed-in-Tariff，FiT）：一种新能源补贴政策。欧洲和北美一些太阳能领先的国家都有明确的太阳能发电上网电价补贴政策，以鼓励太阳能发电的科技研发、项目开发和广泛应用。

生物工程（Bioengineering）：将工程原理应用于生物系统的技术，涉及基因操控、蛋白质工程等，用于食品、医疗、环境保护等领域。

市场占有率：某一时间、某一企业的产品（或某一种产品），在同类产品市场销售中占的比例或百分比。

市场准入：一国允许外国的货物、劳务与资本参与国内市场的程度。市场准入制度是国家对市场进行干预的基本制度，它作为政府管理经济的基本手段，旨在克服市场失灵，实现社会福利最大化。

双级股票结构：上市公司可以同股不同权，通常是一般股东一票一股，但公司少数高管可以一股数票。

税负成本：企业因纳税而承担的经济负担，包括企业所得税、增值税、关税等各类税费的总和。

税后成本：企业在支付了相关税费之后，实际承担的成本费用。这些成本反映了企业在纳税后的经济负担。

私募股权：通过非公开市场募集资金，对未上市公司进行股权投资，以期通过企业发展或重组增值后获取收益的投资形式。

私募股权投资：通过非公开市场的投资方式，向未上市企业注入资本，以支持其扩展和运营，通常涉及大规模资金，并期望通过企业发展或重组来实现高回报。

私募基金（Private Equity Funds）：这类基金通常投资于公众股市之外的公司，包括购买或投资未上市公司的股权。私募基金经理会寻求通过各种策略（如改善管理、战略调整等）增加公司价值，并最终通过出售股份实现利润。

私人 IPO（PIPOs）：企业通过非公开方式向选定的私人投资者出售股票，从而募集资本的一种融资方法。

碳捕集与封存（CCS）：CCS 技术是 Carbon Capture and Storage 的缩写，是将二氧化碳（CO_2）捕获和封存的技术。CCS 技术是指通过碳捕集技术，将工业和有关能源产业所生产的二氧化碳分离出来，再通过碳储存手段，将其输送并封存到海底或地下等与大气隔绝的地方。CCS 技术尚处于研发阶段。

特殊目的收购公司（SPAC）：SPAC 的特点是先发行上市，后通过并购取得未来的主营业务，为公募投资者提供一个投资于传统私募产品的渠道。

天使投资：由富有个人或团体向初创公司提供的早期资本投资，通常在公司发展初期阶段进行，帮助其渡过早期的资金难关。

天使投资：由个人投资者（通常为富有的个人或高净值人士）向早期初创企业提供的资本支持，这些投资者通常提供资金和业务指导，以帮助企业度过早期阶段的高风险期。

挑战者银行：通过创新技术和灵活运营模式，与传统银行竞争的以数字化服务为核心的新兴金融机构。

通货膨胀率（Inflation Rate）：物价水平在一定时期内（通常为一年）的增长百分比，是反映物价变动的重要指标。

外国直接投资（Foreign Direct Investment，FDI）：外国企业或个人对另一国家的企业进行的投资，包括新建工厂、购买企业股权等，是推动经济增长和国际化的重要方式。

网络效应（Network Effect）：用户越多，平台或产品对用户的价值就越大，从而吸引更多用户加入，形成正向循环。

物联网（IOT）：通过互联网将物理世界与数字世界连接，实现数据交换和智能控制的网络。

细分市场（Market Segment）：企业将整体市场划分为若干个具有特定需求或特征的子市场。

新能源（New Energy）：来自可再生资源的能源，如太阳能、风能、水能和地热能等，旨在替代传统的化石燃料能源。

信息与通信技术（ICT）：信息技术与通信技术相融合而形成的一个新的概念和新的技术领域。以往通信技术与信息技术是两个完全不同的范畴。通信技术是着重于消息传播的传送技术，而信息技术是着重于信息的编码或解码，以及在通信载体的传输方式。随着技术的发展，这两种技术慢慢变得密不可分，从而渐渐融合成为一个范畴。

虚拟实境（VR）：利用计算机技术创建模拟环境，使用户以沉浸式方式体验和互动。

研究费用抵免（R&D Tax Relief）：英国政府为鼓励企业进行研发活动，提供的税收减免或现金补助的财政激励措施。

英国国家统计局（Office for National Statistics，ONS）：英国政府的主要统计机构，负责收集和发布经济、人口和社会统计数据，为政策制定和公共服务提供支持。

英国央行（Bank of England）：主要负责制定和实施英国的货币政策，包括控制通货膨胀和支持经济政策的目标。

预算责任办公室（Office for Budget Responsibility，OBR）：英国的一个独立机构，负责对英国经济的未来发展进行预测和分析，并对政府的财政政策进行独立评估。

远程医疗：通过信息与通信技术提供远程医疗服务，使医生和患者无须线下见面即可进行诊疗和咨询，提高就诊效率。

增加值（Gross Value Added，GVA）：一个行业或经济体在一定时期内生产的所有产品和服务的总价值减去中间投入的价值，用于衡量各行业对经济的贡献。

增强现实（AR）：将虚拟信息叠加到现实环境的技术，为用户提供更丰富的感知体验。

折旧：资产（如机器设备、建筑物等）在其使用期限内，由于磨损、技术进步或经济等因素导致的价值减少。在会计和财务领域，折旧被用作一种费用分摊方法，将资产的成本在其预计使用寿命内系统地分配到各个会计期间。

智能城市：利用信息技术和数据分析，以提升城市管理和服务效率，改善居民生活质量，促进可持续城市发展。

种子期（Seed Stage）：企业创立初期的孵化阶段，主要从事产品或服务的概念验证、原型设计和市场测试。

专利（Patent）：授予发明人或其继承人在一定时间内排他制造、使用、销售其发明的权利，是保护知识产权的一种方式。

专利保护箱（Patent Box）：英国政府为激励公司利用和开发专利技术，对通过专利所得收入提供优惠税率的政策。

专利法、商标法：知识产权法律体系中的两大重要部分，用于保护发明、创新和品牌，确保权利人的合法权益不受侵害。

专利盒：英国政府推出的一种税收激励制度。这种制度会向递交专利申请的创新企业提供一定的税收减免措施，从而鼓励这些企业在英国境内开展各自的研究与开发业务。

专利家族：通过早期优先申请相互关联的一组专利，允许发明者通过单一的国际专利申请在多个国家申请专利保护，从而简化流程、提高效率、确保创新成果在全球范围内得到有效保护。

转换成本：客户从一个产品或服务提供商转向另一个时所面临的经济、心理和时间等方面的成本。高转换成本可以增强客户的忠诚度，因为客户在考虑到这些成本后，可能更倾向于继续与现有供应商合作。

资本围栏：英国审慎监管局的一项要求，旨在将银行的日常零售业务与高风险的投资银行业务分开，从而保护投资者的资金安全。

资源基础观（Resource-Based View，RBV）：战略管理领域的一种理论，认为企业的持续竞争优势来源于其内部所拥有和控制的有价值的、稀缺的、难以模仿和不可替代的资源。

自由贸易协定（Free Trade Agreement，FTA）：两个或两个以上的国家（包括独立关税地区）为实现相互之间的贸易自由化所做的贸易安排。在自由贸易协定下，各成员国在商品和服务贸易方面相互给予优惠待遇，取消关税和数量限制等贸易壁垒，以实现贸易自由化。